**HOW TO
WRITE A THESIS**

如何写出一篇论文

金菁 等◎著

HOW TO
WRITE A THESIS

中国人民大学出版社
·北京·

本书创作团队
（按章节顺序排序）

金　菁
汪剑雄
裘骏峰
戴田甜
明　洋
张晗雨

序

教育是国之大计、党之大计,是强国建设、民族复兴之基。世界百年未有之大变局加速演进,党和国家事业发展对高等教育的需要比以往任何时候都更加迫切,对科学知识和卓越人才的渴求比以往任何时候都更加强烈。高等教育作为科技第一生产力、人才第一资源、创新第一动力的重要结合点,在教育强国建设征程中的重要性不言而喻。作为一名高等教育工作者,看到一批又一批走出校园、步入社会的学子,总会关注他们是否从大学习得并带走了经世济民之思想、乘风破浪之勇毅,还有万分重要的——安身立命之本领。

写作,尤其是专业写作,无疑是高等教育给予学子最直观、最重要、最具有长久实用意义的硬核本领之一。正如书中所描述的,论文"是一个学生证明自己受过规范的学术训练,达到了以合理的思维方法运用所学的标准,并获得学位的一项基本要求"。换个角度,论文是一名大学生"出炉"的标识,同时极其现实的是,也是万千学子必须拼尽全力去跨越的"山海"。

基于此,这本书的价值远远超越了《如何写出一篇论文》这个标题本身,能够给予读者一种厚重的力量。我认为,这本书至少解决了两个方面的重要问题：

其一，它用简洁有力的文字生动诠释了学术研究的"强约束力"。没有规矩不成方圆，规范性的要求是教育的重要方面，这一点无须多言。尽管近年来对大学学位论文的"质检"愈发审慎，我们仍然看到，提出规范要求的标准是容易的，让学生机械地套用格式去契合标准也相对简单，然而却是舍本逐末。问题的核心在于如何让学生理解并认同为什么要讲规范、怎样做才规范，更进一步，逐渐形成一种行文乃至做事规范的习惯，甚至萌生出一种对学术规范的敬畏。本书对论文进行了历史溯源和结构解剖，其中丰富的研究示例无疑很好地起到了一种导向规范的约束和牵引作用。

其二，它用一种贴近受众的话语表达提供了丰富而实用的方法，能够帮助读者克服写作中的"静摩擦力"。长久以来，论文写作之所以成为一个问题并引起全社会的广泛关注，在很大程度上源于将语言含糊、逻辑混乱、条理不清等表象简单归结为缺乏写作技巧。然而，在这背后还有很多更深层次的原因，比如对语言、范畴、逻辑及其关系的理解不够清晰，对跨学科、历时性、创新性的研究范式转换无力驾驭，甚至是对求真、求是、求实学术态度的秉持不够严谨，以及用深刻的感受、观察和思考来塑造研究中的问题意识远远不足，等等。这些都会在一定程度上转化为阻碍论文写作者，尤其是求学中的大学生进入一个研究领域、开启一篇论文的写作并持续完成它的"静摩擦力"。本书高度实用性的内容，"手把手"的教法，以及"工具箱"式的陈列，自然能够助广大学子一臂之力。

除此之外，这部新著也是对金菁老师及其教学团队授课成果的真实记录，是由课堂教学到复盘提炼，再到形成体系输出，让课堂之外、中央财经大学之外的更多学子受益的难得之作，让教学点滴在著者们的精心打磨下显现出独特的魅力。而他们也是这所大学众多教师坚定地站在教书育人最前端，敏于付诸教学内外的思考与探寻、善于发现学生的需求和苦恼、甘于倾注更多心血与努力的缩影。我想，这也是教育家精神铸魂强师的一个具象化的例子，值得年轻教师去感知、去践行。

总而言之，希望这本不仅就论文而讨论论文的著作，可以让大学生意识到写作之重要意义，鼓起勇气面对这个难题，同时，每每遇到写作途中的艰难险阻，于案头开卷，都能多一份来自老师们的力量。我有信心，新的知识体系一定会在一代代青年学子的刻骨追问中加速迭代，更相信他们定会在科学研究与探索中不断突破自我、勇毅前行！

吴国生

中央财经大学党委书记

前 言

我们首先借这个机会交代一下这本书的缘起。从2020年开始,"论文写作"成为中央财经大学研究生的必修课。我们作为中国经济与管理研究院(CEMA)论文写作课的授课老师,经过三年的教学和与学生们在这个问题上的交流与互动以及我们的相互讨论与思考,收获了一些经验与心得,与此同时深切地感受到有必要把论文写作这个问题放在一个系统化的框架下呈现给大家,希望对大家有所助益。

当下,写作的需求是如此广泛,各行各业都需要。而专业写作的基础训练就发生在高等教育的论文写作阶段。论文写作成为一个受过高等教育的人证明自己受过规范的学术训练,达到了以合理的思维方法运用所学的标准,并获得学位的基本要求之一,而且随着所要获得的学位越高,论文写作的重要性也就越大。对博士生而言,其博士学位论文甚至需要达到能在专业学术期刊上发表或作为著作出版的水准。对硕士生而言,要求能够以规范的学术方法和文本要求,展现一个有意义甚至有所创新的命题的论证过程及其结论。后一个标准同样适用于本科生,只是在展现创新性上,或者更确切地说是对创新性的要求有所降低。

2022年，普通本科毕业生为471.57万人，硕士毕业生为77.98万人，博士毕业生为8.23万人。① 这些数字意味着，每年中国所有高校会产生约560万篇毕业论文。这样的体量，哪怕只是每个学生在论文质量上有一点提高，从整体来说，就意味着巨大的创新活力！

作为每年要阅读大量论文的高校老师，我们的一个突出感受就是，在论文写作上，学生们并没有形成一种"有逻辑地说服"的明确意识和文风。所谓"有逻辑"，讲的是方法论，也就是论文写作要遵循一套方法的理路，而这套方法的建立有它漫长的发展过程和论证历史，但这并不意味着今天最主流的方法就是唯一正确的，或者在未来也是最正确的。在方法论的发展上，我们和前辈一样，仍处在寻找和塑造它的过程中。"说服"就是要将自己的观点、主张、假设表达出来，并证明它们是正确的，同时听者或读者也认同作者的观点、主张、假设，并认为以这样的方式进行证明是合理的、成立的。体现在论文上，就是运用一套方法来证明自己的观点并说服他人接受。

因此，我们把"有逻辑地说服"作为本书的一个主轴。虽然本书由我们六位老师分工合作而成，但它不是一个六人各自讲述自己经验的合集。本书各个章节的安排完全是围绕"有逻辑地说服"这个主轴展开，希望比较系统地从理论和操作两个层面，结合大量的论文实例，针对不同的论文形式（理论的、实证的）进行梳理。

第一章至第四章可以被看作一个单元，这四章的内容是对论

---

① 《2022年全国教育事业发展统计公报》，见http://www.moe.gov.cn/jyb_sjzl/sjzl_fztjgb/202307/t20230705_1067278.html。

题、论证方法及其语言表达诸元素之间的关系进行交代，这些元素及其关系构成了进行"有逻辑地说服"所需要的素材和方法。了解某事物最初产生的原因和背景总是对理解该事物特别有帮助，这就如同知道"我从哪里来"总是能最快地帮助人们找到人生的意义一样。所以第一章从词源学的角度开始，探讨论题和论证方式如何构成了一种教育模式，并最终形成了一套今天大学教育使用的主流方式的原型，而在这个发展过程中，到了欧洲中世纪，伴随着知识的获取和塑造方式转变为推理和辩论，强调有说服力的论证及思想传递的艺术就集中到了大学这一制度中。具体来说，如果大家要想能够说服彼此，就必须对推理的方式形成一定的共识，否则一人一套逻辑链条，可以想象就如鸡同鸭讲，没有任何一个人可以说服另外一个人认同自己的观点。所以，遵循一套大家都认可的推理规则就成为基础。第二章接着介绍了我们今天所使用的最普遍的逻辑方式，即演绎法和归纳法。这是主要由西方世界的思想家总结并发展的逻辑系统。除此之外，在第二章我们还简要地对比了东方的逻辑系统，即印度的因明论和中国的相关律名学。这样做的原因是，写作不仅包含我们遵守规则的意识，而且包含我们受文化熏习的无意识。不同文化的人对世界有不同的观察视角，从而产生不同的社会分类及符号分类的对应关系，自然也就产生了不同的因果推断逻辑。比较东、西方逻辑方式的异同的重要性在于，不同的语言符号系统塑造了不同的逻辑方式，而不同的逻辑方式反过来又影响我们的语言表述，因此，要想清晰无误地进行文字表达，就必须对我们的意识和持续作用的潜意识有基本的了解。

当下，对跨学科研究、创新、范式转换和承接中国传统、研究中国问题有着迫切的要求。然而这个工作需要语言的载体、逻辑的载体。对概念系统和语言的结构方式的比较就是一项基础性工作。这不仅因为语言在塑造我们的思维方式上具有结构性作用，还因为认识方式、语言与逻辑方式之间本身具有紧密联系。明末以来的西学东渐历经三百余年，其间我们看到的方向是顺着一种西方二元思维的传统演化出来的庞大知识体系，在越来越细分的学科领域中切割着我们自身以求适配。而中国却有着它自身有机整体论的深厚文化传统。我们所有人，尤其是今天的同学们，身处的现实就是一个东西方已经直面彼此的世界。因此，深入东西方的根本思维结构，知其然，并知其所以然，从语言、逻辑和思维方式等不同视角来思考它们，才能积累起超越它们的条件。这也是本书在不同的语言、逻辑和思维方式的比较上进行初步尝试的初衷，希望可以抛砖引玉，让同学们对这个问题引起重视，有意识地关注个体经验与新的范畴及概念的联系。

对进行说服所使用的思维工具有了一定的了解之后，接着探讨论文写作到底是在做什么，这就是第三章的内容。论文写作的过程，就是处理好两对关系：理论与方法，范式与创新。有了以上认知，我们结合实例在第四章具体讨论如何将它们落实到语言文字上，如何将前三章介绍的知识和背景应用到实际的写作中。

如果说第一章至第四章共同回应的核心关切是论文为什么是这样的、为什么要这样做，那么第五章至第十三章就是按照当今的范式要求，从不同方面来展示具体怎么做。从讨论方式上，前四章相对比较辩证地看待问题，为的是不以任何一种思维定式来约束学生。事实上，在现有的学术框架下对思维的认识还相当有限，而人类今后的根本性创新在某种程度上有赖于对固有思维定式的突破，如果没有这样的突破，我们所说的创新就还停留在修修补补的层面。就本书的内容而言，我们能做的也就是在思维模式上提供尽可能丰富的土壤，让具有天才潜质的学生在不受任何模式的限制下得到滋养。毕竟，天才不是制造出来的，而是他们在认识自我的过程中成长起来的。相比之下，第五章至第十三章更符合现在学科成熟范式下的要求，相对比较机械，标准相对固定，非常具有操作性。它们对学生的论文写作有直接的帮助，甚至可以说是立竿见影。

第五章介绍了论文的基本结构，其中列出了各个部分及每个部分所需的内容。第六章讨论了如何确定论文选题，很少有学生没在这个问题上纠结过。第七章和第八章以实例讨论了理论文章（运用演绎法）及其结构和语言；第九章和第十章以实例讨论了实证文章（运用归纳法）及其结构和语言。

学习论文写作少说需要一个学期的时间，在多数情况下需要一个学年的时间，而对致力于学术研究的学生来讲论文写作是将来安身立命的技艺，所以能够持续工作的重要性不言而喻。第十一章是老师们的一些经验之谈。

第十二章和第十三章聚焦中文和英文文献及其格式问题，在举例的基础上进行了一些关于标准和规范的探讨。有经验的研究者，很少有没经历过文献格式折磨的，在需要用中英文双语种的文章写作中更是如此。所以我们希望这两章可以起到参考书的作用，供大家有疑惑时随时翻阅查找。对于参考文献的格式，我们用了两章的篇幅来讨论，这无疑显得比重相当大。在此我们要声明：我们不是格式控，但是在一个漫长的过程中形成的格式要求具有它的合理性，当然这中间也有人为的硬性规定，有些甚至可能是由某种出版业的外行人想象不到的技术限制造成的。就拿本书的排版来说，我们在书中强调了中文文献用中文标点、英文文献用英文标点，但是在本书中由于软件的限制，英文的标点还是以中文格式中占整个字符而不是占半个字符呈现的。固定格式及对它的坚持也应当辩证地看待，随着学术的发展而发展，遵守一定的格式也是树立学术规范和形成学术传统的一个重要方面。固定格式能在阅读、查找资料上提供方便，甚至从审美的角度来讲能给读者留下规范、认真和赏心悦目的印象，这些好处必须在论文格式中得到体现。格式的重要性往往受到学生的忽视，但这样做的后果是严重的。借用一句俗语：你没有第二次机会给人留下第一印象！（You don't have a second chance to leave the first impression.）这与我们常说的字如其人一个道理。今天在电脑打字具有去个性化作用的情况下，格式装饰一个人论文门面的作用越发凸显。

当然，大家也不一定非要按照顺序阅读本书，尽管我们认为这样做从长远来看是最有效率和最有帮助的。但是我们理解，马上要进入论文写作阶段的学生一定是抱着某种目的来读这本书。我们会为大家捋出几种思路，但是无论怎样组合，第五章和第十二、十三章都必须包括在内，因为这三章涉及论文基本的结构与格式的基本要求，告诉我们一篇论文至少应该长什么样子，犹如一个模板。

一种思路是按照理解材料元素（语言及其特性）—组织材料元素进行论证（词项的、数理的）—形成结构（理论文章、实证文章）—得出结论这么一个脉络。对于一篇理论论文，至少需要阅读第二章（推理的规则）、第四章（有逻辑地写作）、第七章（如何构建理论模型）、第八章（如何呈现理论文章）。对于一篇实证论文，至少需要阅读第二章（推理的规则）、第四章（有逻辑地写作）、第九章（实证研究）、第十章（如何呈现实证文章）。

　　致力于学术研究、已经有相当的文献阅读积累并且获得了相当写作经验的学生，可以将自己的知识更系统化一些。同时再借鉴一些老师在学术研究道路上的经验之谈，这样可以完整阅读第一章至第四章以及第六章（如何确定论文选题）和第十一章（如何持续工作）。

　　另外，我们可以想象，有很多学生一上来就会直奔主题，准备照猫画虎找些线索和灵感，我们对此表示无奈。只能建议执意如此的学生，如果写的是理论论文，可以直接看第七章（如何构建理论模型）和第八章（如何呈现理论文章）；如果写的是实证论文，可以直接看第九章（实证研究）和第十章（如何呈现实证文章）。

　　如果还有想更图省事的学生，我们只能建议他们将本书当作工具书使用，按照目录寻找自己需要的内容。但是建议他们在毕业的时候，不要卖掉这本书。走上研究或需要时常写作的其他工作岗位时，他们会发现这本书的用处。

　　需要强调的是，我们都是经济学领域的老师，我们举的例子自然也是以经济学方面为主，我们对不能涵盖更多的学科感到不安。在反思之余也想到了这种情况也许有一定的好处。经济学常被学术圈笑为既不是自然科学又不是社会科学：因经济学使用大量数理逻辑，分析的却是以人为载体且无法严格进行控制试验的社会问题。经济学在理论研究中广泛使用演绎推理的数理逻辑,因此在实证研究中对归纳法有比较多的统计模型研究经验并采用较多的检验方法。我们希望这对现在正在引入数理研究方式的其他社会科学学科的学生有借鉴作用。当然,我们也认识到数理作为一种方法的局限性,对此也进行了一些初步的讨论。希望不同学科领域的学生和同人在运用这种方法时能够根据本学科的特点和状况有甄别地使用。

当今,对各种"捷径"的推销充斥我们的信息环境,什么三分钟让你读懂这个,半小时让你掌握那个,一句话让你开悟,半本书让你成为高手,等等,不胜枚举。如果有人抱着这样的期待,那么这本书显然不是他的理想选择。作为本书的作者,对于这种情况,我们在此引用涅高兹的话来表明立场:"如果这不是妖术的话,我情愿马上死掉。在这里,基本正确的观察导致完全错误的结论。反过来说倒是正确的。"① 换言之,三分钟、半小时或一句话只是戳破最后一层窗户纸的东西;如果只是因为这样的事情可能发生就认为能达到站在窗户纸前的所有精力和时间投入、对领域中所有问题的搜索、所有的疑问和挣扎都从未发生和存在过,那就是大错特错了。事实上,真正现实的考虑是,即便以功利的态度期盼这种"速成法"奏效,它顶多也只是小概率事件,而本质上是可遇不可求的。

写作是一种技艺,最理想的情况是长时间在阅读中关注写作

---

① 涅高兹在《论钢琴表演艺术》中举了一个例子:"我有时会听到一些在教学法上不是没有要求的教师说'应该设法弹好某一个音,那样就能弹好整首乐曲了'。"显然涅高兹完全不认同这种以偏概全和所谓捷径式的教学方法。涅高兹, Г. 1963. 论钢琴表演艺术. 汪启璋和吴佩华, 译. 北京: 音乐出版社: 132.

的各个方面，持续地用心练习和揣摩。很多学生进入大学后可能都有过这样的经历，在学习过程中不知道为什么一些从未接触过的知识要如此安排和表达，面对一堆"知识碎片"而不知道要如何把它们联系在一起会把人搞得筋疲力尽。所以最好是一开始就让新入学的大学生接受阅读和写作训练，原因在于：一方面可以使他们在阅读教材和专业文献的时候更有效率，因为了解一种知识体系的构建方式就如同进入这种知识体系产生的逻辑过程。另一方面，写作训练需要时间，不是知道几个"窍门"就可以行云流水似的下笔如有神，在一种需要运用逻辑方式进行说服的说明文文风下，更需要精确、严格、有效率和协调的表达，直到要开始论文写作的时候才开始写作培养显然没有留给学生反应和练习的时间。大家走上工作岗位就会发现，如果在大学论文写作阶段没有认真地关注和投入写作训练，在工作中再去磨炼这个技能会事倍功半。

这本书之所以可以成形，首先要感谢2019、2020和2021各级的研究生。教学相长，我们在这三年的授课过程中也从他们那里学到了很多东西。在此特别感谢这三年的任课代表杨晏归、王子浩和张心怡，他们不仅认真负责，还时常提出建设性意见，使我们可以在教学和考核方式上不断改进。感谢允许我们匿名使用论文内容的同学们。

借此机会还要感谢中国人民大学出版社的曹沁颖女士对每一章的初稿提出的宝贵意见，并感谢陆彩丽和周华娟两位编辑的辛勤付出。

最后，祝大家写作愉快！"不兴其艺，不能乐学。"我们以《礼记·学记》中的这句话与大家共勉！

目 录

第一章 论文的由来 /1

　　从词源学的角度考察 /1

　　演说、写作的技艺 /3

　　中世纪的自由七艺、大学和知识分子 /10

第二章 推理的规则 /18

　　演绎法 /20

　　归纳法 /30

　　其他逻辑系统 /36

第三章 什么是论文 /43

　　理论与方法 /44

　　范式与创新 /58

第四章 有逻辑地写作 /64

　　了解思维、语言与逻辑 /64

　　下笔之前 /65

　　比较汉语和英语 /72

语言特性与逻辑 /84

修改摘要举例 /87

第五章 论文的基本结构 /96

标　题 /98

摘　要 /101

引　言 /106

文献综述 /107

正文：观点和论证 /112

政策建议 /121

总结与扩展 /122

参考文献 /123

附录（技术附录、数据、图表等）/123

脚注和尾注 /124

第六章 如何确定论文选题 /125

选题常见的困难 /125

论文要达到的合理目标 /126

确定具体选题 /132

第七章 如何构建理论模型 /151

什么是理论模型 /151

一个构建理论模型的例子：戴蒙德－迪布维格
　银行挤兑模型 /154

构建理论模型的一些注意事项 /166

第八章　如何呈现理论文章 /187

摘　要 /190

引　言 /191

模　型 /195

主要结果 /201

拓展模型 /203

数值分析 /205

结　论 /214

第九章　实证研究 /216

什么是实证研究 /216

数据的理想与现实 /218

设计实证研究 /228

定性研究 /232

定量研究 /234

定性与定量的联系 /237

稳健性检验 /239

机制分析 /240

异质性分析 /243

从结果到结论 /245

第十章　如何呈现实证文章 /251

摘　要 /252

引　言 /254

背景与数据 /258

实证策略 /263

主要结果 /265

机制分析 /270

检 验 /273

结 论 /275

第十一章 如何持续工作 /277

写论文是一场持久战 /278

什么时候开始写 /280

每天写一写，至少想一想 /282

动力从哪里来 /284

边思考，边写作 /286

遇到困难怎么办 /288

论文写完，工作还要继续 /291

第十二章 中文文献引用的格式 /293

文献引用的必要性 /293

著者-出版年制文献引用格式 /294

著者-出版年制文献引用规则分类 /305

一些特殊情况的处理 /314

使用学术搜索引擎和文献管理软件 /321

第十三章 英文文献引用的格式 /331

芝加哥风格的著者-出版年制 /331

文中引用和参考文献引用 /334

关于抄袭 /342

第一章 论文的由来

今天无论是本科生、硕士生还是博士生，都需要写论文。所谓学位论文（thesis）比如博士学位论文（dissertation），是一个介绍作者的研究发现和成果的报告，是一个学生证明自己受过规范的学术训练，达到了以合理的思维方法运用所学的标准，并获得学位的一项基本要求。学历越高，论文写作的重要性也就越高。不知道大家在绞尽脑汁地为完成论文写作而焦虑的时候，有没有想过到底什么是论文。在我们讨论到底什么是论文之前，先了解论文的由来可以在一定程度上帮助我们回答这个问题。

从词源学的角度考察

我们先从词源学的角度来了解"论文"这个词语所含的内容。论文的英文单词 thesis 源自古希腊文 θέσις，意为放置、给出（putting, placing），一个命题或断言（a proposition, affirmation, etc.）；用于逻辑与修辞方面时，意味着一个被提出的、被陈述的主张，尤其是作为一个需要讨论或证明的判断，在答辩中需要证明是正确的,同时可以在面对反对意见的挑战过程中在逻辑上证明依旧是有效的、成立的。① 另外,dissertation 源自拉丁文 dissertātiō,意为讨论。

由词义我们可以了解到,thesis 包含两个层面:第一,首先要有一个命题(proposition)。今天我们多半把 proposition 翻译成命题。Proposition 的本意是一个供讨论的主张、判断或问题。②这里关于 proposition 的中文翻译我们需要探讨一下。哲学家张东荪先生认为 proposition 翻译为"辞句"更合适,因为逻辑学的基本单位是辞句,"如果没有基本辞句(typical proposition),则全套的逻辑推理就会遇到困难"。③那么什么是辞句?《王力古汉语字典》对"辞"的解释是言辞、文辞,特指表达判断的语言形式。例如:"《周易·系辞下》:'吉人之辞寡,躁人之辞多。'意思是:吉祥的人不急于下结论,浮躁的人急于下结论。《孟子·万章上》:'说诗者,不以文害辞,不以辞害意。'"意思是:不以华美的文采来损害辞句表达,不以辞句来伤害要表达的意思。换句话说就是要表达的意思是核心,辞句次之,文采的华美更次之。④"句",就是一个句子,例如《文心雕龙》中有"因字而生句,积句而成章,积章而成篇"⑤。那么我们可以将"辞句"理解为表达判断的句子。所以辞句更完整地体现了这种推理需要依托语言表达判断的实质。命题更多的是强调题目本身,

---

① OED online, s. v. "thesis." 2.
② OED online, s. v. "proposition." 2. [1552 R. Huloet Abcedarium Anglico Latinum (at cited word) A proposition is an argument or matter proposed to be disputed and reasoned upon.]
③ 张东荪. 2011. 知识与文化. 长沙:岳麓书社:195.
④ 感谢杨逢彬老师对所引古文的释意。
⑤ 王力,主编. 2000. 王力古汉语字典. 北京:中华书局.

而没有涉及这种判断以及进行推理的载体——语言。由于命题作为 proposition 的中文翻译现在已经广泛使用，除非特别说明，否则本书还是沿用"命题"这一术语。

第二，thesis 就是要对某个主张、判断或问题进行逻辑推理，以证明它是正确的，或在逻辑上有存在的价值，因为即便是一个人不接受论题的观点，也会由于其具有合理性而加以认可（论题篇 104b27‐104b28）。① 对于一个论文需要讨论的问题，亚里士多德（Aristotle：公元前 384—前 322）在《论题篇》开宗明义地说明：论题的论述就是要"寻求一个论证方法，通过这个方法，我们能够对任何一个普遍接受的观点所提出的问题进行推理；并且，当我们自己给出论证时，不至于说出自相矛盾的话"，所以了解推理及其种类和方法，是为了掌握逻辑推理（论题篇 100a20‐100a25）。② 进一步说，就是对某个主张、判断或问题进行推理的过程，它是运用语言进行的，是符合逻辑的。因此，论文的目的就是论证作者为什么不同意多数人的意见，并有逻辑地证明自己的观点是合理的。③

演说、写作的技艺

论文的呈现需要语言的工具。相关工具的发展与我们对教育的认知大有关系。古希腊有教育七艺：语法、逻辑（或称辩证

---

① 亚里士多德. 2016. 亚里士多德全集：第 1 卷. 苗力田，主编. 北京：中国人民大学出版社：104b 27‐104b 28.

② 亚里士多德. 2016. 亚里士多德全集：第 1 卷. 苗力田，主编. 北京：中国人民大学出版社：100a 20‐100a 25. 翻译略有改动.

③ Thesis. [2022‐5‐24]. Wikipedia, https://en.wikipedia.org/wiki/Thesis#cite_note‐7.

法）和修辞构成语词技艺（三艺，*trivium*），数学、音乐、几何学和天文学构成数学技艺（四艺，*quadrivium*）①，这就是古希腊人所称的通识教育（*ἐγκύκλιος παιδεία*）或博雅教育的内容；古罗马人称之为自由之艺（artes liberales），也是后来欧洲中世纪人所称的自由七艺（the seven liberal arts）。

由数学、音乐、几何学和天文学构成的数学四艺关乎希腊的理性主义传统，这也被认为是希腊文明对人类做出的突出贡献。②柏拉图（Plato：公元前 427—前 347）认为"存在"（being）不是通过感官来认识，而是通过理性来把握；这种理性把握通过对数学法则的研究过程才能领会，因此要研究数学。所以算术和几何在柏拉图的教育建构中毫无疑问是重要的学科。③换个方式理解就是，柏拉图认为任何事物都有其之所以然的本质或原理④，而数学在创造秩序的过程中提供了基础结构，我们只能通过对一个不变的"理"的认识来把握千变万化的物质现象界。古希腊人这样把数学确立为一门公理——演绎科学。⑤同理，存在本身（本体）与可感世界的关联在音乐和天文学中表现得最清楚，所以这两个学科也至关重要。⑥

中国先秦时期的教育有六艺：礼、乐、射、御、书、数。虽

---

① 瓦格纳，戴维·L．，编．2016．中世纪的自由七艺．张卜天，译．长沙：湖南科学技术出版社：2．
② 瓦格纳，戴维·L．，编．2016．中世纪的自由七艺．张卜天，译．长沙：湖南科学技术出版社：4．
③ 同②．
④ 张东荪．2007．西洋哲学：张东荪讲西洋哲学．张耀南，编．北京：东方出版社．几何在宇宙构造中的结构性作用见柏拉图的《蒂迈欧篇》．
⑤ 瓦格纳，戴维·L．，编．2016．中世纪的自由七艺．张卜天，译．长沙：湖南科学技术出版社：3．
⑥ 同②．

然将中国先秦的"六艺"与古希腊的"七艺"直接进行对比有些牵强,但是这不妨碍我们体会在这两种不同的文化环境下教育侧重点的些许区别。①与本书直接相关的一个观察,就是古希腊的语词三艺在文化教育中的突出地位。柏拉图认为,世界是一个有机的整体,事物之间存在必然的联系(《蒂迈欧篇》),而这种必然联系的存在使有效推理成为可能。又因为事物的本质在思想中作为概念而得到把握(即张东荪先生在总结柏拉图的哲学贡献时所说的:"我们不能以感觉而知事物而必须以概念而知事物。"②),因此,代表事物而形成的概念以词语表达,那么概念就依托代表概念的词语符号来反映事物之间的必然联系。③换言之,概念代表事物,词语符号代表概念,所以事物间的关系就由词语符号通过指代概念来表达。同时,"柏拉图系统处理修辞的尝试使辩证法(dialectic)发展了起来——他第一次在专业意义上使用'辩证法'一词。该词原本仅仅意指'讨论'"④。

不仅如此,修辞学的兴盛还有巨大的社会需求背景。

在经历了僭主时期和梭伦(Solon:约公元前638—约前559)免除债务和恢复城邦民主体制的改革之后,在公元前5世纪的希腊,被放逐的贵族回到自己的城邦,他们为了收回被僭主没

---

① 古希腊人重视体育,体育与音乐一同是他们教育的核心内容。七艺侧重的是文化教育。
② 张东荪.2007.西洋哲学:张东荪讲西洋哲学.张耀南,编.北京:东方出版社.
③ 瓦格纳,戴维·L,编.2016.中世纪的自由七艺.张卜天,译.长沙:湖南科学技术出版社:10.
④ 瓦格纳,戴维·L,编.2016.中世纪的自由七艺.张卜天,译.长沙:湖南科学技术出版社:8.

收的土地和财产需要诉讼知识；此外，遗产的继承和工商界的钱财往来引起的纠纷也使当事人需要诉讼知识。①有意思的是，汉语中的"辞"是以讼辞或口供的意思率先出现。例如，《说文解字》："辞，讼也。"又如，《尚书·吕刑》："两造具备，师听五辞。"又如，《周礼·秋官·乡士》："听其狱讼，察其辞。"②看来说服和逻辑论证的现实需要最初都离不开诉讼需求。

同时，在僭主政治崩溃之后，权力的行使成为人们最关心的问题，尤其是在雅典。因此在希腊发展出了一种非常活跃的政治生活，一个人展现勇气的方式已不再是体能运动，而是政治雄辩。③公开演讲成为一种参与政治生活的重要方式，雅典的情形尤其如此。一个演讲人要面对数千名听众，通过论证、辩论说服他们，以赢得投票，而且每次演讲都是如此，"因此，将雅典的政治领袖称为'演说家'是完全正确的"④。于是传授这种知识的职业应运而生，从事这种职业的人被称为"智者"（sophist），无论是出身于传统贵族还是富豪子弟，要在政治上谋求出路，都要向智者学习修辞术。⑤后来由于智者派受到柏拉图和亚

---

① 亚里士多德.1959.雅典政制.日知和力野，译.北京：商务印书馆；顾准.2013.顾准历史笔记.北京：光明日报出版社.《顾准历史笔记》是根据顾准的遗稿整理出版的。亚里士多德.2016.《诗学》《修辞学》. 罗念生，译. 上海：上海人民出版社：122 – 123. 该文献将该书作者名译为"亚理斯多德"，这里统一为"亚里士多德"。下同。

② 王力，主编.2000.王力古汉语字典.中华书局.

③ Marrou, Henri Irénée. 1956. *A History of Education in Antiquity*. New York: Sheed & Ward, Inc.

④ 晏绍祥. 芬利与古典世界历史研究. 引述 M. I. Finley. 1962. "Athenian Demagogues." *Past and Present* 21:3 -24; 芬利, M. I. 2019. 古代世界的政治. 晏绍祥和黄洋，译. 北京：商务印书馆：xxv.

⑤ Marrou, Henri Irénée. 1956. *A History of Education in Antiquity*. New York: Sheed & Ward, Inc. : 77 -78.

里士多德的攻击,"智者"一词继而含有"诡辩者"的意思。①诡辩者也借机把他们的才能用于服务新的政治理想,即培养政治家。②随着著名的智者伊索克拉底(Isocratēs:公元前436—前338)在公元前4世纪初建立第一所修辞学学校专门教授这一技艺,修辞学的发展达到顶峰。③

这样的社会需求也凸显了一种新的文体——散文的适用性,而不是此前《荷马史诗》和赫西俄德的诗歌所呈现的诗体形式。④同时,与诉讼需要和演讲需要一样,这些都构成了修辞学兴盛的重要社会背景。"虽然伊索克拉底的学校源于城邦的实际需要而产生,但他的影响使得修辞学在接下来的数个世纪里成为希腊、罗马的教育基石,此时希腊城邦在政治上早已衰落。"⑤

亚里士多德也承认语言与事物之间存在着关联,因此他的逻辑学被希腊化时期(约公元前323—前30年)的学者描述为一种词项逻辑。⑥而修辞在亚里士多德对科学的分类谱系中被归为

---

① 亚里士多德.2016..《诗学》《修辞学》.罗念生,译.上海:上海人民出版社:122-123.

② Marrou, Henri Irénée. 1956. *A History of Education in Antiquity*. New York: Sheed & Ward, Inc.: 77-78;亚里士多德.2016.《诗学》《修辞学》.罗念生,译.上海:上海人民出版社:122-123.

③ 亚里士多德.2016.《诗学》《修辞学》.罗念生,译.上海:上海人民出版社:122-123;瓦格纳,戴维·L.,编.2016.中世纪的自由七艺.张卜天,译.长沙:湖南科学技术出版社:8.柏拉图视伊索克拉底为智者,但伊索克拉底认为自己并不属于他们一类。见伊索克拉底.2015.古希腊演说辞全集:伊索克拉底卷.李永斌,译注.冯金朋,主编.长春:吉林出版集团有限公司.

④ 同①.

⑤ 瓦格纳,戴维·L.,编.2016.中世纪的自由七艺.张卜天,译.长沙:湖南科学技术出版社:1.

⑥ 瓦格纳,戴维·L.,编.2016.中世纪的自由七艺.张卜天,译.长沙:湖南科学技术出版社:10.

指导创造性活动的创造性科学。①亚里士多德将修辞（由古代一种偏向口头的传统转变为现代的书写要求，因此现代以来更加是写作技艺）归类为创造性科学也是非常有道理的：因为正是依靠这种技艺，才得以记录下我们独特的视角，拓展我们的思维，表达我们的创造性见解。亚里士多德认为修辞是"一种能在任何一个问题上找出可能的说服方式的功能"②。"所谓说服方式，是指言之成理，合乎逻辑的论证方式。"③

希腊人的理性主义，信仰统一的"理型"规则秩序，崇尚系统性的技艺训练，一种技艺接着一种技艺，践行将两者统一起来以达到身与心的完美和谐；当这样的理念传入罗马时，需要面对的是围绕父权（*patria potestas*），以父亲身教为榜样的学徒式的、功利性的、严格的家庭道德传统决定罗马的一切教育理念。④西塞罗（Cicero:公元前106—前43）注意到的一个例子就体现了这两种智性趣向的不同特点：希腊思想家对理论几何学怀有巨大的兴趣⑤，而罗马人只关注几何学在丈量土地方面的实际

---

① 亚里士多德将科学分为三类：第一类是为知识而知识的理论性科学，例如数学、物理学和哲学；第二类是有外在目的、指导行动的实用性科学，例如政治学、伦理学；第三类同样具有外在目的，但却是指导创造性活动的创造性科学，例如诗学和修辞学。亚里士多德. 2016.《诗学》《修辞学》. 罗念生，译. 上海：上海人民出版社：126.

② 亚里士多德. 2016.《诗学》《修辞学》. 罗念生，译. 上海：上海人民出版社：127，145.

③ 亚里士多德. 2016.《诗学》《修辞学》. 罗念生，译. 上海：上海人民出版社：127.

④ 葛怀恩. 2015. 古罗马的教育：从西塞罗到昆体良. 黄汉林，译. 北京：华夏出版社．

⑤ 这是欧几里得建立空间秩序的逻辑推演系统（见《几何原本》）和柏拉图为创世构造的基础结构的语言（见《蒂迈欧篇》）。

应用。①显然西塞罗认同希腊的知识构筑方式:他认为"任何真正的知识,无论是音乐、文学、修辞术抑或哲学,除非以一种'艺'的原则去指引,都是不可能的。每种科学都有其自身的'艺',由人的理性构筑,知识的诸细节在一种单一、连贯的体系中结合起来;不同的'艺'本身是一种单一、广阔的人类知识体系的诸部分,哲学的心灵能以其首要的诸原则学习这个知识体系"②。尽管如此,西塞罗对罗马家庭传统的伦理价值充满敬意,他理想的教育本质是人文(*humanitas*):希腊人的教育本质上是一门技艺;罗马人的教育不是任何技艺的教导,而更多地意味着"家常生活和家庭传统的结果",因此罗马传统赋予了更偏智识的希腊理想所缺乏的"人的尊严和同情"。③

随着第一代希腊教师来到罗马,希腊文学向拉丁文世界译介,罗马人对修辞术和哲学的兴趣大兴,在实践中也产生了一种广场(法庭)学徒期(*tirocinium fori*):在孩子成年时,父亲会带孩子遍访名士,拜师学习政治演说术和治邦术。西塞罗本人就受惠于这种融合了罗马传统的教育。④公元前2世纪中叶以来,希腊修辞术和哲学在罗马高等教育中占据重要的位置,形成了识读教育、文法教育和修辞术教育三个层次,大致对应现

---

① 葛怀恩. 2015. 古罗马的教育:从西塞罗到昆体良. 黄汉林,译. 北京:华夏出版社:9.
② 葛怀恩. 2015. 古罗马的教育:从西塞罗到昆体良. 黄汉林,译. 北京:华夏出版社:68.
③ 葛怀恩. 2015. 古罗马的教育:从西塞罗到昆体良. 黄汉林,译. 北京:华夏出版社:42.
④ 黄汉林. 2015. 中译本前言//葛怀恩. 2015. 古罗马的教育:从西塞罗到昆体良. 黄汉林,译. 北京:华夏出版社:3.

代社会的小学教育、中学教育和大学教育。①

　　罗马的世界与希腊的城邦文化截然不同，使得希腊文化在罗马这个世界性（cosmopolitan: cosmo +polis）城邦传播时必定面临普及的问题。鉴于罗马在传统上重视文化的实用性，在内容上，普及运动使智识活动朝着脱离理论数学和纯粹科学而发展起来的思辨传统的方向发展；在形式上，趋于标准化的"教育课程"以适应初等和中等教育的需要；到公元前2世纪中叶，学术工作逐渐脱离创造性写作，但是罗马文化在法律和建筑领域仍旧做出了自己的贡献。瓦罗（Varro:公元前116—前27）的《学科九卷》（*Nine Books of Disciplines*）"首次确认了标准的自由技艺"，把医学和建筑也包括进来。西塞罗及其继承者昆体良（Quintilianus:约35—96）的贡献体现在修辞学方面。②

　　"普及运动把希腊科学传给了罗马人，并通过罗马人（虽然是以更初等的形式）传到了中世纪"；而在罗马帝国分裂成东、西罗马帝国（395年）前后几百年间的过渡时期，学术生活变成机械式的手册编纂和拉丁百科全书家的时代。③

中世纪的自由七艺、大学和知识分子

　　随着基督教在罗马帝国传播，传教的人利用他们发现能利用

---

　　① 黄汉林.2015.中译本前言//葛怀恩.2015.古罗马的教育：从西塞罗到昆体良.黄汉林，译.北京：华夏出版社：3-4.

　　② 西塞罗的《论演说家》（*De Oratore*）和昆体良的《演说术原理》（*Institutes*）直到文艺复兴时期才再次被人文主义者发现。瓦格纳，戴维·L，编.2016.中世纪的自由七艺.张卜天，译.长沙：湖南科学技术出版社.

　　③ 瓦格纳，戴维·L，编.2016.中世纪的自由七艺.张卜天，译.长沙：湖南科学技术出版社：20-25.

的一切东西并发展出一种独特而复杂的文化：具有浓厚的古典主义色彩，包含古希腊哲学、罗马法律、古典修辞的元素和罗马政权形态的等级结构。虽然一些基督徒谴责引入古典文化元素，但几乎所有人都在利用古典文化元素：人们在言论和思想上吸收了古典主义。①随着罗马帝国在395年分裂，西罗马帝国在476年灭亡，往昔罗马帝国政治上的统一已经分崩离析并被蛮族国王和贵族的地方自治取代，无序的西部社会所急需的领导力最终只能来自教会，因为教会不仅集中了几乎所有（西部）欧洲有文化的人，还是那个时代最强大的组织机构，至少教会在当时提供了"另一种形式的统一"。② 因此，教会不仅是那个时代的学术中心，还是有能力开办学校提供教育的机构也就一点也不奇怪。在极力倡导和支持教育普及到世俗社会的加洛林王朝的查理大帝（Charlemagne the Great：约742—814）辞世后，西部世界的学术复兴和教学工作持续推进：有这么一项估计，仅在9世纪，修士、修女在修道院的文书房里一共制造出5万册图书；教学从基础的读写开始，并教授"七艺"。③当然这些活动依旧集中在修道院。

真正的突破发生在12世纪，在这个时期，学术领域给欧洲大陆带来的变化之深远和长久远超十字军东征，虽然十字军东征的确也使得在西班牙和北非的阿拉伯语图书馆向基督教敞开

---

① Cantor, Norman F. 1993. *Civilization of the Middle Ages*. HaperCollins Inc. : 38 -40.

② Cantor, Norman F. 1993. *Civilization of the Middle Ages*. HaperCollins Inc. : 145；本内特，朱迪斯·M. 和 C. 沃伦·霍利斯特. 2007. 欧洲中世纪史. 杨宁和李韵，译. 第10版. 上海：社会科学院出版社：52.

③ 本内特，朱迪斯·M. 和 C. 沃伦·霍利斯特. 2007. 欧洲中世纪史. 杨宁和李韵，译. 第10版. 上海：社会科学院出版社：121 – 123.

了大门——"来自欧洲各地的译者蜂拥而至,他们在西班牙和法国南部的城市图书馆中寻找隐藏在阿拉伯语书籍中的真理,他们如同盗墓者举着火炬把充满宝藏的墓室翻得底朝天"①。除此之外,君士坦丁堡还保留着很多希腊文古籍,穆斯林统治西西里岛时期的阿拉伯语书籍,亚里士多德、柏拉图、欧几里得和托勒密的一些著作就是通过这样的途径被译介到了拉丁文世界。②自此,古希腊著作的重新发现和阿拉伯人著作的大量翻译,让古典知识的光辉照进了因信仰而封闭的西部基督教世界。

谈论 12 世纪欧洲学术从修道院式(monastic)的经文(主要是《圣经》)训诂(研读和注释)向经院哲学(scholastic philosophy)的转变,就回避不了皮埃尔·阿伯拉尔(Pierre Abélard:1079—1142)。在那个时代的欧洲,无论是对他的追随者还是对他的敌人而言,阿伯拉尔都是一个神奇的存在。阿伯拉尔出生在帕莱一个法国骑士家庭,是家中的长子,但是他不好刀剑之事,而是热衷于阅读和研究。从小父亲就鼓励他阅读。深受亚里士多德作品的影响,他首先是一位逻辑学家,他对逻辑的运用使他的言辞就是他的刀剑,他成了"辩证法的骑士"③。他的贡献在于提供了一种思想方式,在《方法论》(*Discours de la Méthode*)一书中,"他言简意赅地论证了推理的必要性……人们需要语言知识。词语被创造出来是为了表意——唯名论——但它

---

① 莫蒂默,伊恩.2019.欧罗巴一千年.李荣庆等,译.上海:上海人民出版社:53-54.
② 莫蒂默,伊恩.2019.欧罗巴一千年.李荣庆等,译.上海:上海人民出版社:54-55.
③ 勒高夫引用中世纪哲学史家保罗·维尼奥(Paul Vignaux)的说法。勒高夫,雅克.2021.中世纪的知识分子.高建红,译.上海:华东师范大学出版社:56.

们是以现实为基础的，对应于它们所意指的事物。逻辑学应竭尽所能地使语言与其所表达的现实在意义上是相符的"①。然而，他激怒教会的，不是他对亚里士多德逻辑学的运用，而是他把逻辑推理运用到了宗教信仰上。在《是与否》(*Sic et Non*)中，阿伯拉尔指出基督教早期神父们著作中的158个自相矛盾之处可供辩论。②攻击他的人试图用他的唯名论主张将他的逻辑运用贬低为仅仅是为了达到目的所使用的一种手段③，然而他所追求的是理性和信仰的结合。④贯穿他一生的论战和他课堂论辩式的教学再次使口头辩论成为西方知识论述体系的一个核心特征；事实上，《辩证法》(*Dialectica*)的内容可能就包括他在课上的辩论，至少是他对课上辩论的记录。⑤阿伯拉尔早年到巴黎圣维克多修道院学校求学时就在辩论中击败老师，于1115年在巴黎圣母院教堂学校开始授课，于1121年被地方教会判为异端后隐退于他自己的祈祷室，学生们则在他的祈祷室外搭起了帐篷，听他授课，这种方式在中世纪并不罕见。⑥因此，勒高夫（2019）称他为第一个现代意义上的伟大知识分子；"在12世纪'现代

---

① 勒高夫，雅克. 2021. 中世纪的知识分子. 高建红，译. 上海：华东师范大学出版社：74. 译文稍有改动。

② 莫蒂默，伊恩. 2019. 欧罗巴一千年. 李荣庆等，译. 上海：上海人民出版社：51.

③ Novikoff, Alex J. 2014. "Peter Abelard and Disputation: A Reexamination." *Rhetorica: A Journal of the History of Rhetoric* 32(4): 323-47.

④ 勒高夫，雅克. 2021. 中世纪的知识分子. 高建红，译. 上海：华东师范大学出版社：77. 在12世纪的欧洲，阿伯拉尔的私人生活也因为他与爱洛伊丝的爱情故事而惊世骇俗。

⑤ Novikoff, Alex J. 2014. "Peter Abelard and Disputation: A Reexamination." *Rhetorica: A Journal of the History of Rhetoric* 32(4): 323-47.

⑥ 阿伯拉尔. 2013. 劫余录. 孙亮，译. 北京：商务印书馆.

性'这个术语的范围之内,是第一位教授"①。

如果说阿伯拉尔为语词三艺的弘扬和发展奠定了基础,那么"希腊-阿拉伯科学知识滋养的探索精神、观察精神和调查精神"被沙特尔精神传承和发扬,使沙特尔成为12世纪的科学中心,因此造就了中世纪的科学革命:在那里人们更喜欢对与事物相关的"四艺"进行研究,"地球的构造、元素的性质、星辰的位置、动物的天性、风的狂暴、植物和根的生命"这类问题同样激怒了那些单凭信仰而认识存在的教会人士。②

在一种越来越强调有说服力的论证和思想传递艺术的氛围下,一个新的群体——知识分子——诞生了。

在11世纪初,欧洲社会阶层可以分为"有祈祷的,有战斗的,有工作的",只有前两种人即神职人员和武士/贵族是自由人,在他们下面工作的是贱民和农奴。然而在1050年之后的一两百年时间里,在人口增长造成土地短缺的压力下,形成了大量的公社(commune)、工匠定居点。公社和定居点中的居民获得了自治权,于是第三种自由人出现了,社会加速扩张,并产生了"新的细胞,形成新的器官,即城镇"③。与此同时,人口的增长、劳动分工的细化使得交换活动越来越成为生活中的一种必要,经济活动的货币化程度大大提高,因此更加活跃了经济生活。

社会分工在城市中继续着:作为城市市民,"所有那些具有

---

① 勒高夫,雅克.2021.中世纪的知识分子.高建红,译.上海:华东师范大学出版社:56.
② 勒高夫,雅克.2021.中世纪的知识分子.高建红,译.上海:华东师范大学出版社:79-80.
③ Elias, Norbert. 1982. *Power and Civility*. Basil Blackwell Publisher: 46.

写作技能、精通法学，尤其是罗马法的人，教授'自由技艺'和偶尔教授'手艺'的人，让城市的地位得以确立"；在这个过程中，专门以"贩卖词语"为业的大学教师和学生群体也体现出"行会的职业特征"。①巴黎的大学行会可被视为典型：在13世纪，它同时确立了自己的行政机构和专业机构。它由四个学院组成，即艺学院、法学院、医学院和神学院。法学院、医学院和神学院被称作高等学院，以院长(doyen)为首，由正式教师或执教教师(regent)进行指导与管理。艺学院人数最多，是在"民族团"的基础上建立起来的。大学首脑最终在13世纪出现了，那就是艺学院的主事人。艺学院的优势是人多，具有引领精神，手握财政大权，还主持全体会议。到13世纪末，艺学院的主事人是行会公认的首脑。②

在艺学院，逻辑和辩证法占主导地位，因此艺学院博士被称为哲学博士，也就是 Doctor of Philosophy(Ph.D.)。至少在巴黎，亚里士多德所有的著作几乎都得到了评注；在博洛尼亚，亚里士多德只有部分作品得到解读，教师把重点放在修辞学上，研读西塞罗的修辞学著作。此外，数学和天文学也都受到重视。③至于写作课是不是大学的基本教学内容之一，没有定论，著有《中世纪大学的写作课》的社会史家伊斯特迈·哈吉纳尔(Istvan Hajnal)认为写作课是大学的基本教学内容之一，但可能各个大

---

① 勒高夫，雅克.2021.中世纪的知识分子.高建红，译.上海：华东师范大学出版社：4 – 13.
② 勒高夫，雅克.2021.中世纪的知识分子.高建红，译.上海：华东师范大学出版社：117 – 119.
③ 勒高夫，雅克.2021.中世纪的知识分子.高建红，译.上海：华东师范大学出版社：121 – 123.

学的情况不尽相同，因为中世纪的大学并不明确区分教育的层次。①

事实上，在造纸术和印刷术普及之前，中世纪大学的写作课更多的是关于抄写经文和经典②，而考试和获得学位主要是通过口头答辩。以博洛尼亚大学为例，获得学位要经过两个步骤——非公开考试和公开考试。候选人在按照要求对提供的段落进行评注之后，要回答提问。随后评委退场并进行表决，结果遵循少数服从多数的原则，这是非公开考试。"通过非公开考试后，候选人成为学士，但只有在公开考试之后，才能拿到博士头衔。参加公开考试，要被隆重地带到大教堂里，在那里进行一场演讲，并宣读一篇关于某个法学问题的论文，接受质询和答疑，逐一反驳，这样就在一场大学辩论中首次扮演了教师的角色。"③在巴黎大学，艺学院的学生首先要与一位老师进行一次辩论（responsiones），通过后获得资格参加学业水平测试（examen determinantium）或业士学位考试（baccalariandorum），在考试过程中要证明自己了解教学大纲中的著作。一年后参加实践能力测试：开设一系列课程以证明自己有能力从事教学工作。但完成这一切只是获得一个预备性学位。此时真正严格意义上的考试才刚刚开始，其中最重要的是进行一系列评注并在评委会面前回答问题，之后做一场报告，并在六个月后的试讲仪式中当着学院全

---

① 勒高夫，雅克. 2021. 中世纪的知识分子. 高建红，译. 上海：华东师范大学出版社：121.

② Hajnal, Istvan. 1959. *L'enseignement de l'écriture aux universités médiévales*. Budapest: Maison D'édition de L'académie des Sciences de Hongrie.

③ 勒高夫，雅克. 2021. 中世纪的知识分子. 高建红，译. 上海：华东师范大学出版社：124－125.

体教师的面上入职的第一堂课,并接受学位证书,正式成为博士。①

13世纪,知识的获取和塑造在技术方式上转变为推理和辩论,一个直接的结果就是辩证法(逻辑)引导人们超越对文本的理解,把追寻真理放在首位,另外,知识作为客体也成为探询对象。当解读文本被有逻辑地问询(quaestio)所取代,被动的阅读者变成主动的提问者、思想者;问询甚至脱离文本而独立存在,问询本身成为讨论的目的,成为辩论(disputatio),从辩论中得出的结论就是思想成果,"就是从这一刻起,大学的知识分子诞生了"。②

---

① 勒高夫,雅克.2021.中世纪的知识分子.高建红,译.上海:华东师范大学出版社:125-126.
② 勒高夫,雅克.2021.中世纪的知识分子.高建红,译.上海:华东师范大学出版社:136-147.

第二章　推理的规则

从第一章的介绍中我们可以看到，理性也反映在论证过程的训练上，论证要言之有理，合乎逻辑。合乎逻辑包括要遵循一套公认的推理规则，对这套推理规则的运用就是将逻辑方法落实到认识事物的过程中。因此，在西方世界的思想传统中，对逻辑学基本原理的运用可以理解为人类实践理性的过程。

哲学家张东荪先生总结道：逻辑的产生，最初是由于言语上有了问题。在古希腊，有辩论就产生了为辩论（而非后来的美文）而设的修辞学，这也是逻辑学的前身；最古老的印度逻辑也只是辩驳之术；虽然在中国没有所谓的形式逻辑，但很早就有辩学与辩士。可见有辩论就有调整言语的必要。所以"逻辑不外乎是想调整言语……后来却因为调整言语而竟然发现言语中存在本然的结构，好像'道理'一样"……唯心论者认为这就是"理性"（reason），唯物论者则以为这是如同自然法则一样的泛存结构(structure in general)，"殊不知，这些普泛的结构却只是在言语中的，并不全是在自然界中的"；张东荪先生因此赞成马克斯·缪勒（Max Müller：1823—1900）所言："逻辑是从文法中抽出来的,并不是文法从逻辑中抽出来。"①

逻辑的英文单词 logic 源自希腊语 $λóγos$(logos),logos 音译为逻各斯,有多重含义,核心含义是"秩序"和"规律",在这个意义上,类似于中国的"道"和"理";同时也意味着理性、推理和推理能力;其他引申的含义还有话语的道理、事物的尺度、音乐的节律、各种比例关系等。②总之,它总括人与宇宙秩序和规则之间相应相知的思想能力及思想总体。自从希腊哲学家赫拉克利特(Heraclitus:约公元前540—约前480与前470之间)发现一个与宇宙过程相对应的人类推理能力的逻各斯,斯多葛学派(Stoics)的哲学家又"将逻各斯定义为贯穿所有现实的积极的理性和精神原则。他们称逻各斯为天意、自然、神和宇宙的灵魂,它是由包含在普遍逻各斯中的许多精髓逻各斯组成的"③。

因此,作为一种思想能力,逻辑被称为"科学之科学"(the science of science)也就一点也不奇怪。张东荪先生这样总结:(西方的)理性的表现方法也就是逻辑方法,主要有二:演绎法(deduction, deductive logic)和归纳法(induction, inductive logic)。演绎法建立在同一律的基础之上,而同一律暗含存在的观念,也就是先有"存在"的主体,才能谈依据同一主体的推理,正因如此,亚里士多德的逻辑必须从分类的范畴开始;归纳法则建立在因果观念之上,因果观念的广泛应用,即规律性,天下万事万物,有同因,必产生同果,否则归纳法由单一事件推广

---

① 张东荪. 2011. 知识与文化. 长沙:岳麓书社:65.
② 陈波. 2016. 逻辑学十五讲. 第2版. 北京:北京大学出版社:25.
③ Britannica online. s. v. "Logos." https://www.britannica.com/topic/logos.

到全体的推演就无法进行。用归纳的推理方法是从一个特殊事态得出一般性结论，只是一种可能的概率解释；而如果没有因果联系作为前提，推广到全体的推演是无法进行的。因此，我们可以看出，西方思想是以存在与因果概念为两大支柱。①演绎法的结论是一个确定事项，一个断言，一种断然的结论；归纳法的结论则体现为一个概率结果，一个或然事件。在论文写作中这两种逻辑方法的合理运用都至关重要。

演绎法

形式逻辑（词项逻辑）和数理逻辑（符号逻辑）都属于演绎法，下面我们分别讨论。在此所举的都是最为一般性的例子，重点是了解各种逻辑方法的特性，以方便讨论，我们关心的是在论文写作中如何运用这些逻辑方法来达到有效沟通思想的目的。在后面章节关于写作的讨论中我们会具体问题具体对待。

形式逻辑（词项逻辑）

形式逻辑是在亚里士多德系统性的梳理分类的基础上得到完善的，在西方世界直到中世纪经院哲学时代都是主流的方法论。在第一章我们已经讨论过，命题是组成一个完整论证的基本单位，推理过程就建立在命题所形成的关系之上。无论论证多么复杂，本质上每个论证都包括两种不同类型的命题：（1）作为论证起点的"前提"，它是推理的出发点所依靠的基础事实；

---

① 张东荪.2010. 理性与民主. 左玉河，整理. 长沙：岳麓书社：127-128.

（2）在前提的基础上得出的"结论"，它是被证明的命题。①

三段论是形式逻辑的一个基本形式，应用广泛。我们以这种形式为例，进一步讨论。三段论遵循亚里士多德的逻辑三大定律——同一律、矛盾律和排中律。② 所谓同一律，就是某个存在的事物 A 是其自身，而不是非 A 的任何事物。比如橙子就是橙子，不可能是苹果及任何其他东西。所谓矛盾律，就是某个事物不可能在同一时刻既是这个又不是这个，两个相反的命题不能同时成立，事物是其自身的同时不可能是任何其他事物。比如如果 A 既是橙子又不是橙子，那么就违反了矛盾律。因此，矛盾律可以看作是同一律的延伸。事物要么存在，要么不存在，要么是，要么不是，不可能是若有若无、既是又非的中间状态，这就是排中律。

一个标准的亚里士多德三段论如下：

所有 M 是 P，

所有 S 是 M，

所以，所有 S 是 P。③

这可以用符号表示为以下形式（M 代表中项，作用是连接大前提和小前提）：

---

① 麦克伦尼, D. Q. 2013. 简单的逻辑学. 赵明燕, 译. 杭州：浙江人民出版社：57 – 58.
② 有的分类还包括充足理由律。
③ 卢卡西维茨. 2009. 亚里士多德的三段论. 李真和李先焜, 译. 北京：商务印书馆：9 – 11. 译文略有改动。

M—P

S—M

所以，S—P①

　　句子的排列顺序为大前提、小前提、判断得出的结论，之后我们可以依据分类加入具体词项。例如：所有人都终有一死，所有希腊人都是人，所以，所有希腊人都终有一死。② 推理的根据就是"首先确定某一部分是属于整体的，然后得出某一部分的组成成员也是属于整体的"③。

　　我们可以看出，（1）三段论之所以成立，根本前提是分类，而判断的依据就是分类系统（各类别的齐一性假设使得在推论中遵循同一律成为可能）。以分类的方式认识世界是西方的思想传统，通过将语言符号化来对存在的事物进行分类造成语言与存在之间的基本裂隙，这一洞察正如库萨的尼古拉在《论有学识的无知》中打的一个比方："就如同一个（内接）多边形与一个圆的关系，这个（内接）多边形的角越多，它与圆就越相似，但是，除非把多边形变得与圆完全等同，否则它的角即使无限增加，也不会等于圆。"④ 在这种对于实相比较粗暴的思维模式下，举出例外事项或反例并不是一件很困难的事。（2）小前提

---

① 麦克伦尼，D. Q. 2013. 简单的逻辑学. 赵明燕，译. 杭州：浙江人民出版社：89.

② 卢卡西维茨. 2009. 亚里士多德的三段论. 李真和李先焜，译. 北京：商务印书馆：9-11. 译文略有改动.

③ 麦克伦尼，D. Q. 2013. 简单的逻辑学. 赵明燕，译. 杭州：浙江人民出版社：82.

④ 哈里斯，卡斯滕. 2020. 无限与视角. 张卜天，译. 北京：商务印书馆：71.

已经包括在我们知道为真的大前提里。在上面的例子中，小前提中的所有希腊人作为人类的一分子已经被包括在所有人里面。（3）结论是已经包含在前提中的断言。换句话说，"结论的真实性已经包含在大前提中，论证只是把它形之于外"①。（4）结论是确定无疑的（不是一个概率事件，不允许有例外）。（5）大前提是一个不证自明的断言，或大前提至少应当为真，所谓"真"就是一个断言与实际情况相符。

大前提、小前提和结论之间的关系可以用图2-1来表示。

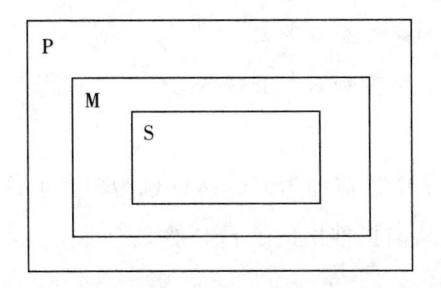

图2-1 标准三段论大前提、小前提和结论之间的关系
资料来源：见麦克伦尼（2013，83）中的图3-2。

【有效论证举例】就论证的有效性而言，如果结论是从前提推出的逻辑必然，我们就认为论证是有效的。论证不关乎前提的真假和结论的真假，假前提可以得出真结论，真前提也可以得出假结论。此处我们选取柯匹和科恩（2014）中的例子来加

---

① 麦克伦尼，D. Q. 2013. 简单的逻辑学. 赵明燕，译. 杭州：浙江人民出版社：99.

以说明。①

Ⅰ：所有哺乳动物都有肺，
　　所有鲸鱼都是哺乳动物，
　　所以，所有鲸鱼都有肺。

在这个例子中，前提为真，结论也为真。

Ⅱ：所有四条腿生物都有翅膀，
　　所有蜘蛛都有四条腿，
　　所以，所有蜘蛛都有翅膀。

在这个例子中，前提为假，结论也为假。但论证过程是有效的，即结论是从前提推出的逻辑必然。

Ⅲ：所有鱼类都是哺乳动物，
　　所有鲸鱼都是鱼类，
　　所以，所有鲸鱼都是哺乳动物。

这是假前提推出了真结论。但结论也是从前提推出的逻辑必然，所以这是一个有效论证。

【无效论证举例】虽然前提为真，但如果由前提到结论不是一个逻辑必然，那就是无效论证。关于无效论证，我们用麦克

---

① 柯匹，欧文·M. 和卡尔·科恩. 2014. 逻辑学导论. 张建军，潘天群和顿新国等，译. 第13版. 北京：中国人民大学出版社：36–41.

伦尼（2013）中的论述来加以说明。①

1. 中项不周延

首先看下面的例子：

Ⅳ：所有会飞的都有翅膀，

所有鸭子都有翅膀，

所以，所有鸭子都会飞。②

这三个命题的结构如下：

P—M

S—M

所以，S—P

对比三段论的标准命题结构，我们可以发现：

（1）中项 M 要能起到连接大前提和小前提的作用，需要是大前提的主项、小前提的谓项，否则无法发挥连接两个命题的功能。在以上例子中，中项 M 既是大前提的谓项，也是小前提的谓项。因此这个命题结构也就出现了问题。

（2）如果论证中的大、小前提都是肯定的，肯定命题中的谓项通常是特称（或者说是"不周延的"）。在以上例子中，大

---

① 柯匹，欧文·M. 和卡尔·科恩. 2014. 逻辑学导论. 张建军，潘天群和顿新国等，译. 第13版. 北京：中国人民大学出版社：36-41.

② 麦克伦尼，D. Q. 2013. 简单的逻辑学. 赵明燕，译. 杭州：浙江人民出版社：88-97.

前提的主项"所有会飞的"是一个全称,而谓项"有翅膀"只是指那些会飞的,同理,小前提的谓项"有翅膀"是指"鸭子",所以中项的两次出现是不周延的,因此无法得出必然的推论。

2. 全称和特称

如果前提以特称(例如:一些人、某些事,而不是每一只鸟、所有的树这样的全称)开始,那么结论也只能是个特称命题。如果大、小前提都是特称的,那么就无法得出确定性结论。例如:

一些 M 是 P,
一些 S 是 M,
所以,一些 S 是 P。

此时,大前提、小前提和结论之间的关系可以用图 2-2 表示。

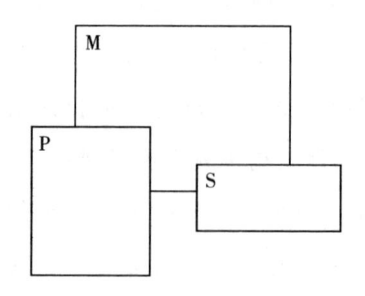

图 2-2 不标准三段论大前提、小前提和结论之间的关系
资料来源:见麦克伦尼(2013,95)中的图 3-3。

在这个例子中,虽然大、小前提都为真,但结论是假的。

3. 否定句式

如果大、小前提的命题都是否定的，那么连接大前提和小前提的中项就是不周延的，因此结论就会是错的。

当然，命题与结论的组合情况不限于我们在这里的讨论，但是我们希望这些例子能够传递这样一个信息：逻辑正确并不意味着结论正确。只有真前提（命题内容真实）加有效论证（命题结构有效），才能得出正确的结论。

数理逻辑［符号逻辑(symbolic logic)］

进入 16 世纪后，人们对自然界的感知显然有了更多的进展和面向。形式逻辑作为当时经院哲学延续下来的主流逻辑方式，显然已不能处理或然性问题、周期性问题、函数关系等更有效地认识自然界的规律性问题。对此，两个重要的补充就是阿拉伯数字和代数引入后发展出的数理逻辑和十七八世纪发展出的现代归纳法。

数理由物理脱胎而来，数理的益处在于它抽去了关于物的种种性质，而只剩下数字之间的关系，继而成为一种以数字之间的关系模式来指代事物之间的联系方式，并且可以以矩阵方式来穷尽各种可能。数学观念超脱了任何一套特殊实有的约束，代数超脱了任何特殊数字的观念。"数学的这种进步，催生了 17 世纪的科学发展，以数学表达出来的自然规律，就是以函数观念反映的自然秩序"；"数学为科学对自然的观察提供了自由想象的背景。伽利略、笛卡儿、惠更斯与牛顿等人都创造了许多公式。"① 在这个过程中,不仅排中律不再是一个根本原则,同一律也被其他原则吸收。②

数理逻辑作为一种演绎方法和工具在现代社会的应用是如此广泛,以至已经超出自然科学的工具范围,同时在社会科学领域得到广泛应用。具体表现为许多社会科学学科如经济学、社会学、政治学、心理学等引入自然科学中的概念、原理、理论和方法。例如经济学和政治学中的建模是对牛顿经典物理学的模仿,社会学对生物学的类比,等等。③

虽然数学的好处在于它可以完全摆脱特定事例或任何一类特定实物,但是引入数理逻辑进行理论构建意味着我们事先接受了这样一种假设,即这些特定内容是按照数字关系的逻辑发生联系的。换句话说,这样做的前提是我们认同数字之间的关系在很大程度上可以代表事物之间的关系。但这样做的弊端也是显而易见的,尤其是对社会科学领域的研究对象来说,就好比在做鱼+石头=颜色④或香蕉+苹果=鸭梨的练习。因此在社会科学领域中应用数学这种抽象的方法需要格外小心。以大家都知道的经济学概念国内生产总值(Gross Domestic Product, GDP)为例,GDP是一个经济体在一定时期内所有单位(包括个人和机构)所开展的经济活动产生的总价值,即某一特定时期的各经

---

① 怀特海, A. N. 2019. 科学与现代世界. 傅佩荣,译. 上海:上海人民出版社: 36.
② 张东荪. 1995. 理性与良知:张东荪文选. 张汝伦,编选. 上海:上海远东出版社: 391–392.
③ 科恩, I. 伯纳德. 2016. 自然科学与社会科学的互动. 张卜天,译. 北京:商务印书馆.
④ 怀特海, A. N. 2019. 科学与现代世界. 傅佩荣,译. 上海:上海人民出版社: 27–29.

济增量的总值。那么经济活动千差万别,有生产的、有服务的、有原油开采的、有塑料加工的、有纺纱织布的、有盖房建屋的,诸如此类,如何加总?如果所有商品和服务都以价格来计算,它们所产生的价值就表示为金钱价值,这样就可以加总了。这种处理方式去掉经济生活中多面向和跨维度的结构以及它们之间内容丰富的相互关系,而只考察金钱价值,金钱价值虽然可以加总,但没有反映出经济结构和经济关系。因此,虽然有同样的 GDP,但两个体量相当的经济体可能显示出了在经济结构上不同方向的重大变化,面对极端事件冲击,两个经济体表现出的抵抗能力可能完全不同。比如,同样是 5% 的 GDP 增速,一个国家的增长主要来自制造业生产,另一个国家的增长主要来自消费,几十年过去之后,前者可能建立起了强大的制造业产业链,后者可能已经遭遇产业空心化。换句话说,GDP 作为一个产出乘以价格的总数,不反映任何经济关系、产业链状况、投资和消费的区别(资本形成还是资本消灭)等,以其作为衡量经济状况的唯一指标很可能会对认识一个经济体的总体经济面貌产生误导。我们不是说价值加总的方式不重要,而是想说明生产链条和交换网络中的相对价格信息比一个总值更具意义。

事实上,自然语言也是一种符号系统,在这一点上它与数学的符号系统没有本质的区别。我们也可以把数学的符号系统理解成一种语言,它同样有自己的基本元素和语法。无怪乎近代哲学家卡希勒(Ernst Cassirer)把人定义为"符号的动物,而不是理性的动物"[1]。就我们进行思维所利用的工具而言,这的确说

---

[1] 卡西尔, 恩斯特. 2014. 人论. 唐译, 编译. 长春: 吉林出版集团有限责任公司.

得通。无论是词项逻辑还是数理逻辑，作为人类思维方式上不同的符号系统（路径），词项逻辑所满足的需要不能由数理逻辑来满足，反之亦然①，前者依托符号化的语言形式，后者在于完全抽象的普遍原理，虽然也是依托一套数学的符号系统或数学语言来表达。虽然两者都是因我们的思考而产生，但这并不意味着［词项］逻辑或数学可以反映关于思想的规律。它们有自己的规则可循，在这一点上"逻辑定律也并不比数学定律在更大的程度上关系到人们的思想"②。因此，这对一个论文写作者意味着，在使用文字表述时，要遵守词项逻辑的规则；在使用数学表达时，要遵循数理逻辑的规则。对众多引入数理方式的社会科学学科来说，困难在于如何使用自然语言精确阐述数理过程及其结果。我们将在后面有关理论研究和实证研究的章节结合实例讨论。

归纳法

进入 16 世纪，一反在中世纪末期对理性主义的过度依赖，新的趋势是基于个体经验"研究前因与后果的经验事实"③。率先清楚地认识到经院传统的演绎法与近代依据观察的归纳法之

---

① 张东荪. 1995. 理性与良知：张东荪文选. 张汝伦，编选. 上海：上海远东出版社：391-392.

② 卢卡西维茨. 2009. 亚里士多德的三段论. 李真和李先焜，译. 北京：商务印书馆：24.

③ 所谓理性主义，即"认为发现真理的途径主要须透过对实物本质作形而上学分析，借助这种分析才能决定事物如何活动与产生作用"。见怀特海，A. N. 2019. 科学与现代世界. 傅佩荣，译. 上海：上海人民出版社：45.

间对立性的人，首推培根。① 针对亚里士多德的三段论，培根（Francis Bacon: 1561—1626）直言其显然已经无法捕捉彼时人们感受到的自然的微妙之处，反而成了一种不利于认知拓展的障碍。此言显然道出了以分类为基础的形式逻辑的巨大局限性；也就是说，"如果概念本身被混淆了，并且（被）过于匆忙地从事实中抽象出来"，那么在此基础上建立起来的任何知识结构都不可能稳固。② 换句话说就是，此时分类和概念的界定已经赶不上变化了。从一个汇集对个体、特殊事物的观察出发，以此事实为基础，进行审慎分类和研究，再将从中发现的原理推而广之，这样就可以从研究者掌握的已知个体事件推广到广大的未知领域。③ 所以培根认为"真正的归纳"是解决问题的良方，并针对亚里士多德的《工具论》著有《新工具》，奠定了近代归纳逻辑的基础。④

事实上，亚里士多德在《工具论》中也强调观察总结以得出结论的重要性，从13世纪到17世纪初，"中世纪的方法论传统也详细阐述了从观察和实验中得出合理结论的规则，笛卡儿的《规则》（Regulae）和培根的《新工具》在很大程度上归功于这一传统，经验主义的科学哲学在（中世纪）科学革命时期并

---

① 怀特海，A. N. 2019. 科学与现代世界. 傅佩荣，译. 上海：上海人民出版社：48.

② 见 Thomas Sprat. History p. 17. 引自李约瑟. 1990. 中国科学技术史：第2卷：科学思想史. 何兆武等，译. 北京和上海：科学出版社，上海古籍出版社：223；Needham, Joseph. 1956. *History of Scientific Thought in Science and Civilization in China*. vol. 2. Cambridge: Cambridge University Press.

③ 虞愚. 2014. 因明学. 贵阳：贵州大学出版社.

④ Bacon, Francis. 2009. *The New Organon*(*Novum Organon*), translated by James Spedding. Kindle version.

不是什么新鲜事"[1]。培根所倡导的归纳法之所以与中世纪及以前的有所区别，在于它的实践者进行实验时，"他们的目的很少是证明已经知道的东西或确定为扩展现有理论而需要的细节。相反，他们想知道自然界在以前没有观察到的、往往是不存在的情况下会有什么表现。他们的典型成果是关于自然或实验的宏大历史，其中汇集了各种数据，他们中的许多人认为这些数据是构建科学理论的前提。仔细研究这些历史往往证明在选择和安排实验方面没有他们想象的那么随机"[2]。

那么在归纳法下如何进行论证呢？在演绎法下，前提与结论之间的关系（按分类预设的集合层级关系）是一种逻辑必然；而在归纳法下，前提与结论之间的关系是依据一个特定观察的个体或特殊事例，经过一系列的证据收集和分析，得出一个关于一般或总体事态的概然性结论。归纳法有很多种，在这里我们只举一个在论文写作中使用得最多的统计归纳法例子，如下所示：

$S_1, S_2, \ldots, S_n$ 是构成 M 的大量随机样本，
有比例为 r 的 $S_1, S_2, \ldots, S_n$ 是 P，
因此，概然地和近似地，有比例为 r 的 M 是 P。[3]

---

[1] Kuhn, Thomas S. 1977. *The Essential Tension: Selected Studies in Scientific Tradition and Change*. London: The University of Chicago Press: 42.

[2] Kuhn, Thomas S. 1977. *The Essential Tension: Selected Studies in Scientific Tradition and Change*. London: The University of Chicago Press: 43.

[3] 成中英引述自 *The Collected Papers of Charles Sanders Peirce*, vol. 2: 702。成中英. 2017. 皮尔士和刘易斯的归纳理论. 杨武金，译. 北京：中国人民大学出版社：32.

一个这种形式的实际例子如下：

> 从这个包里抓出来的豆子（是构成这个包里豆子的大量随机样本），
>
> 有50%是白色的，
>
> 因此，概然地和近似地，这个包里50%的豆子是白色的。①

然而，正如皮尔斯（C. S. Peirce：1839—1914）所指出的：仅仅遵循推导原则对做出一个有效的概然推论来说并不充分，也就是说，在概然推论中，推理事实本身并不能对结论的概然性进行任何补偿……所以，"简言之，在概然推论中，好的信念和诚信对好的逻辑来说是必不可少的"②。也就是说，我们在使用归纳法的过程中既要注意运用正确的推导观念，又要遵守样本抽取的随机和公平原则。

我们虽然可以对样本抽取的随机性和公平性做出要求，通过对统计方法进行改进来达到要求，但清楚的是，通过演绎法是无法证明归纳法的逻辑有效性的。归纳法也不能肯定性地证明这一点，但可以证明用归纳法无法证明归纳法无效。（这就是皮尔士对世界上不存在齐一性无法证明的论证，在这个论证里，我们事先已经接受了世界上是存在齐一性的。）例如下面这个三

---

① 成中英. 2017. 皮尔士和刘易斯的归纳理论. 杨武金，译. 北京：中国人民大学出版社. 根据第15页的例子改编。

② 成中英. 2017. 皮尔士和刘易斯的归纳理论. 杨武金，译. 北京：中国人民大学出版社：16 – 17.

段论：

命题1：所有经验概括都是假的（或归纳一般不可信赖），

命题2："所有经验概括都是假的（或归纳一般不可信赖）"这句话也是一个经验概括，

所以，命题1是假的（或一般不可信赖）。①

也就是说，用归纳法来证明归纳法的无效性会陷入逻辑自指的困境，以此来证明对归纳法的怀疑是自相矛盾的。这说明虽然怀疑归纳法有效性的人无法在拒斥归纳法时保持一致性，但是它并不构成归纳法可信赖的理由。②换句话说就是，这个例子只能说明你无法证明归纳法无效，但是这并不意味着能够证明归纳法有效。

因此，对归纳法的质疑一直都存在。大卫·休谟（David Hume：1711—1776）认为对基于具体事例得出的一般性经验概括，没有任何逻辑理由。③ 怀特海（A. N. Whitehead：1861—1947）也指出："归纳法事先假定了一种形而上学。换言之，它是基于一种事先成立的理性主义。引证历史是无法得到理性根据的，除非形而上学已经证明有一种历史可以引证。同理，对

---

① 成中英. 2017. 皮尔士和刘易斯的归纳理论. 杨武金，译. 北京：中国人民大学出版社：60.

② 同①.

③ 成中英. 2017. 皮尔士和刘易斯的归纳理论. 杨武金，译. 北京：中国人民大学出版社. Hume, David. 1993. *An Enquiry Concerning Human Understanding*, 2nd ed. ,edited by Eric Steinberg. Hackett Publishing Company, Inc.

未来的猜测也应事先假定某种知识基础，亦即事先认定有一个遵循某些决定因素的未来存在。困难在于了解这两种观念的意义；若是不了解它们的意义，归纳法只是句空话。"① 我们依旧没有解决归纳法的理性依据问题，即在面对一个特殊事项时，一种出现在我们脑海中的认识所具有的普遍性质何以理所当然？②即对于通过对特定事物的观察而得到的特定判断，为什么我们会自然而然地认为它可能是普遍适用的？

归纳法长久以来为中世纪研究教理的经院学者所忽视，这与后世科学尤其是今天的人对归纳法的过度应用形成鲜明对比。归纳法不仅在自然科学中得到广泛应用，在最终研究对象是人的社会科学中也得到广泛应用。所以，保证对归纳法的合理运用非常重要。今天归纳法对人类认知和推理过程无处不在的支配不免让人担忧。由于归纳法在本质上是从特殊事项引申而来，它应是"由过去某种特殊事例的性质，来讨论未来某种特殊事例的性质的方法。但是［要它］适用于一切比这种方法更为广泛的假定，它对这种有限的知识来说是一种很不妥当的扩大"③。

总之，发源于西方的演绎法和归纳法是今天主流的逻辑方法，对处理物质维度的问题是行之有效的，用途是明确的，枪炮武器的开发④、科学的发展、工业化的先行、物质的丰富都说

---

① 怀特海，A. N. 2019. 科学与现代世界. 傅佩荣，译. 上海：上海人民出版社：49-50.
② 怀特海，A. N. 2019. 科学与现代世界. 傅佩荣，译. 上海：上海人民出版社：50.
③ 同②.
④ 文一. 2021. 科学革命的密码：枪炮、战争与西方崛起之谜. 上海：东方出版中心.

明了这一点。但无论是哪种方法，都存在一种预设：演绎法基于"存在"这一观念，归纳法依赖同因必产生同果。同时，演绎法所仰赖的分类也可以看作一种规定的预设，归纳法推论的扩展是一种想象的预设。因此，能够举出反例几乎是必然的，所以毫不奇怪怀疑论一直伴随着这样的思想方法，或者说怀疑论根本就是这种逻辑方式的产物。①当今天"可证伪"成为定义科学［主义］的脚注，我们就可以理解勃乃德教授所说的："以希腊的方式思考世界就是对科学的一个充分描述。"②

其他逻辑系统

显而易见，源自古希腊的演绎逻辑和归纳逻辑构成了现代逻辑推理的主体，也是全世界大学教育的主流逻辑推理方式。但这并不是人类唯一的逻辑系统。另外两个逻辑系统是源自印度的因明论和源自中国的相关律名学。我们觉得在此有必要将两者与作为西方思维基底的形式逻辑做一简要比较，以了解它们各自的突出特点。这样做主要有两点考虑：

（1）写作不仅包含我们遵守规则的意识，而且包含我们受文化熏习的无意识。这一点我们会在讨论写作语言的章节具体结合实例分析，在此不再赘述。

（2）诸如人工智能、太空探索、量子物理等领域的快速发

---

① 例如我们之前提到的培根对演绎法的批判，以及大卫·休谟1993年在 *An Enquiry Concerning Human Understanding* 中对基于具体事例得出的一般性经验概括没有任何逻辑理由的论断。

② 张东荪. 2015. 出世思想与西洋哲学//中国近代思想家文库：张东荪卷. 左玉河，编. 北京：中国人民大学出版社：204.

展使我们对世界的认知正从机械性的解构朝量子纠缠、磁场效应和有机论的方向迈进，同时这些领域的发展还延伸到心智探索、认知科学领域，对我们长久以来关于人的生存要件的认知形成挑战。比如，牛顿的绝对空间和统一的因果性原理作为人类"何以能理解自己所处世界的必要条件"被物理学证伪，其实"原因和结果仅仅是表象，不确定性才是实在的本来面目"①。今天量子物理的发展让我们意识到我们认为实有的客观世界其实更接近佛法所说的"五蕴皆空"，或者说佛法中所论证的物无自性已经被量子物理实验所证明。中国认知观念中的"有生于无"异曲同工。只是中国哲学的核心关切不是证明"有"其实是"无"，这些对中国文化来说就是其认知系统中的形而上认知，无须等到物理实验展现在我们眼前才触发这样的知识形成。中国人认知观念的要旨是"无"如何落实到"有"，以及"有"如何修升到"无"。

涂尔干（Émile Durkheim: 1858—1917）和莫斯（Marcel Mauss: 1872—1950）在他们的《原始分类》中指出，非常可能不同文化中有不同的社会分类及符号分类的对应关系，从而产生完全不同的因果逻辑："先验地说，有一种截然不同的动机决定了事物联系与融合的方式，或者相反，决定了事物区别与对立的方式。"② 虽然他们将这样的分类依据统统归结为情感纽带有待商榷，但不能否认他们在发现社会关系与宇宙观之间错综复杂的

---

① 见伊安·哈金（Ian Hacking）对托马斯·库恩（Thomas S. Kuhn）《科学革命的结构》的导读。库恩，托马斯.2012.科学革命的结构.金吾伦和胡新和，译.第4版.北京：北京大学出版社：7.

② 涂尔干，爱弥尔和马塞尔·莫斯.2012.原始分类.汲喆，译.北京：商务印书馆.

对应关系上的洞见。① 沃尔夫（B. J. Whorf: 1897—1941）在他的文集《论语言、思维和现实》中用语言学的证据证明了不同语言方式和语法对构成不同因果逻辑和认知形成的巨大影响。② 张东荪先生(1886—1973)更是在《知识与文化》中集中阐明了不同的先验格式形成不同的分类范畴，不同的语法规划出不同的思维模式，因而中国人与西方人有明显不同的逻辑方式。③

面对多元化的世界，这些成果都亟待我们深入探讨，我们不仅要对产生这种多元现象的根源抱有强烈的好奇心，而且要在方法论上保持开放的心态。东方的逻辑系统在一个根据机械论规划的世界里无甚作为并不意味着它在未来突破二元世界的边界上不能为科学发展提供指引，至少保持开放的心态是以对东方逻辑系统的了解为前提。

印度的因明论（*Hetuvidyāsthāna*）

印度的因明论是要穷辨真与似、实与幻，我们在此选取虞愚先生《因明学》中的一例比较说明形式逻辑与因明论在论证方式上的不同（见表 2-1）。④

---

① 涂尔干，爱弥尔和马塞尔·莫斯. 2012. 原始分类. 汲喆，译. 北京：商务印书馆：英译本导言.
② 沃尔夫，本杰明·李. 2012. 语言、思维和现实：沃尔夫文集. 约翰·B. 卡罗尔，编. 高一虹等，译. 北京：商务印书馆.
③ 张东荪. 2011. 知识与文化. 长沙：岳麓书社.
④ 虞愚. 2014. 因明学. 贵阳：贵州大学出版社.

表 2-1　形式逻辑与因明论的不同

形式逻辑		命题（句辞）	因明学	
（1）	大前提	所有碳素都可燃	（3）	喻	同类，如薪、油等 异类，如冰雪等
（2）	小前提	金刚石是碳素	（2）	因	
（3）	论断	金刚石可燃	（1）	宗	

注意，列有序号的列表明逻辑推理的顺序。按照形式逻辑，大前提在前、小前提在后，然后得出论断，即：（1）所有碳素都可燃（大前提）；（2）金刚石是碳素（小前提）；（3）金刚石可燃（论断）。这里隐含了两个假设：（1）大前提中隐含了我们知道世界上所有的碳素，而且碳素的特性必定（在某种条件下，如在大气层内）是可燃。除非能够测试世界上所有碳素的可燃性，否则这个大前提最终实际上可以说是个假设，或至少是有可能被举出反例。（2）小前提中的金刚石是碳素事实上已经包含在大前提中，是不证自明的。

对比形式逻辑，因明论的逻辑推理顺序是，首先是论断本身，然后是小前提在前、大前提在后，即：（1）金刚石可燃（宗）；（2）金刚石是碳素（因）；（3）所有碳素都可燃（喻）。与形式逻辑中的大前提不同，因明论中的"喻"会区分两种情况作为类比：碳素的同类，可燃的比如薪、油等；碳素的异类，不可燃的比如冰雪等。这样的逻辑推理顺序完全不会产生形式逻辑中所产生的两个问题：（1）不存在小前提已经包括在大前提中的预设，而是依前提范围（类型）由小到大；（2）喻，也就是相对于在形式逻辑中的大前提，是用于类比同类（如在我们的例子中将碳素的可燃性质与薪和油类比）和差比异类（如不同类的冰雪就不可燃），换句话说就是只给出与性质相同和性质不同的东西的比较。这不涉及一个类似于所有碳素都可燃的全称判断，因此不会触发对分类中的每一种物料是否有可能被一一测试过的怀疑。同时也对具有同类特性却不会产生已知现象的可能变种（如同样是含碳素，但是却不可燃）留有空间，即因明论不对更大范围的判断进行推论，对相关发现可能是个概率事件抱以开放的态度。

至此，就推理形式而言，若论证成立不会产生怀疑之外，我们可能并不觉得因明论有什么特别的应用。但因明论是一个博大精深的系统，它的义理是让人最终自悟、悟他；它的结构及分类用意是展现实相，破除幻影；方法是揭示"何者为立论者所必须之条件，而何者为论敌者所必由之途径，以令他了决自宗之真、似而已"①。显然，因明论所证的和所能证的，并不限于逻辑正确，它的论证最终关乎实相与幻影、真相与假象；它证实了物无自性，表明没有实在的东西，一切都在变化之中。这也凸显了因明论与西方逻辑系统的不同目标取向。

中国的相关律名学

通常介绍中国的逻辑学是突出以惠施、墨家以及公孙龙为代

---

① "因明论通过八义，即四真（实）四似（幻）：一真能立、二真能破，三似能立、四似能破；五真现量（五官感知、未经判断归类定义的万有自相）、六真比量（真现量的推理），七似现量（经人思维过滤加工的世界万有）、八似比量（依据似限量的推理），来显真破似。"虞愚.2014.因明学.贵阳：贵州大学出版社.

表的名家学派,以西方的形式逻辑为基准来框校中国逻辑学的成就,即在中国是否产生了亚里士多德式的形式逻辑。而张东荪先生独具慧眼地根据中国人的认知系统特点总结出我们文化的逻辑特色,这其实构成了我们日用而不知的推理习惯。因此,我们主要介绍他总结的相关律名学(相关律逻辑学)。与西方思想注重"类"(genus)、同类具有齐一性的认知不同,就中国人的思维特质来说,张东荪先生认为并不是建立在同一律之上,因为在中国没有"种"(genus)与所属的"类"(species)的区分,因此不注重分类上的"差德";但是强调个体的司职功能,在一个整体中各尽其职,各为函数或司职,由相互的关系来实现完整的全体。①这样的逻辑没有一个(自身同一,有别于任何其他的)主体,或称无主体逻辑(logic without identity),因此他称之为"相关律名学"(correlation logic)或"二元相关律名学"(logic of correlative duality)。与西方 A 与非 A 的二元对立不同,中国将其描述为一种二元相关,二元处于随时相互转化的稳态,所以不存在绝对的分类(也无法对随时的变化进行绝对的分类),也没有绝对的标准。在他看来,中国人的思想呈现为一种相对的对称关系,相依相靠,相待而相成,互相转化。比如"有无相生,难易相成;长短相较,高下相倾;音声相和,前后相随"。这种相关律思维"正由相反以见其相成"②,即"一个意义必须由其反面而明"③。这种涵盖正反的认识不仅刻画了构

---

① 张东荪.1995.理性与良知:张东荪文选.张汝伦,编选.上海:上海远东出版社:391-392.
② 张东荪.2011.知识与文化.长沙:岳麓书社:212.
③ 张东荪.2011.知识与文化.长沙:岳麓书社:214.

成事物整体面貌的显明的和隐性的方面——例如,中国人认为感官感受到的存在,感官感受不到的也同样存在,而且涵盖变化、互相转化的空间。这样的认知也逐渐被当今量子物理的发展所证实。

如果存在是相对关系,恒常是变,而实在即无,那么中国人寻找的就不是实有物质的规律,而是变化的规律,因此中国人总结出物极必反、盛极必衰、否极泰来这些变化规律。这也是《周易》哲学思想的核心内容,堪称人类反映辩证关系最抽象的符号系统:以阴、阳这两个相对且相辅相成的符号来象征万事万物在矛盾(或正负)的两面中互相转化的规律,即"变化之道",之所谓程颐所说"散之在理,则有万殊;统之在道,则无二致"。[1] 这就是塑造中国人思维方式最重要的形而上认知,也自然促成了我们在逻辑上大多采用"比附"(analogy)的方式。可以想象,中国哲学强调的司职功能也是构成有机论和整体论的基础。无怪乎李约瑟博士认为如果中国有机会不受外部冲击而自己发展出来一套自然科学,一定是"非常有机和非机械式的"。[2]不过话说回来,如果不经历一个机械论式科学的时代,有机论式的科学是否会产生,或更准确地说,是否会被当作科学而非玄学对待也是一个问题。

---

[1] 黄寿祺和张文善. 2022. 周易译注:上册. 北京:中华书局:23.
[2] 李约瑟. 2019. 文明的滴定. 张卜天, 译. 北京:商务印书馆:309.

第三章　什么是论文

由第一章回顾论文的由来我们知道：事物之间都是有联系的，概念是对所把握事物的反映，所以概念之间也是有联系的，因此，逻辑推理才能实现。第二章简要介绍了不同的推理规则和方法。对应这样的情况，一个论文写作者需要经历的过程又是怎样的呢？我们可以总结出三件事，按顺序来说就是：（1）对事物的感知；（2）形成概念并找到概念之间的联系以形成理论；（3）通过推理证明你的理论。这就是可以进行科学研究和论文写作的底层逻辑。换句话说，对于一个论文写作者而言，论文写作就是要把从（1）到（3）的过程，以逻辑的方法、规范的形式呈现出来。这个过程对自然科学领域和社会科学领域的论文写作都适用。无论是多么成熟的学科范式，无论用多少层符号化的系统表述，无论是在何种深度和广度上，无论是用语言还是用数学符号来思考，也无论你是否关注到，这样的写作过程都是必经的和真实的。

论文就是介绍作者在经历上述过程后的研究发现和成果的报告。就定义而言，无论是从内容上还是从形式上进行更细致的定义，无非是描述一篇论文需要达到的条件（这些都是我们在后面的章节中要从更加微观和具体的方面进行探讨的），并不触及写作过程到底是怎样的。这就如同如果有人问你你是谁，你可以说我的名字是张三或李四，我在哪里工作，我是谁的儿女，我会打球、会弹琴，等等，而这些要么是你的名字符号、要么是你的工作、要么是你的家庭、要么是你的能力，都是你"拥有"的东西，而并没有回答"你"到底是谁。

所以，我们尝试通过聚焦于过程的方式来讨论论文写作到底是在做什么，以及学界或业内人对最后呈现出的研究成果有怎样的期待。我们希望这样可以将论文具有的特性与作者写作过程的经验结合起来，那么在论文写作过程中就要处理好两对关系：（1）理论与方法；（2）范式与创新。在论文写作过程中实现它们的最佳结合，这个过程所形成的成果，就是论文。首先，无法用方法证明的理论只能是一种主观意见，或假设，或猜想，而没有观点的方法运用可能沦为一种游戏，在这两种情况下我们都无法想象对产生这个理论和运用这个方法的主体以外的任何人或事物有怎样的意义。其次，只强调范式而没有创新使论文写作失去了它应有的智性取向，而只强调创新而无视学科已有范式犹如无源之水、无本之木。

理论与方法

感知、概念和理论

对事物的感知首先来自我们的观察和思考，这些经验构成了我们要研究的素材，无论经验是来自对事物的直接观察还是来自阅读引发的触动。从对事物的感知到概念形成，基础是对素材进行分类整理：卡尔·皮尔逊（Karl Pearson: 1857—1936）认为感觉作为起点，本质上是心智的内容，但却具有实在性；科学概念，如同其他概念一样，也是从感觉印象，经由心理的概括过程抽取或分离出来的，作为概念化了的符号，它已经与知觉有了本质的区别；形成的科学概念，反过来，只要有助于对我们的知觉进行简明的描述和分类，能帮助我们在头脑里存储一种"过去经验"，可以作为未来行动的参照，就是有效和有用的概念。①

但这还不够。更进一步说，直接经验有赖于敏锐的感觉，概念是对这种由感觉而来的"特殊实有"的抽象化，即将这些实有（的某些特性）从它们被认知时所处的时空和特殊经验状况中区分出来，作为一种独立于某种特殊经验所发生的某些特殊关系或特殊状态的实有本身予以理解；因此也不因涉及其他实有境遇和其他相互关系的无数事态而改变。②换句话说，概念的形成是一个逐步抽象的过程。概念之间关系的确立也离不开这个过程。

但这依旧不够。概念的形成是个古老而复杂的问题。相比自然科学中的各种物质、元素和能量能用希腊字母表示那么直截了当（这不代表我们认为自然科学如此简单，而是代表我们对

---

① 皮尔逊, 卡尔. 1999. 科学的规范. 李醒民, 译. 北京: 华夏出版社: 译者序 4 – 5.
② 怀特海, A. N. 2019. 科学与现代世界. 傅佩荣, 译. 上海: 上海人民出版社: 31.

自然科学探索世界奥秘的方式感到神奇和充满敬意),社会科学中的概念形成要复杂得多,其中绝大多数概念不仅有多重含义,而且依赖特定的时空背景,甚至是多维度的。

传统的概念形成方式主要有依赖已有的界定,比如查阅字典或词源;将成功的定义等同于对属性的识别,这些属性为术语的创造提供了必要和充分的条件;依靠与理论相辅相成的关系来创造概念。[1]事实上,概念的形成与理论的形成关系密切,在很多情况下互为表里:概念是所有推论的基石,而许多概念的形成显然是由理论驱动的;可以说"好的理论的形成需要有好的概念,而好的概念的塑造需要有好的理论"。[2]

一个身处以分类为思维和推理基础的文化中的人,另一个身处以"悟"和"意会"为境界的文化中的人,对概念形成这个问题会有不同的视角。鉴于今天很多学科领域正在面对严重的"内卷",而且可能要经历范式转换,我们在此有必要就如何用语言构造概念多说几句,一方面可以提高论文写作者对这个问题的敏感度,有助于实现论证过程的逻辑自洽,另一方面,随着在中国近代发端的社会转型、西学东进,在历史上中国从未像过去一百多年这样大量引入反映西方学术传统的外来概念,使得专业术语和各种新生词汇充斥中文世界。今天我们使用的很多学科名称和术语,如哲学、心理学、政治、历史、美学、伦理学、归纳法、因果律、加速度、可能性、企业、竞争等,就源于西方概念转自的"和制汉语"(日本从中国直接借用的和

---

[1] Gerring, John. 1999. "What Makes a Concept Good? A Criterial Framework for Understanding Concept Formation in the Social Sciences." *Polity* 31(3): 357-93.

[2] 同[1].

日本沿用汉语构词法自创的术语和词语）。① 以英文中的ethics为例，日本人将其翻译为伦理学，而"'伦理'典出《礼记·乐记》：'凡音者，生于人心者也；乐者，通伦理者也。'郑玄注：'伦，犹类也。理，分也。'伦与理组成一个两个字的词'伦理'，指人伦物理，进而指人伦道德之理、人际相处的各种道德准则、人伦的理法"，而这与英文ethics（意为一套道德原则）的意思大体吻合；日本学者进而将伦理学定义为"论定善恶的标准、道德的规则、人的行为举动的命令的学问"②。再如以同样的方式吸收进中文的后缀，如~学（伦理学、心理学、物理学），~力（战斗力、生产力），~化（最大化、现代化），等等。③ 在今天，如同一百多年前，人们同样面对一个急剧转型的时代，加之获取资讯的便利、学科交流的广泛、生活经验的多元使得新词涌现、旧词消亡，概念和词汇的内涵和外延都不断变化。④今天的论文写作者面临运用新词汇的问题，甚至创造新词汇的概率也大大提高。为了提高论文写作者运用专业概念、术语和表述的规范性，推动他们在专业领域的交流中与读者进行更有效的沟通，并为新生事物带来的概念创新做好准备，了解有关概念形成的一些语言原则显得尤为重要。这里仅讨论一些基本原

---

① 冯天瑜（2021：281-282）引自山田孝雄.1940.國語の中に於ける漢語の研究.东京：宝文馆：414："近世西洋文化词传递入国语，亦主要借助汉语词。一种是转用来自中国的古典汉语词，一种是本邦所造的汉语词。"

② 冯天瑜.2021.新语探源：中西日文化互动与近代汉字术语生成.武汉：湖北人民出版社：287.

③ 冯天瑜.2021.新语探源：中西日文化互动与近代汉字术语生成.武汉：湖北人民出版社：3-4.

④ 冯天瑜.2021.新语探源：中西日文化互动与近代汉字术语生成.武汉：湖北人民出版社：8.

则。需要注意的是，所讨论的原则在使用上都是程度问题，而不是一种绝对的标尺；各个原则之间的平衡也会使得不同标准的侧重有所不同，这要具体问题具体分析。不过可以肯定的是只为标新立异，为创造概念而创造概念不能掩盖潦草的想法，更不能代替扎实和全面的研究工作，所以肯定不是做研究的捷径。

Gerring（1999）总结了八种形成好的概念的语言原则，我们将其组成四对，概述如下[1]：

1. 人们熟悉（程度）并能与之产生共鸣

要传达一个创造的概念，必须使听众能够在直觉上清楚其含义，这个问题的关键就"取决于它在多大程度上符合或违背了日常用语和专有词汇的既定用法"，换句话说就是学科内人士和门外汉对这个概念具有此番含义的使用有多么熟悉。[2]这一点非常好理解，一个大家都完全不明其意的概念，对于听众来说就如同空气，他们不会做出任何反应。因此，一个特定术语的新旧含义之间应该有明显的契合。我们在前面讨论的"伦理"就是一例。再来看看意思发生了一定变化的情形："'演绎'典出《中庸章句·序》：'更互演绎，作为此书。'《朱子语类》卷第六十七：'汉儒解经，依经演绎。'其意谓'推演铺陈'。"[3] 我们在第二章探讨了演绎法是由一般性的普遍原理推导出特殊事例的结论。严复先生译作"外籀（zhòu）"，籀的意思是进行阅读

---

[1] Gerring, John. 1999. "What Makes a Concept Good? A Criterial Framework for Understanding Concept Formation in the Social Sciences." *Polity* 31(3): 357-93.

[2] 同[1].

[3] 冯天瑜. 2021. 新语探源：中西日文化互动与近代汉字术语生成. 武汉：湖北人民出版社: 275-282.

并梳理出文章脉络,此译被后来由日本传入的"演绎"所取代。① 用"演绎"来作为 deduction 的中文翻译,虽然相较于中国古代典籍中的词意发生了一定的变化,但是其'推演铺陈'的意思更能体现 deduction 这一思维活动的本质,所以用"演绎"来取代"外籀"得到接受和普及。这个例子说明一个概念或术语要通过在新的用法中尽可能纳入核心和标准含义来承接联系和触发联想,这样听众才能与之产生共鸣。大家在学术和职业生涯及生活中可能都有这样的经验:为什么有些词汇人们一听就记忆深刻,而有些就横竖记不住?为什么有些概念持续作用,成为核心意涵而且产生其他扩展的概念,而另一些则非常短命?为什么有些概念成为热点,有些概念被忽略?在知识游戏中,术语与概念形成直接相关,一个有效的办法就是使概念包含一个能够使大家产生共鸣的"认知点"(cognitive click)。② 这一点同样可以从日本人翻译西方概念和词汇时大量使用汉语典籍中已有的类似概念和词汇得到佐证。日本从18世纪与19世纪之交兴起的"洋学"引入到19世纪"脱亚入欧"的政治运动,催生出要废除已经在日本使用近1 700年的汉字的运动,然而因为汉字的不可替代性等多种原因无法废除;不仅如此,与废除汉字的舆论和日本政府限制汉字使用的政策相反,"汉字不仅保留下来,而且在幕末、明治、大正年间呈现汉字新词迅猛增长的势头",以至日本的语言学家形容发生了新汉语的"'大爆炸',

---

① 冯天瑜.2021.新语探源:中西日文化互动与近代汉字术语生成.武汉:湖北人民出版社:292.

② Gerring, John. 1999. "What Makes a Concept Good? A Criterial Framework for Understanding Concept Formation in the Social Sciences." *Polity* 31(3): 357-93.

呈现'泛滥'状态";在大正、昭和年间,"汉字词稳固地占据日语全部词汇量的接近一半";而原因之一正如日本学者所称的"汉语是概念的贮水池"。①

2. 区别于外部其他概念且其内涵具有一致性

概念和词语之所以新,是因为它们与其他词语所表达的意义有所差异,否则无法建立新的概念。《牛津英语词典》对定义(definition)的解释如下:"标出或界定任何概念或事物的轮廓或特征的行为或产物。"②毫无疑问,最能体现一致性的概念反映了事物本质的核心意涵。比如美国发生次贷危机后,美联储采取量化宽松(quantitative easing, QE)和扭转操作(operational twist),欧洲推出非常规的定向长期再融资操作(targeted long-term refinancing operations, TLTROs),日本践行安倍经济学(Abenomics)。如果不是一个经济学家,甚至不是从事宏观或金融市场研究的业内人士,听到这些五花八门的专业词汇可能因不明其意而觉得与自己无关,但是如果我们告诉你,这些专业词汇代表的意思其实就一个——印钞放水,转嫁政府的融资成本给社会,对普通人来说就是通货膨胀,那么为什么不根据"核心意涵"来创造概念,比如"通胀政策"?问题恐怕在于"核心意涵"正是政策制定者想回避的,掩耳盗铃罢了。这样的做法给专业领域的词汇生态造成不必要的负担。

当然,一个有意义的新概念能独立出来,自成一体,它的内

---

① 冯天瑜. 2021. 新语探源:中西日文化互动与近代汉字术语生成. 武汉:湖北人民出版社: 275-282.

② Gerring, John. 1999. "What Makes a Concept Good? A Criterial Framework for Understanding Concept Formation in the Social Sciences." *Polity* 31(3): 357-93.

涵必定是一致而非矛盾的,一致性"体现在定义概念的属性以及实际描述有关现象的特征'属于'彼此的意义;这种组合必须有某种意义上的和谐,而不仅仅是时间和物理空间上的重合"。① 可能有人会说,中文里有很多概念相反的词汇,比如盛极而衰、否极泰来等。这就与中国人"相反以见其相成"的哲学观有关了。在这种辩证的哲学思想中,包含含义相反的概念或词汇构成一个正、反契合为更高整体的辩证观念,因此也是符合一致性原则的。很多西方人不能理解这种观念,是因为对矛盾的辩证思维要到一个更高的维度来解,而西方语言的二项式结构不利于理解这样的观念。

还有一点,有些抽象概念往往与它们的"操作性定义"(operational definition)存在巨大的距离,"以至并不总能看到操作和抽象定义之间有什么关系"②。例如,意识形态和民主:对立双方可以遵循不同的意识形态和信仰;不同的程序和议事规则都体现民主精神,民主精神不是某一种方式的专利。③ 还有近些年常听到的"普世",普世可能是一个时代偶像,而非永恒价值。这到底是指一个空间概念还是一个暗含进化论性质的时间概念?总之,概念要具有操作性价值,就要充分定义,否则单独使用时则显意涵空洞。

---

① Gerring, John. 1999. "What Makes a Concept Good? A Criterial Framework for Understanding Concept Formation in the Social Sciences." *Polity* 31(3): 357-93.
② Gerring (1999) quotes Robert Dahl. 1968. "Power." In *International Encyclopedia of the Social Science 12*, edited by David L. Sills. New York: Macmillan: 414; Quoted in Geoffrey Debnam. 1984. *The Analysis of Power: Core Elements and Structure*. New York: St. Martin's Press: 2. Gerring, John. 1999. "What Makes a Concept Good? A Criterial Framework for Understanding Concept Formation in the Social Sciences." *Polity* 31(3): 357-93.
③ 同①。

3. 简明且有深度

好的概念明确简短，一定是高效和经济地突出重点，不需要列出一堆属性才能让读者明白，所以界定属性所带来的好处必须与简明性的要求相权衡；"冗长的意图，即使是由密切相关的属性组成，也会产生一个烦琐的、不讨好的语义系统"①。比如对于"日本从中国直接借用的和日本沿用汉语构词法自创的术语和词语"这样一个概念，"和制汉语"就很高效精准。中文的简洁性在西方人看来相当极端，一个英文句子用一个汉字就可以概括②；而日本在近代引进西学的经历恰好是汉语"单字组词能力强、精密简明、古朴典雅，可以精当地表达学术内容"③的证明。再如今天引人关注的 VR(virtual reality) 技术，钱学森先生将其译为"灵境"，并在 87 岁高龄撰文称"用'灵境'是实事求是的"。他写道："我们传统文化正好有一个表达这种情况的词'灵境'；这比'临境'好，因为这个境是虚的，不是实的。"④ 他还表达了自己对"灵境"这个概念的喜爱，因为它"中国味特浓"。又如"出超"和"入超"就是我们今天所说的"贸易盈余"和"贸易赤字"，显然前者更加简明和形象，后者则更侧重财务账目端而非货物端。

然而，简明的同时还要有深度。简明不意味着牺牲深度，它

---

① Gerring, John. 1999. "What Makes a Concept Good? A Criterial Framework for Understanding Concept Formation in the Social Sciences."*Polity* 31(3): 357-93.

② 同①.

③ 冯天瑜. 2021. 新语探源：中西日文化互动与近代汉字术语生成. 武汉：湖北人民出版社：278.

④ 潘旭和周琳. 钱学森的这些预言，正在一个个成为现实. [2022-11-05]. 新华网, 2022-10-31. http://www.xinhuanet.com/politics/2022-10/31/c_1129090334.htm.

们之间要取得平衡。形成概念的目的有二：一是使交流清晰准确，二是提高交流效率。一个效用高的概念有强大的"捆绑"能力，所涉及的现象共享的属性越多、越根本，概念就越有深度，一个概念的穿透力越强，它就越有力，使我们能够从概念的标签中推断出许多概念所指涉的共同特征。比如美国的历史学家都认同"南方"是一个比"西部"更加有深度的概念[1]，可以想象"南方"相对于"西部"捆绑了更多体制、生活方式、信仰和政治上的不同属性，比如黑奴历史、棉花种植园、基督教保守主义和独立倾向等。

有一种创造概念的方法，那就是在原有的词汇前冠以"非"，如非 A，或"新"，如新 X，以示区别。这种方法有时很受欢迎，可能是因为在区分上比较有用，也可能是因为省事。在大多数情况下，这种概念构成方式与对概念的深度要求相违背。限定一个现象可能使用一个可靠的特征就够了，正面描述一般来说比这种残值方式更有建设性。[2]在这里，我们大家都非常熟悉的"科学"一词就是一个有意思的例子。当以经、史、子、集为学统的中国面对西学东进，将其统称为"新学"，在许多语境下有它与中国传统学统相区别的明确意义，但这并不能体现西学的特质。经冯天瑜（2010）的考证，古汉语中的"科

---

[1] Gerring(1999)仅表达共享的属性越多，概念越有深度。我们认为，概念的深度也有赖于它所反映的现象特性的层次，越反映根本和底层特性就越容易捕捉到更大范围的共同属性。这一点也为 Gerring(1999)举出的例子所印证，即"南方"是一个被历史学家公认为比"西部"更加有深度的概念。Gerring, John. 1999. "What Makes a Concept Good? A Criterial Framework for Understanding Concept Formation in the Social Sciences." *Polity* 31(3): 357-93.

[2] Gerring, John. 1999. "What Makes a Concept Good? A Criterial Framework for Understanding Concept Formation in the Social Sciences." *Polity* 31(3): 357-93.

学","科"为品类,科目;课程类别、学业分野,如《论语》中的"力不同科"和"孔门四科"(德行、政事、言语、文学)。隋唐以来的分科举人,即科举,也就是南宋思想家陈亮(1143—1194)所说的:"自科举之兴,世之为士者往往困于一日之程文,甚至于老死而或不遇。""科学"即"分科举人之学",明代的"科学之制"意谓"分科学习、分科考试制度"。日本在平安时期引入中国的唐律,其中就包括科举,虽然科举在日本没有扎下根,但是"分科举人之学"的"科学"一词却流传下来,时至德川后期,兰学家接触欧洲自然科学诸学科,很自然地以"分科之学"一类短语加以表述,之后"科学"也从"分科举人之学"的古意引申为含义更广的"分科之学"。日本启蒙哲学家西周(1829—1897)最后将 science 的翻译定为"科学"。中国人在翻译 science 一词时,使用过"质测""格致",还有民国初年的音译"赛因斯"。康有为是第一个从日本引入对 science 的意译"科学"一词的人,他在 1898 年 6 月呈请光绪皇帝试士改用策论的奏折中写道:"假以从事科学,讲求政艺……从此内讲中国文学……外求共同科学……宏开校舍,教以科学。"同一奏折中多次出现"科学"以及"科学家";而"正是由对'科'的含义的引申,分科意义上的'科学'一词便易于被中国人所接受"[1]。"分科之学"也精准地反映了建立在分类基础上的科学方法的实质。

---

[1] 冯天瑜.2010.中国文化近代转型管窥.北京:商务印书馆:359-370.

4. 理论效用与领域效用（或系统性效用）

概念是所有理论的基石，概念的形成也得益于理论的驱动。比如荣格所用的原型（archetype）、我们后面要讲的范式（paradigm）或价格，如果没有更广泛的心理学、科学史和经济学理论框架，这些术语在专业领域中也就没有什么意义。分类框架作为一种理论的重要之处在于它的概念性特质，而在多数情况下，这个概念的效用源于它在一个有结构、有层次的更广泛的术语组织中的位置。[1]

这个术语组织就构成了一个领域，一个领域中的新概念也会产生领域效用（系统性效用）：如果一个领域中的概念都互相关联且处于界限清晰的结构中，"重新定义一个术语，或发明一个新术语，就涉及对该术语所在的语义领域的某种重新定位"[2]。这听上去有点像零和游戏，虽然不能说这个描述涵盖了所有的可能，但是它适用于相当比例的情形。具体来说，因为定义的任务包括与相邻术语建立关系，重新定义一个术语而不重新定义其他相关术语是不可能的，而将一个新概念引入一个领域也会影响到该领域其他词汇的定义。一个跨学科领域的例子为："过去语言现象常常通过哲学、逻辑学、心理学、社会学的范畴去加以解释，而今出现相反的情况，人们试图'透过语言的棱镜'去观察这些科学范畴。"[3]更有在分析哲学的体系中，哲学问

---

[1] Gerring, John. 1999. "What Makes a Concept Good? A Criterial Framework for Understanding Concept Formation in the Social Sciences."*Polity* 31(3): 357-93.

[2] 同[1].

[3] 伍铁平引用兹维金采夫语。伍铁平，编著. 1994. 语言学是一门领先的科学：论语言与语言学的重要性. 北京：北京语言学院出版社：56.

题都可以归结为语言问题。① 无怪乎王浩在《超越分析哲学：尽显我们所知领域的本相》一书中发出了在20世纪很多人的困惑："为何哲学没有在当代人的生活中占据重要的位置呢？"② 这从一个侧面反映了语言学的深入在多大程度上影响哲学领域的范畴和诸多概念。例如：试想"存在"（being, Sein）这一哲学的核心概念变成一个系词的语法问题对哲学概念会有何等的解构影响。数理逻辑以同样的方式影响了哲学的逻辑运行。

不管怎样，我们越能对给定领域中的各种术语及其在领域中的位置所构成的结构地形图了如指掌，就越能在推理的过程中得心应手，这就接续上了我们下面要谈的方法。

方　法

我们的一切探究，无论是对单个自然现象的，还是自然现象之间的，人与自然的，或者是人与人的，甚至是人与自我的，都是要对世界上各种现象和现象之间的关系加以说明，也就是运用逻辑方法去证明一个命题、论证一种概念间的关系及其应用。论证是逻辑活动，任何特定的论证都是推理过程的具体表现。③

我们在第二章已经简要介绍了各种推理规则和方法，这里不再重复。需要强调的是，每一篇论文在不同的部分都必定要不

---

① 伍铁平，编著. 1994. 语言学是一门领先的科学：论语言与语言学的重要性. 北京：北京语言学院出版社：14.
② 王浩. 2010. 超越分析哲学：尽显我们所知领域的本相. 徐英瑾，译. 杭州：浙江大学出版社：1.
③ 麦克伦尼，D. Q. 2013. 简单的逻辑学. 赵明燕，译. 杭州：浙江人民出版社：49.

断地使用演绎法和归纳法,而有意思的是,对于我们中国人来说,我们文化中的逻辑在意识层面,或是在潜意识中给了我们强大的暗示。例如,一个比较普遍的问题是在描述性文字中对分类、分类的边界、同一律的忽视等,这会给论证过程造成困惑。我们会在之后探讨语言的章节结合实例来讨论。

当逻辑真相和事实真相发生冲突时怎么办?

找出事态的真相,是所有逻辑推理和论证的意义所在;但真相包括事实真相的方向和逻辑真相的满足,前者关乎存在的事实,后者关乎在逻辑形式上命题是否为真,"更宽泛地说,它是在我们的思维和语言中自动呈现出来的真相"①。换句话说,在逻辑形式上证明为真的不一定与事实真相吻合。作为一种练习,我们在写论文的时候绝大多数情况下关心的是逻辑正确,即逻辑真相反映的是命题内容与论证过程之间的关系。虽然逻辑应当以事实为基础一再被强调,但是我们应当特别清楚地意识到这两者之间的距离并时刻坚持寻找事实真相的努力方向,否则人人就都可以像阿基米德那样宣布"'给我一个前提,我就能推导出一个世界!'但这将是一个幻想的世界,除非这个前提赋予它某种程度的现实"②。

总之,一篇论文必须包含两个重要的方面——理论和方法,缺一不可。理论与方法的恰当结合使得理论经由一套适合的方法论证能够自圆其说。同时,思想工具不是思想,以逻辑的思

---

① 麦克伦尼,D. Q. 2013. 简单的逻辑学. 赵明燕,译. 杭州:浙江人民出版社: 21-22.

② Kaplan, Abraham. 2017. *The Conduct of Inquiry: Methodology of Behavior Science*. New York: Routledge: 35.

想工具所进行的推理要经得起还原具体事态的考验。这不是每一个研究者都能做到的，但对于一个严肃的研究者来说是方向，是每一个论文写作者要牢记于心的。

范式与创新

我们今天一想到写论文就着急忙慌地要创新，但从高等教育的系统性和规范性这一角度来说，系统和规范的训练是高等教育的一个重要方面，论文写作也首先建立在这个基础之上。一种规范教育首先意味着接受一个学科中某一专业领域的范式，该领域是"一个由众多概念、理论、工具和方法论所形成的牢固网络，这个网络提供了各类规则告诉我们成熟科学的专业实践者世界是什么样的，他的科学又是什么样的，如此他就能满怀信心地集中钻研在这些规则下已先为他界定好的深奥问题"[①]。对一个要进行研究的人来说，最先接受的范式，通常会让人感觉到它对科学研究者容易理解的大多数观察和实验有很大的说服力，能对研究对象进行相当成功的说明，解释该领域的问题；任何一个较为成熟的专业领域，"通常已经发展出了一些非常精练的概念，一套深奥的词汇，或专业术语；一套行之有效的方法论，而在这些思想工具的提炼过程中，使之不断地减少与它们通常的常识或观测原型(prototypes)之间的相似性"[②]。具体来

[①] 库恩，托马斯.2012.科学革命的结构.金吾伦和胡新和，译.第4版.北京：北京大学出版社：35.译文略有改动。

[②] 库恩，托马斯.2012.科学革命的结构.金吾伦和胡新和，译.第4版.北京：北京大学出版社：55.

说，范式化了的常规科学有理论上相一致的精确性以及资料的详尽，而任何对范式的突破都是从发现反常事态开始的，反常只有在与范式相比较的背景下才会显现出来，"范式越精确，涵盖面越广，那么它作为对反常的一个指示器就越灵敏"①。也就是说，任何创新都意味着对范式的改变。新理论的显现总给人异军突起的感觉，但其实它经历了相当长和显著的专业不安和焦虑期：在常规科学中，这种不安全感是在现有理论持续失效，以至面临重大危机时产生的；而正是此时，新的规则才有需求和机会诞生，正如在制造业中更换工具是有成本的，不逢时机的更换被视为一种浪费，所以只有在不得已时才会这么做。②

比如在托勒密（Ptolemaeus：约90—168）的地心说之前，阿里斯塔克（Aristarchus）在公元前3世纪就提出了关于日心的预见，却未产生任何影响，因为当时地心说的体系极为合理；在地心说产生1 400多年之后，面对公认的危机，地心说才被哥白尼（1473—1543）的日心说所取代。③ 另外一个例子是，从牛顿的经典物理到光的波动理论和麦克斯韦（J. C. Maxwell：1831—1879）的电磁理论，在物理学作为一个蔚为壮观的理论系统却在面临

---

① 库恩，托马斯. 2012. 科学革命的结构. 金吾伦和胡新和，译. 第4版. 北京：北京大学出版社：55.
② 库恩，托马斯. 2012. 科学革命的结构. 金吾伦和胡新和，译. 第4版. 北京：北京大学出版社：57-65.
③ 库恩，托马斯. 2012. 科学革命的结构. 金吾伦和胡新和，译. 第4版. 北京：北京大学出版社：64.

"紫外灾难"的尴尬结果后①,形成了量子物理的开端。②这种转变也是在学科不断面临危机的情况下找到了突破的方向。

在自然科学中,新的认知框架一旦得以确立,它所取代的旧有认知系统就会因为各种原因退到边缘位置或干脆退出所在领域;相较而言,在人文社科领域,却很少经历同样的范式转换,我们看到的情况更多的是旧有模式的倡导者在所在领域延续他们的稳固位置,与新产生的竞争性观点并存,观点对立的学者长期各说各话,结果是"我们一般将他们称为'思想学派'而非'范式'"③。但这并不意味着在人文社科领域没有发生范式的转换。比如在19世纪末期才显露的古代经济史研究,一经兴起,前后就出现了对立的两种观点:要么古代社会的经济形态是现代资本主义的原始模板(它们只有量上的差别,没有质上的不同);要么根本就是两种不同的社会经济形态(即在古代是家庭经济,自给自足,经历了中世纪的城市发展,再到16世纪以降出现的国民经济)。这就是西方经济史中现代派和原始派的古今之辩。在他们的争论让学科误入歧途之际,"一些学者回应的方式不是对旧的问题做出新的解答,而是彻底抛弃旧的问题,提出看起来更为迫切的新问题",即古代经济与18世纪之后的现代经济是完全不同的两种东西:它们在价值观念、权力格局、

---

① 马克斯·普朗克(Max Planck: 1858—1947)在考虑他的学术方向时被警告不要研究物理,因为它只剩下一些提高精确度的细枝末节问题;可是瑞利运用经典物理来对待黑体辐射的问题却导致了灾难性结果(即计算结果预示集中在高频处的能量会无限大,这就是"紫外灾难")。幸好普朗克坚持自己的学术方向,否则也就没有普朗克常数(量子包含的能量与辐射频率成正比)来解决当时的"紫外灾难"。波尔金霍恩,约翰. 2015. 量子理论. 张用友和何玉红,译. 南京:译林出版社:5-7.
② 波尔金霍恩,约翰. 2015. 量子理论. 张用友和何玉红,译. 南京:译林出版社.
③ 芬利,M. I. 2021. 古代经济. 黄洋,译. 北京:商务印书馆:17.

政制结构、社会形态和经济关系及动机之间有着不同的主从关系排序，甚至此理性亦非彼理性，经济计算要满足的优先顺序也大不相同。①芬利凭借他自己在这一领域不同层面和多角度的丰富著述成为这一领域的大家。

又如大家希望经济学家能够预测经济危机，这种期待应该说并不过分，可以说相当基本。今天主流经济学对当今越来越频发的经济危机还没有一个令人满意和完善的理论解释。在2008年由美国次贷危机引发的全球金融危机爆发，当时英国女王伊丽莎白二世在访问伦敦经济学院时问道：为什么没有人预见金融危机的到来？芝加哥大学的经济学家罗伯特·卢卡斯（Robert Lucas）对这个问题的回答干脆是：因为经济学理论的建立使它无法预测这种危机，因此也无法为像2008年全球金融危机一样的危机提供有用的服务。②这样的回应显然没有正视经济学在当下面临的问题。今后的发展，我们拭目以待。

就今天的学科发展状况来看，可能已经不容易找到要从仰望星空开始的全新领域。这样的情况所造成的局面意味着在常规的、标准化的教育下，常规的研究是一种高度确定性的活动，在论文的写作上，这自然意味着在一个专业领域学习的高校本科生、研究生甚至是科研人员或教师在绝大多数情况下所面临的选择，正如托马斯·库恩（2012）（Thomas S. Kuhn：

---

① 芬利，M. I. 2021. 古代经济. 黄洋，译. 北京：商务印书馆. 又参见伊恩·莫里斯为本书所做的"引言". 黄洋. 2013. 摩西·芬利与古代经济史研究. 世界历史，(5)：123-132.

② 布科斯塔伯，理查德. 2018. 理论的终结：金融危机、经济学的失败与人际互动的胜利. 何文忠和颜天罡，译. 北京：中信出版集团.

1922—1996）所总结的三类①：

（1）重要事实的确定：理论留下了某些未能做出足够描述的量或现象，而只是给出了定性的预期。（我们）通过测量或其他程序，能够更加精确地确定这一事实。

（2）事实与理论相匹配：已知的观察与理论并不十分相符。是什么地方出了错呢？我们需要重新调整理论，或者去证明是实验数据存在缺陷。

（3）理论的诠释（articulation）：理论可能有着很好的数学形式体系，但人们却无法理解其推论。

对于论文写作来说，在大多数情况下基本就是上述思路，这中间的大多数又可能是量化工作的细化、理论框架上的分类变化等。

这种情况走向极端时的负面影响是显而易见的。随着通过细致的定义（自然意味着通过假设来使所描述的现象的适用面趋于狭窄）、仔细而精确的分类来推进专业化和精细化，研究者的视野已然受到极大的限制，就如同戴上一副墨镜来看世界，映入眼帘的是一个过滤后的世界。正如这么一则笑话所言：一个物理学家、一个化学家和一个经济学家面临荒岛求生，只有几听罐头可以续命。如何打开这些罐头？物理学家说用杠杆原理，化学家说用化学反应，经济学家说假如我们有一个起子。他们的思维犹如进入了一道沟渠，思维顺着沟渠而发展。走向极端

---

① 见伊安·哈金对托马斯·库恩《科学革命的结构》的导读。库恩，托马斯. 2012. 科学革命的结构. 金吾伦和胡新和，译. 第4版. 北京：北京大学出版社：9.

的结果就是使一个学科领域变得越发僵化,从而阻碍了任何可能的范式变化。范式作为对创新性的一种阻碍,保证范式不会太轻易地被抛弃;而要能够构成改变范式的力量,反常事态也"必须对现存知识体系的核心提出挑战"[①]。这样范式又成为激励创新的一种力量。

  正是这种辩证关系的存在,使得规范的教育和训练本身具有重要的意义,这样的塑造是一个训练有素的研究者能够发现脱离常规现象的基础。一个就前述三类论文进行照猫画虎般的枝节改进的作者,在多数情况下很快就会发现自己在助力学科的内卷;如若你在大量阅读和实验中看出了差错和反常的地方,并加以重视,且能用有效的方法论述论证过程,那么恭喜你,你可能在相关问题上做出了创新的贡献。创新不是凭空而来的,只有在范式提供的背景下才能显现出它的重要意义。我们再拓展一下想象力,如果你真的开创了一种全新的、在全人类意识层面都不曾出现的东西或理论,那么你就要准备好坐冷板凳。虽然在今天的世界你可能不会像布鲁诺那样被烧死,或者像伽利略那样被监禁,但是,你也要做好在有生之年看不到你的理论被接受的心理准备。这两年因屠呦呦获得诺贝尔奖而特别鼓舞人的一句话是:"人生最坏的结局,不过是大器晚成。"而前提就是坚持。祝大家好运!

---

① 库恩,托马斯. 2012. 科学革命的结构. 金吾伦和胡新和,译. 第 4 版. 北京:北京大学出版社:55.

第四章　有逻辑地写作

了解思维、语言与逻辑

我们用语言或文字交流的时候，这个过程是如何发生的？

根据《语言学纲要》[1]，首先，说者/作者要将自己的思绪（一种身心经验）变成语言符号或文字符号；听者/读者再把听到/看到的语言符号或文字符号翻译成一种自己的身心经验可以识别的感受，才能内化。否则，听者/读者就只能死记硬背。

说白了，无论是语言还是文字，都是符号，是由概念固化而成……且凝合的结果用一个记号来表现……而从知觉一直到概念，作用都是在于求"简单化（simplification）"，思想之于语言这个符号系统……"正好像水之于沟渠，水总是容易依已成的沟渠而流，不愿意冲决了沟渠而另自流"[2]。

如果我们顺着已有的符号系统去思维，就如同进入一条水

---

[1] 叶蜚声和徐通锵.2010.语言学纲要.北京：北京大学出版社.
[2] 张东荪.2011.知识与文化.长沙.岳麓书社：65.

渠。大家想象一下，离开数学符号系统，我们无法进行数学思维；离开语言符号系统，我们其实无法进行思维（我们这里谈的不是感觉）。正如萨丕尔(2011)所言，"离开了语言的符号结构，持续的思维几乎是不可能的"[①]。不仅如此，"语言并不仅仅是为与个人有关的经验提供了一张较为系统的内容清单，事实上除此之外，语言还是一个自足的、创造性的符号系统，它不仅指称那些基本独立于它的帮助而获得的经验，而且，由于其形式的完整性，由于我们不自觉地将语言暗含的预期投射于经验领域，语言还为我们界定经验。在这方面，语言很像数学系统"[②]。另外，语言形式在很大程度上"还预先决定了我们需采用某种观察和解释模式……我们从来都不能真正超越语言形式所暗含的关系投射及其不断转换"[③]。

下笔之前

进行任何写作前我们都要搞清楚以下三个问题：（1）读者群体；（2）语言体例；（3）落笔原则。

1. 读者群体

确定读者群体（学位论文、学术期刊文章、专著、报刊文章、专业领域的研究报告、面向大众的普及读物等）是每一个

[①] 萨丕尔，爱德华. 2011. 萨丕尔论语言、文化与人格. 高一虹等，译. 北京：商务印书馆：5.
[②] 萨丕尔，爱德华. 2011. 萨丕尔论语言、文化与人格. 高一虹等，译. 北京：商务印书馆：103.
[③] 萨丕尔，爱德华. 2011. 萨丕尔论语言、文化与人格. 高一虹等，译. 北京：商务印书馆：10.

作者首先要做的事。

本科生或研究生论文的读者主要是导师、外审专家、考试委员会及答辩委员会的老师。这些都属于专业群体。但由于现在的学科分工过细，所面对的老师可能并不是你论文专业领域的专家。比如论文是有关宏观理论，老师的领域是微观实证；论文是金融领域的，但老师的研究方向可能是劳动经济学。再比如论文是关于机械设计的，但考试委员会的老师是电磁方面的专家；论文是关于明史的，但老师是做先秦研究的；等等。或许是因为新的概念和方法层出不穷，没有跟踪其发展状况的老师不一定对这些新生事物都了如指掌。当然，专业读者群体毕竟不是门外汉，对学科大的框架和范式还是有相当的了解，所以既不能假设这个读者群体对你探讨的问题一无所知，又不能假设他们是你肚子里的蛔虫。换句话说，论文与学术期刊文章不同，除了面对本领域的专家，还要面对更大范围的专业领域读者；论文与普及性论述不同，要足够有效地反映其专业性。这个问题与我们在后面要谈论的种、属差别概念非常相关。至于如何把握，我们会结合实例具体讨论。

2. 语言体例

与小说、散文等形式的写作不同，论文的目的是要说服，要引导读者遵照作者的思维路线，跟上作者的逻辑推进步伐，最终让读者接受作者的结论。这个过程更像是写一份产品说明书，对照说明书一步一步来就可以达到操作产品的目的。抑或是面对一个迷宫，拿着你画的路线图就可以顺利地走出迷宫。所以，论文的语言体例可以说是一篇说明文。

说明文的文风是简明、具体，直截了当。要以内容表达清楚、准确，让读者容易跟上为标准。简明不是笼统，不是泛泛而谈，而是具体、明确地切中要害。

例如，在论文摘要中，很多同学为了浓缩论文内容，在描述问题时会用"一些问题""某些政策""有些情况"等笼统词汇来进行"概括"。在论文的结论和政策建议部分，尤其是那些研究市场机制的论文（可以想象，在经济学领域市场机制是论文集中度较高的论题之一），喜欢用"政府可以通过干预和调控，使得××在合理区间运行"这样的结语。这些都是特别笼统的表述。对于一篇涉及的问题很具体和技术性强的论文，笼统的表述使读者从一个实际的具体问题马上被拉到一个"上帝视角"的万能解决方式，不但会让读者有"说了半天，还是不知道怎么办"的错愕感，而且与简明、精确地阐述问题相距甚远，还经常让论文读起来更像政府文件。

3. 落笔原则

一句一句地写！这听上去很奇怪，但是大家如果仔细观察就会发现，很多时候我们可能是头脑放在结论上而在写开头，就好像是还不会走就要跑一样。这种急切地想把自己的发现拿出来与大家分享的心情可以理解，但是思绪的重心放在什么地方会给行文的逻辑叙述带来不同的影响。我们一再强调论文是有逻辑地说服，句子与句子之间要有逻辑关系，段落与段落之间要有次第的推进过程。每段开头的句子要想好，它会影响整个段落的行文。所以，思绪集中在逻辑关系上一句一句地写对论文写作来说反而是一个更有效的方式。写的时候也要时常换位思考，把自己放在读者的位置，想象一下读者能否读懂。在笔者写博士学位论文的时候，导师就说：如果你把经济学原理讲给你奶奶听,能让她一听就懂,那就说明你自己是真懂了。这种直觉上的共鸣当然是最理想的。但无论怎样,至少读者的感受应当是读完了你的论文,面对合理的假设和缜密的逻辑推理,觉得自己又学到了新东西、变聪明了。没有人会希望在看了一篇文章后,面对大量堆砌起来的晦涩难懂的专业术语觉得自己像个傻瓜。作者自然也绝不希望自己的读者读完之后认定自己是个爱卖弄的平庸之辈。

举 例

我们先来看一个论文摘要的例子,这是摘要的第一段话,也就是除了论文标题外读者接触到的作者要表达的第一个意思:

> 财政政策是政府调控经济最重要的手段之一,因此研究宏观经济变量将如何对政府支出冲击和税率冲击做出反应具有直接而现实的意义。近年来,关于这两种财政政策冲击将对宏观经济变量造成何种影响,学界一直存在争论。

只读一遍!!!请问,大家看懂了吗?如果再读一遍,大家是否可以重复其中的要点并讲明这段话的逻辑顺序?

人是按照阅读的顺序,随时领会所读到之处的意思。如果我们模拟一位读者,可能是审稿人、导师或答辩委员会的一个老师,他看到这段话的思维过程可能是这样的:

1. 财政政策和宏观经济变量?他/她想说什么?
2. 财政政策、政府支出和税率这三者存在什么样的结构关系?

3. 作者认为还是假设财政政策只包括政府支出和税率?

4. 政府支出和税率影响宏观经济变量与财政政策是什么关系?

5. （一个熟悉财政政策的读者可能还会思考:）具体是哪种政府支出? 什么税种的税率?

6. 最重要的手段之一和现实的意义是怎么连接上的?

7. 宏观经济变量是指哪些变量?

8. 两种财政政策是什么? 政府支出和税率? 为什么是这两种政策工具? 那么作者在这一段一开始就说到的财政政策是各种财政政策工具的总称还是每种工具都叫财政政策? （差序分类）

9. 宏观经济变量将如何对政府支出冲击和税率冲击做出反应与这两种财政政策冲击将对宏观经济变量造成何种影响其实是同一个意思, 正、反说了两遍?

试想, 如果你是一个审稿人, 在脑中产生了前面所列的一连串问题之后, 你会怎么办? 大概率是在审稿的时候打三个磕儿, 那么这篇稿子就没下文了。但如果读者是这位作者的导师, 那么他就要继续读下去:

具体到扩张性政府支出冲击方面, 本文预测: (1) 传统模型所提及的负向"财富效应"将得不到足够的补偿, 扩张性政府支出将"挤出"总消费。政府若想要通过扩张性政府支出促进总消费, 需要在税收规则的设定上更加小心, 可以考虑有针对性地对非李嘉图主体减少总额税收或者增加转移支付,因为模型认为这类主体往往有着更高的边际消费倾向。(2)扩张性政府支出仍然会促进经济中的总产出,而与税收规则的设定并无太大关系。(3)税率会随着债券做长期性的调整,并努力使经济恢复均衡,说明允许税率在长期中做更频繁的调整或者考虑"动态范围式"的税率将对经济稳定有重要作用。①

读完本段,思维过程可能是这样的:

具体到扩张性政府支出冲击方面,本文预测:

1.(1)传统模型(传统模型是什么?是哪一个细分领域的传统模型?)

2. 所提及的负向"财富效应"(不知道是哪个传统模型,也无法知道其中"财富效应"及其负向是如何体现的。)

3. 将得不到足够的补偿(同样,不知道传统模型是什么,这里实在是不知所云。)

(a)扩张性政府支出将"挤出"总消费。

(b)政府若想要通过扩张性政府支出促进总消费〔所以3(a)与3(b)中表述的相关性是可以改变的,即:扩张性政府支出与总消费的关系是可以改变的?〕

4. 需要在税收规则的设定上更加小心(所以税收政策是改变扩张性政府支出与总消费关系的关键?)

(a)可以考虑有针对性地对非李嘉图主体(?)减少总额税

---

① 为方便讨论,我们对本段句子进行了编号。

收或者增加转移支付［那么是李嘉图主体可以改变扩张性政府支出和总消费的关系？这与需要在税收规则的设定上更加小心又是什么关系？（1）各种主体的区分标准是什么？（2）非李嘉图主体在这个各种主体的结构中处于什么位置？］

（b）因为模型认为这类主体往往有着更高的边际消费倾向（不知道非李嘉图主体的定义，也就无从判断为什么会这样。）

5.（2）扩张性政府支出仍然会促进经济中的总产出，而与税收规则的设定并无太大关系（我们现在还是不知道基础模型的基本架构。）

6.（3）税率会随着债券做长期性的调整（这是模型的一个设定吗？），并努力使经济恢复均衡（是税率、债券价格还是规模使经济恢复均衡？）

（a）说明允许税率在长期中做更频繁的调整［税率是债券（价格？）的一个内生变量，怎么会频繁变化？］

（b）或者考虑"动态范围式"的税率将对经济稳定有重要作用（税率如果频繁变化会给各个经济主体包括企业和个人的财务计划带来种种不确定性，扰乱经济秩序，怎么还能稳定经济？这可能是模型的逻辑，但在现实中可能是反常识的，不过还是要看具体模型。）

从上面的例子中我们可以看出，这篇论文摘要的前两段让读者产生了诸多疑问，读者到最后也没有搞清楚作者要探讨的问题的关键所在，以及作者的分析框架及其有效性。而行文所存在的指代不清、分类混乱的问题又使得逻辑的推演很难顺理成章。下面我们通过比较汉语和英语，从分析语言自身的特点来探究产生上述问题的根本原因以及克服之法。

比较汉语和英语

为什么要两种语言比较来看?

范畴影响概念。不能否认,在写英文论文的时候,我们大多数人都自觉或不自觉地做中译英;而在写中文论文的时候,都在做英译中(不得不承认,经济学中所用的很多范畴、概念和词汇,不是中文原生的,但是使用翻译过来的词汇显然又会因我们的背景范畴投射出可能与原来英文原意不一致的范畴,或者说找不到对应的词汇)。我们在第二章中已经说过,写作不仅包含我们遵守规则的意识,而且包含我们受文化熏习的无意识。我们文化中的范畴、逻辑随时随地在给我们强大的暗示。

语法影响观察视角。"使用明显不同的语法的人,会因使用的语法不同而有不同的观察行为,对相似的外在观察行为也会有不同的评价;因此,作为观察者他们是不对等的,也势必会产生在某种程度上不同的世界观。"[1]

因此,在今天这样一个开放的世界,对于很多学科领域,尤其是从西方学术传统中发展出来的学科领域,只有对中英两种语言的特性有一定的把握,才能写好一篇规范的论文(包括英文摘要)。

主-谓语结构

汉语与英语在主、谓语上的语法差别自然会影响两种语法环境下的逻辑架构。在第二章中我们讨论了形式逻辑的一个最基

---

[1] 沃尔夫,本杰明·李. 2012. 论语言、思维和现实:沃尔夫文集. 约翰·B. 卡罗尔,编. 高一虹等,译. 北京:商务印书馆:234-250.

本形式——三段论。可以想象，在一个三段论中，大前提中有主、谓项，小前提中同样有主、谓项，要使三段论的逻辑推理成立，小前提的谓项要是大前提的主项，这样大、小前提所体现的集合关系才能连接起来。试想，在汉语中，如果主、谓项并不是一个辞句的必要组成，那么在遵循另外一套语法的时候，就必定要特别注意，加上主语可能是一个简便的明确辞句关系的方法。

英语的特点是主语与谓语体现主、客二元的结构：观察者相对于被观察者，有行为的人，就有被行为的对象。这就是欧洲语言的客体化特性——the viewer must have a viewee to be viewed。在汉语中主语经常可以省略（其影响包括中文的非客体化倾向——the viewer and the viewee are one）。例如：

> 学而时习之，不亦说乎？有朋自远方来，不亦乐乎？人不知而不愠，不亦君子乎？

现代汉语有同样的特点，虽然没有像在古汉语中这么普遍。例如以下从英文翻译过来的汉语表述：

> <u>我们的</u>经验世界必须被极大地简化和概括，然后才有可能使<u>我们</u>对事物和关系的所有经验得到象征性的清点；而这种清点在<u>我们</u>能够传达思想之前是必需的。

但一种更加符合中文语言习惯的表达是去掉一个"我们的"和两个"我们"，结果如下：

> 经验世界必须被极大地简化和概括，然后才有可能使对事物和关系的所有经验得到象征性的清点；而这种清点在能够传达思想之前是必需的。

如果我们看英文原文，会发现里面的两个"our"和一个"we"是不能省略的：

> The world of our experiences must be enormously simplified and generalized before it is possible to make a symbolic inventory of all our experiences of things and relations; and this inventory is imperative before we can convey ideas. ①

缺失主语的情况在学生的论文中也大量出现，例如下面这个学生论文中的例子：

> 首先，（ ）从我国股票市场中，选取具有代表性的指标，包括股市规模、资产证券化率等进行统计描述和横向对比。（ ）发现其与世界发达国家较为成熟的证券市场相比，我国证券市场的资产证券化率低于世界发达国家水平。

连续的两句话中都没有主语，虽然对于一个母语是汉语的人来

---

① Sapir, Edward. [1921] 2011. *Language: An Introduction to the Study of Speech*. ASIN: B004UJST78.

说可以看懂，但第二句缺失主语可能会让读者产生疑惑，在两个独立句子的主语不是同一个的情况下，这个问题就比较严重了，致使行文的明确性不足。如果加上主语，这两句话可以并成一句：

> 首先，<u>本文</u>从我国股票市场中，选取具有代表性的指标，包括股市规模、资产证券化率等进行统计描述和横向对比<u>，</u>发现其与世界发达国家较为成熟的证券市场相比，我国证券市场的资产证券化率低于世界发达国家水平。

另外，还有一个问题，就是"其"指代什么，到底是"股市规模""资产证券化率"，或"等"中的一个，还是所列的全部，包括"等"中所包括的而没有列明的事项？这就是我们下面要讨论的代词的指代问题。

代词的指代要体现同一律原则

汉学家安乐哲（Roger T. Ames）和罗思文（Henry Rosemont, Jr.）在将《论语》翻译成英文的过程中，发现对比两种语言的总结很有帮助：汉语是关系型的，英语是实体型的。[①] 他们举了一个非常形象的例子来说明：比如某个庭院中的一棵树显然一年到头都是那棵树，尽管四季变化让它外表不同，但树还是那棵树。而按照我们的生活经验，如果不是强迫自己关注树的同一性、实体或本质，我们体验到的是一种经验的同步：春生、

[①] 感谢北京外国语大学的梁昊老师总结出的事件型相对于事物型、关系型相对于实体型的分类，这对我们的阐述非常有帮助。

夏长、秋收、冬藏的种种形态，所谓四时行焉，百物生焉，这棵树与大自然的节奏分不开；我们看到这棵树千姿百态，这与我们的感受分不开；这棵树有时带给我们阴凉，有时我们要给它修枝、扫叶，这和我们的经验分不开。换句话说，这棵树与它所处的环境状态和观察者的视角交织在一起，是这些因素共同作用的结果，相互之间不能割裂。

而西方语言中的"树"在一个分类系统中的定义方式，"就好像预设了不只看到特定的树，而且看到了一种家族相似，使我能将这些树集合在一起，把每一棵特定的树都看成同类中的一员。对差异的这样一种认同隐含着某种暴力。置身于这种暴力之下，就是置身于词与物的裂隙下……"①。

这棵树在两种语言中承载了不同的意义，语法是部分原因：从英语的语法规则来说，定冠词表示"独一无二的"，在句子中同一个代词"it"指代同一棵树，与季节、感受和经验无关；而"古代汉语中没有定冠词（或说根本就没有冠词），代词的功能也不完全与现代英语中的代词相同"②。

汉语的表达方式（退隐"物"的自性）可以体现一种与各种相关系统关联的同步性，这也从语法上部分解释了中国人在逻辑推理中多用比附的方式。而英语（或说欧洲语言）的逻辑关系必须在语句中体现（无法借助另外的参照系统）。因此，从形式逻辑的角度来看，汉语的表达方式如果脱离它借助的参照系统而就语句内部各个部分的关系而言，容易发生指代混乱，

---

① 哈里斯,卡斯滕.2020.无限与视角.张卜天,译.北京：商务印书馆：70.
② 安乐哲和罗思文,译著.2022.哲读论语：安乐哲与罗思文论语译注.彭萍,译.北京：中国出版集团中译出版社：21-22.

进而违反同一律原则。所以对于一个母语是汉语的论文写作者，在行文中保持对同一律原则的遵守，必须是一个高度有意识的行为。所以，经常阅读学生论文的老师可能都有这样的经验：在一篇论文的行文中，很多时候指代相当混乱，要费尽心思去猜学生想表达什么，指代什么，前后的逻辑关系是什么，等等；而学生在面对如此多的有关指代问题的提问时，可能和老师在阅读时一样感到崩溃。

举个例子，在一篇关于股票分析师的乐观偏差对企业经营行为的影响的论文中有这样一句话：

分析师关注通过信息效应机制降低<u>其</u>信息不对称性，提升<u>其</u>经营效率。

从句子中我们看不出这两个"其"指代什么，以及这两个"其"所指代的是否是同一事物。从逻辑上讲，信息不对称应当发生在两个或两个以上的主体之间，而经营效率的提升通常是指一个公司的情况，所以只能猜测这两个"其"指代的是不同的主体。文中任何一个地方出现这样一句话都足以让读者反应半天。我们根据论文的内容将句子修改如下，改后的句子就清楚多了：

分析师关注通过信息效应机制降低<u>投资者和公司管理层之间</u>的信息不对称性，提升<u>公司</u>经营效率。

时 态

我们在学习任何一门西方语言时，最令我们印象深刻的现象之一恐怕就是时态了。因为在汉语中基本没有这样的区分。用萨丕尔（Edward Sapir: 1884—1939）的话来说就是：汉语里"不允许词语被内部变化或前缀、后缀成分所修饰以表达数、时、语气、格等概念"①。例如，汉语里不分时态，但是西方语言中有过去、现在和将来的时态变化。事实上，正如语言学家沃尔夫（B. L. Whorf: 1897—1941）所分析指出的："经验当中对时间持续的感觉更适合用早些和晚些二分的系统来表达。如果我们检查自己的意识，就会发现并没有什么过去、现在和将来，只有一个包容着复杂性的统一体。一切都在意识当中；而意识当中的一切都存在着，且连成一体。这其中有可感觉的和不可感觉的部分。我们可以把我们的感觉——我们的所见、所闻、所触——称为'现在'，把我们感觉不到的仅一种的广阔的想象世界称为'过去'，把另一个信念、直觉和不确定的领域称为'将来'。"然而欧洲语言的客体化特性使得使用这种语法的人"在进行所有有关时间的思维时都戴上了有色眼镜。时态系统融于一个更大的系统，这一更大的系统将对持续时间的主观体验客体化……这种客体化使我们能想象将时间单位列成一排……把时间在想象中列为一排是与我们（语法）的三时系统相协调的"②。

换句话说，一条线性的时间轴是一个想象的构造（imaginary construction）。这种更像是仿造空间世界的几何形态构筑的、虚拟的、想象的、客体化的概念化倾向反映了欧洲语言的用法：

---

① 萨丕尔，爱德华.2011.萨丕尔论语言、文化与人格.高一虹等，译.北京：商务印书馆：13.

② 沃尔夫，本杰明·李.2012.论语言、思维和现实：沃尔夫文集.约翰·B.卡罗尔，编.高一虹等，译.北京：商务印书馆：139－140.

"时间的概念不再与'逐步推移'的主观经验相联系,而是被客体化为可计算的数量,尤其像长度。它由一个个单位组成,就好像长度是由有明显视觉标志的英寸组成的。一个'时间长度'被想象为一个由相同的单位组成的序列,就像一排瓶子那样。"①"把时间均一化为一种抽象的几何坐标、一个可以做数学处理的连续维度"的伽利略式人物出现在欧洲应该也不是巧合。②

然而,"对于古代中国人来说,时间不是一个抽象的参数,不是同质瞬间的相继,而是被分成了具体的季节、月、日等。'相继'这一观念从属于'交替'(alternation)和'相依'的观念"③。十天干和十二地支的循环排序组合将时间设想成一格格和一段段的。在中国人的思想中,既有墨家和名家的分段时间,又有因轮回观念而产生的循环时间观念。④

这种对时间的不同概念也经常体现到论文写作中。比如在一篇实证论文中,作者在表述时间时经常用"去年""至今""之前""之后"等,这很容易使读者产生有关时间点和时间段的疑问,不如直接写出年份,这也可免去在论文写作跨年度时要调整论文时间表述的问题。

种、属差德

在第二章中我们提到过,与西方思想注重"类"(genus),同类具有齐一性的认知不同,中国人不重视"种"(genus)与所

---

① 沃尔夫,本杰明·李. 2012. 论语言、思维和现实:沃尔夫文集. 约翰·B. 卡罗尔,编. 高一虹等,译. 北京:商务印书馆:134.
② 李约瑟. 2019. 文明的滴定. 张卜天,译. 北京:商务印书馆:217.
③ 李约瑟. 2019. 文明的滴定. 张卜天,译. 北京:商务印书馆:215.
④ 同③.

属的"类"（species）的区别，因此不注重分类上的"差德"①，在使用时容易把分属不同层级的种、属、类的概念并排放在一起。我们的学生有个习惯，为了显示重要性，往往从大的范围开始说，表示影响范围之广，所以重要。但是，在我们现在的学科范式下，通常这是一个容易引起疑问的表述习惯。原因在于，在当今基于分类以及种、属差德层次的"科学"方式下，在行文上以范围更大的词汇和概念开始自然引入了在不同层级和范畴上的种、属关系，同时还可能引入了特称与全称在逻辑关系上的复杂性，这会使得在词项逻辑中合理遵循同一律原则非常困难。况且"范围之大"的总称本身并不自然地显示其下所属各个部分都重要，反而经常造成读者产生表述笼统、泛泛而谈，不知所云，或者需要各种猜测才能理解的印象。在一个以分类为基础的知识结构体系中，这种做法不仅使读者产生了诸多疑问，还影响对同一律原则的贯彻，进而使逻辑推理无法进行。如果作者的做法使得读者认为作者可能对论文所提出的问题还没有清晰理解和形成见地，那就会得不偿失。

图 4-1 可以直观地反映问题。

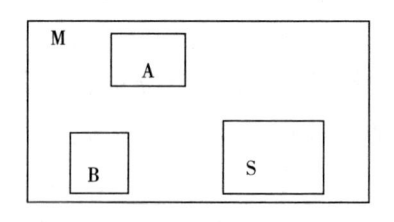

图 4-1 种、属差德图示

---

① 张东荪. 1995. 理性与良知：张东荪文选. 张汝伦，编选. 上海：上海远东出版社：391-392.

比如，在某个学科领域，在 M 的概念范畴下有很多细分的子元素和孙元素。开篇首先表达"M"重要，但在逻辑上并不自然引申出 A 和 B 在 M 的层次上同等重要，且它们的重要性是体现在不同的作用机制上。也就是说，M 作为一个整体的重要性，并不自然地构成它的某个部分 A 或 B 或 S，以何种方式，以何种组合对要讨论的论题重要的逻辑原因。

所以，概念词汇要具体，分类上的种、属差别不能混淆。比如，在前面的摘要例子中，开篇讲财政政策的重要性，但论文其实是聚焦支出扩张和税率的影响，所以当这三个词汇都出现在读者面前时，读者自然会去找这三者的关系，而对财政政策工具是否只包括支出和税率，或反过来说，支出和税率是否穷尽了财政政策工具箱产生疑问。还有，财政政策的重要性体现在它的政策工具，例如扩张性支出或税率能够对总消费产生影响上；而不是因为财政政策重要，所以它的政策工具会对总消费有影响。在这个例子中，开篇给论文要讨论的主题戴一顶大帽子反而造成了种、属关系上的混乱和因果逻辑的颠倒。

所以，我们在此强调，"科学"方式的核心关切是面对有形的物质世界，它虽然是从探究本体的精神中孕育而生，但它的方法论是下学而上达，依赖于我们的感官获取的信息和资料，在分类的基础上形成了现在主流的知识体系。在更大的分类范围中显示重要性也要顺应分类的逻辑结构。比如，一个西方分类系统对动物世界的看法可能如图 4-2 所示。[1]

---

[1] 翻译自 http://www.crestolympiads.com/topic/class-9-classification-of-kingdom-animalia.

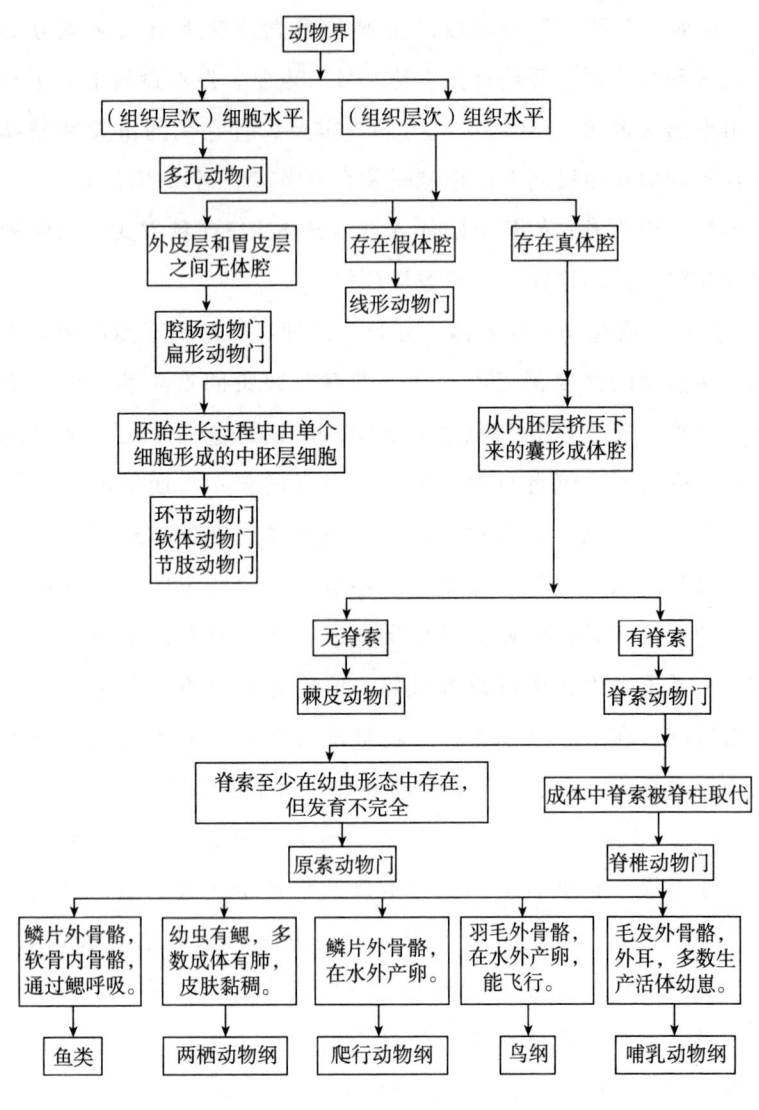

```
                           动物界
                            |
        ┌───────────────────┴───────────────────┐
  (组织层次)细胞水平                    (组织层次)组织水平
        |                                       |
   多孔动物门                    ┌───────────────┼───────────────┐
                          外皮层和胃皮层           存在假体腔      存在真体腔
                          之间无体腔                |              |
                              |                 线形动物门          |
                          腔肠动物门                                |
                          扁形动物门                                |
                              |                                   |
                    胚胎生长过程中由单个                  从内胚层挤压下
                    细胞形成的中胚层细胞                  来的囊形成体腔
                              |                                   |
                          环节动物门                               |
                          软体动物门                    ┌──────────┴──────────┐
                          节肢动物门                  无脊索                有脊索
                                                       |                     |
                                                   棘皮动物门              脊索动物门
                                                                            |
                                                              ┌─────────────┴─────────────┐
                                                     脊索至少在幼虫形态中存在,      成体中脊索被脊柱取代
                                                     但发育不完全
                                                              |                            |
                                                         原索动物门                      脊椎动物门
                                                                     ┌──────┬──────┬──────┬──────┐
                                                                 鳞片外骨骼,  幼虫有鳃,多  鳞片外骨骼,  羽毛外骨骼,  毛发外骨骼,
                                                                 软骨内骨骼,  数成体有肺,  在水外产卵。  在水外产卵,  外耳,多数生
                                                                 通过鳃呼吸。 皮肤黏稠。                能飞行。     产活体幼崽。
                                                                     |        |        |        |        |
                                                                    鱼类   两栖动物纲  爬行动物纲  鸟纲   哺乳动物纲
```

图 4-2 动物界分类系统举例

然而,中国人恐怕是从整体生命观的角度,视万物为有情众生,动物世界中的种种是一个生命整体的一部分,正如同从物理的生命角度来看，人也是大自然中的一环一样，彼此的联系不仅有物质世界功能性的一面，也有以轮回观念联系起来的精神性的一面。这是以中国人注重整体，从整体着眼的哲学观和以个体的司职功能契合为有机整体、全息映像以及"变"为恒常的立体的宇宙观为背景的。在这个系统之下，微观范围与宏观范围之间的关系并不以实体分类为基础，也不必自下而上或有任何方向性，更谈不上只能是有形的影响无形的单行道（如图4-3的示意）。换言之，各司职在其独一无二性上是平等的。因此不难理解，不分具体情况地将这种思想方式的表述套用进一个有种、属分类层级的结构，容易造成逻辑问题。

图4-3　以司职功能契合为有机整体

另外，关于穷尽分类有这么一个有意思的现象，比如在汉语中如果我们要举例说有三项，分别是甲、乙、丙，列举之后依旧会加上"等"或"等等"。这种写作习惯可能与中国人没有穷尽分类的认知有关。这种情况在西方语言中基本不会出现，即如果说有三项，分别是A、B、C，那么三项都列出来之后，就所涉及的问题已没有其他可能的空间，即分类列举已经包括全部事项，说几项就是几项，都数了，就不能再写上表示"等"或"等等"的单词。这种差异在论文写作中表现为，如果在中文摘要中使用了"等等"，翻译成英文时也会加上"etc."，而这在英文中就是一个错误。就这个问题而言，在两种语言之间协调一致可能在多数情况下没有必要，遵照相应的语言习惯就好。除非有特别的要求，要在两种语言之间保持完全一致，此时则有两种办法：

（1）将就英文的语言习惯，在中文中直接去掉"等"或"等等"，这种办法简单粗暴。

（2）如果作者想留有当下分类以外其他的可能性，在文字表述上就要做相应的调整，比如，英文翻译的配合可以是在列出全部项目后加上一句"We cannot rule out other possibilities, but they are not covered under our current discussion."。

我们倾向于根据文字的具体情况来判断上述哪种调整方式更适用。第一种方式简单，容易操作。第二种方式可以更好地体现中国人的思想特性。对世界的这种开放性态度是一种独特且宝贵的思想财富，它根植于中国人的宇宙观和认识论系统，是一种对世间现象更包容和实事求是的态度，我们应当在理解西方人具有高度空间结构化的认识方式的基础上，使这个特性成为我们中国人的思想优势，明了中国思想与西方思想的各自特点。对这种跨文化认知进行硬性的约束就如同规定了一条沟渠，任其对我们的认知方式进行约束。

语言特性与逻辑

汉学家安乐哲和罗思文在将《论语》翻译成英文的过程中

还讨论了汉语与西方语言的另外一个更具有引申意义的区别，他们称在我们关于世界、信仰和态度的话语背后，都有某种预设（即张东荪先生所说的先验格式），这些预设就沉淀在产生这些话语的语言的具体语法中：英语（和其他印欧语系语言）描述的是实在的、有着自我属性的静态的事物，可以称为事物型；而汉语（文言文）描述的是不断发生事件的动态过程，可以称为事件型。例如：

英文：The young woman who just entered the room is very bright.

中文：刚进屋的年轻女子非常聪明。

我们可以看出中文和英文中的不同语序使得在英文中这名年轻女子更实质化，而在汉语中更多地体现所描述对象的变化。[1]

这个区别会对逻辑推理产生影响。比如在麦克伦尼的《简单的逻辑学》中有这么一个例子[2]：

所有在桌子边的人都剃了头。

吉姆在桌边。

所以吉姆剃了头。

---

[1] 安乐哲和罗思文，译著. 2022. 哲读论语：安乐哲与罗思文论语译注. 彭萍，译. 北京：中国出版集团中译出版社：20-25. 英文例句的中文翻译略有改动。

[2] 麦克伦尼，D. Q. 2013. 简单的逻辑学. 赵明燕，译. 杭州：浙江人民出版社：129. 译文稍有改动。

按照三段论的格式：

M—P
S—M
所以，S—P

这看上去符合大前提、小前提和结论的三段论推论。但这个例子在书中是作为逻辑谬误被列举的。那么问题出在哪里？[1]

我们来看看英文原文：

All the people at the table had their heads shaved.
Jim was at the table.
Therefore, Jim had his head shaved. [2]

而更加体现英语事物型、静态特点的机械式表达的翻译是这样的：

所有那些人，（那之前）在桌边的，都剃了头。
吉姆（那之前）在桌边[3]。
所以，吉姆剃了头。

---

[1] 感谢2021级研究生钟鸿蔚同学在课堂上指出了在这个例子的中文版翻译中无法明确证明是一个逻辑谬误的问题。
[2] McInerny, D. Q. 2004. *Being Logical: A Guide to Good Thinking*. Random House: 109.
[3] 在英文中是过去式，说明吉姆预先包含于"那些人"。

第一个命题中具有所有构成大前提的要素,但它的正确性是以结论的正确性为前提。也就是说,不是因为吉姆在桌边,所以吉姆剃了头,而是因为在桌边的人都剃了头,而吉姆是他们中的一个,仅此而已。所以,这中间没有一个推论,只是陈述了一个已知的事实。①

那么在汉语中为什么这一点并不明显,甚至可以不构成问题?

按照符合汉语语言习惯的语序,在大前提中,"所有在桌子边的人都剃了头"这种更加体现动态和发生事件的表述,对状态变化留有空间,加之在汉语中没有时态变化,使得吉姆与桌边那些人的相对位置关系并不完全固定(吉姆也可以加入桌边的人),或是其他留有余地的联想使得严格的固定分类趋于松动,可能是在中文中难以像在英文中所体现的那样去识别这个逻辑谬误的原因。

修改摘要举例

我们如何将以上对语言的分析运用于我们的写作并使其对我们的写作有所帮助?回到前面摘要的第一段:

> 财政政策是政府调控经济最重要的手段之一,因此研究宏观经济变量将如何对政府支出冲击和税率冲击做出反应具有直接而现实的意义。近年来,关于这两种财

---

① 麦克伦尼, D. Q. 2013. 简单的逻辑学. 赵明燕, 译. 杭州: 浙江人民出版社: 130.

政政策冲击将对宏观经济变量造成何种影响，学界一直存在争论。

有两个问题：（1）"财政政策"作为一个更大范围的分类，与不同的政策工具比如支出、收入、税率等，处于不同的种、属层级，要让读者马上领会政府支出和税率是财政政策下面的两个工具，并马上理解作者是要探讨关于这两个具体工具的影响问题，而不是关于财政政策的各个方面，这顶"财政政策"重要性的大帽子在这里并没有对体现研究问题本身的重要性起到任何帮助，反而让读者关于"财政政策"产生诸多疑问。例如，"财政政策"到底都包括些什么？是仅仅包括这两项吗？还是涉及更多方面？那么为什么是这两项？等等。（2）读到"财政政策是政府调控经济最重要的手段之一"之后，读者一般期待的是看到财政政策如何产生作用，但是作者紧接着更换焦点，研究"宏观经济变量"如何对财政政策做出反应，而这样处理隐含了一个假设，即财政政策重要性的一个表现就是宏观经济变量必然会对财政政策做出反应（而此时我们还不知道财政政策具体是什么，通过什么工具实施；"宏观经济变量"又有哪些）。前一句是 A 如何影响 B，而后一句是 B 会对 A 做出什么反应，两个句子反映的情景集合并不完全互相包含（一致），因此使读者通过前一句话建立起来的逻辑期待发生转移。另外，作者在第一句的后半句提到两项具体的"冲击"，读者读到这里需要将两项"冲击"与前半句进行连接，寻找它们与一个处在不同种、属层级的概念（财政政策）的关系。一个做宏观经济研究的读者可能很快就能连接上，而对财政政策没有什么概念的读者可能就需要时间反应一下,这与前半句的什么概念对应,如何对应,对应关系是什么。

这一段其实要表达的意思只有一个:

(作为财政政策的两种工具,)政府支出冲击和税率冲击如何影响宏观经济变量,学界一直存在争论。

摘要的篇幅极其有限,绝对不能出现同一个意思翻来覆去地说。有一种情况要注意,如果发现自己像犯了强迫症一样在反复地变换花样试图表达同一个意思,那么问题可能不是出在文字表达本身,而是作者对要表达的意思或其意义还不完全清楚,用不断重复表达同一个意思来强化自己对这种认识的信心,或希望以这种方式把某个意思灌输给读者。如果在长篇的论述中发生类似的情况,即隔一段就回头再次论述已经说过的问题,可能是因为文章结构安排得不合理。

在这个例子中,"财政政策"和"宏观经济变量"都是前面提到的用笼统表述来进行"概括"的一个例子,大家可以看到,这样的表述并没有起到简明扼要突出重点的效果,反而平添了一些疑惑。那么在一个种、属概念的链条里,比如A、B、C、D、E,从哪个层级开始谈是合适的?如何确定呢?一个最好的参照就是这个领域的大量文献,这也是作者将自己的具体研究在所研究领域定位的具体化。

关于笼统,我们注意到,在论文的摘要、介绍和结论部分,大家特别爱用一些如"具有重要意义""具有现实意义""实现了突破""创新点在于"等这样的表达。作为一篇专业的学术文章，研究的内容和方法本身都是研究的意义和重要性最重要的决定因素，事先强调"特别重要"可能会让读者产生这是王婆卖瓜的套路，且不说现在水平参差不齐的论文基本上每一篇都有这样的表达。

我们再来看摘要的第二段：

> 具体到扩张性政府支出冲击方面，本文预测：（1）传统模型所提及的负向"财富效应"将得不到足够的补偿，扩张性政府支出将"挤出"总消费。政府若想要通过扩张性政府支出促进总消费，需要在税收规则的设定上更加小心，可以考虑有针对性地对非李嘉图主体减少总额税收或者增加转移支付，因为模型认为这类主体往往有着更高的边际消费倾向。（2）扩张性政府支出仍然会促进经济中的总产出，而与税收规则的设定并无太大关系。（3）税率会随着债券做长期性的调整，并努力使经济恢复均衡，说明允许税率在长期中做更频繁的调整或者考虑"动态范围式"的税率将对经济稳定有重要作用。

要使摘要清晰无误，重要概念和模型的基本内容必须先交代清楚，否则读者无法在不理解作者要说什么的情况下继续读下去。比如在这一段，"传统模型"、"负向财富效应"和"非李嘉图主体"的概念都要说明，因为它们会影响读者对论文内容的理解，对推理过程的把握，以及对结论如何成立的信服。按照这个标准，我们再次构思一下，那么逻辑顺序可以这样安排：首先，交代传统模型的含义，财富效应的影响按什么机制传导；其次，在这样的模型下，李嘉图主体和非李嘉图主体有什么特性差异；最后，这样的特性差异如何导致对它们的差异性对待，从而改变扩张性政府支出与总消费之间的关系。另外，在摘要中最好也对使用的模型进行交代，比如这篇文章使用的是动态随机一般均衡（Dynamic Stochastic General Equilibrium, DSGE）模型。顺便提一句有关格式的问题，第一次使用时我们都要将全称写出来，再注以缩写；在之后的行文中就可以只用缩写了。但若是很短的用语，则无须创造新的缩写。

因此，摘要的第二段可以改为：

在标准新凯恩斯主义动态随机一般均衡（Dynamic Stochastic General Equilibrium, DSGE）模型中，扩张性政府支出往往因为李嘉图主体可以进入资本市场实现跨期效用最大化，从而降低当期"总消费"而造成实质上的负向"财富效应"。要想达到扩张性财政支出促进总消费的效果，本文引入以互联网借贷为主的"非李嘉图主体"，他们既无法进入资本市场来平滑消费，又无法通过可支配收入实现跨期效用最大化。且由于非李嘉图主体往往有着更高的边际消费倾向，因此（1）有针对性地对非李嘉图主体减税或者增加转移支付，可以达到预期效果。（2）另外，在模型设定中，税率（作为利率的内生变量）随着债券（收益率）做长期性调整的同时使经济恢复均衡。（3）扩张性政府支出仍然会促进经济中的总产出，而与税收规则的设定并无太大关系。

括号中的是作者没有写出但应当交代清楚的，否则读者不知道税率为什么会随着债券以及债券的什么方面做长期性调整，以及为什么是这样的机制。

现在我们把两段放在一起再读一遍：

> 作为财政政策的两种工具，政府支出冲击和税率冲击如何影响宏观经济变量，学界一直存在争论。
>
> 在标准新凯恩斯主义动态随机一般均衡（Dynamic Stochastic General Equilibrium, DSGE）模型中，扩张性政府支出往往因为李嘉图主体可以进入资本市场实现跨期效用最大化，从而降低"总消费"而造成实质上的负向"财富效应"。要想达到扩张性财政支出促进总消费的效果，本文引入以互联网借贷为主的"非李嘉图主体"，他们既无法进入资本市场来平滑消费，又无法通过可支配收入实现跨期效用最大化。且由于非李嘉图主体往往有着更高的边际消费倾向，因此（1）有针对性地对非李嘉图主体减税或者增加转移支付，可以达到预期效果。（2）另外，在模型设定中，税率（作为利率的内生变量）随着债券（收益率）做长期性调整的同时使经济恢复均衡。（3）扩张性政府支出仍然会促进经济中的总产出，而与税收规则的设定并无太大关系。

我们看到，前后两段依然有些脱节。因为第一段中的"宏观经济变量"相当含糊，读者如果不了解标准新凯恩斯主义模型，可能不会马上联想到作者所指的"宏观经济变量"就是第二段中的"总消费",这两个专业词汇处在不同的种、属层级。因此,从编辑的角度我们有两种方法处理。

(1)直接删除第一段。面对相对于大家的初次经验而言显得相当庞然且头绪众多的长篇论文,从哪里开头往往是特别费心的一件事。加之万事开头难,对自己在开头写的几句话都非常珍惜,这可以理解!但是我们可能会发现论文的前几段经常都在讲废话,或写了好几段还是没有进入状态。此时可以尝试先往下写,感觉要进入状态了再回过头来把之前的段落删掉,或是将之前的几个段落概括成一两句话。当然,相对而言,以问题为导向来思考的人在写作时有一定的优势,因为以提出问题来开头是一种开门见山的方式。

(2)具体指出"宏观经济变量"到底是哪个或哪些变量。即将第一段中的"宏观经济变量"改为"总消费",读起来如下:

> 作为财政政策的两种工具,政府支出冲击和税率冲击如何影响总消费,学界一直存在争论。
>
> 在标准新凯恩斯主义动态随机一般均衡(Dynamic Stochastic General Equilibrium, DSGE)模型中,扩张性政府支出往往因为李嘉图主体可以进入资本市场实现跨期效用最大化,从而降低"总消费"而造成实质上的负向"财富效应"。要想达到扩张性财政支出促进总消费的效果,本文引入以互联网借贷为主的"非李嘉图主体",他们既无法进入资本市场来平滑消费,又无法通过可支配收入实现跨期效用最大化。且由于非李嘉图主体往往

有着更高的边际消费倾向，因此（1）有针对性地对非李嘉图主体减税或者增加转移支付，可以达到预期效果。（2）另外，在模型设定中，税率（作为利率的内生变量）随着债券（收益率）做长期性调整的同时使经济恢复均衡。（3）扩张性政府支出仍然会促进经济中的总产出，而与税收规则的设定并无太大关系。

大家可能会问，如果编辑的方式是多种多样的，那么哪一种最合理？写作的语境千差万别，但大家只要记住下面这最重要的一点并持续练习，就可以做到游刃有余：关注当下，按照逻辑推进的顺序写。

我们在没有进行大调整的前提下对例子中的论文摘要进行了文字上的调整。深究起来，这篇论文其实探讨的核心问题是消费者自身的信贷约束不同，对财政政策的实施效果会产生不同的影响。而在交代"选题背景及意义"之后的"文献综述"中，这篇论文有这样的表述：

消费者的信贷约束对财政政策实施效果是有影响的，因为消费者的消费决策在某种程度上取决于其从资本市场上获得融资的能力，以平滑消费。有这种能力的称为李嘉图主体，而没有这种能力、只能进行当期调整的称为非李嘉图主体。

如果将这个表述作为摘要的开头，无论是从所表达问题的核心关切来看，还是从描述问题的边界来看，抑或是在后面将作者的论文视角在现有文献中进行定位，都更加合适。而在原论文中，这个表述却出现在两页开外的文献综述中。可以想象，根据我们之前介绍的先写后删的方法，这两页中的内容是可以大大缩减的。

第五章 论文的基本结构

在第三章我们讨论了当今学科发展趋势下的范式，本章则具体讨论在相应范式下形成的版式结构上的规范性。对于一篇规范的学术论文，它的基本结构是什么？这是本章要回答的问题。在此我们以经济学论文为例。

就论文的内容而言，目前大多数学科领域的研究都是在一定范式的基础上开展的；久而久之，就表达形式而言，则形成了一种相当程式化的基本格式，也符合标准化的基本原理。所谓标准化，是指"为了在既定范围内获得最佳秩序，促进共同效益，对现实问题或潜在问题确立共同使用和重复使用的条款以及编制、发布和应用文件的活动"[1]。简言之，标准化的目的是在某个领域内采用一套被普遍接受的程序或形式，以简化行为方式或表达方式。从任何一本规范的经济学学术期刊上找一篇论文来读一读，我们会对论文的基本结构有初步的印象。经过

---

[1] 资料来源：《标准化工作指南 第1部分：标准化和相关活动的通用术语》（GB/T 20000.1—2014）.

多年的发展，学术论文变得以一种最有利于专业研究人员阅读的方式来组织。我们今天看到的论文包括（但不限于）如下部分：

【标题】

作者栏

【摘要】

经济学文献分类号（JEL 分类号）

关键词

【引言】

【文献综述】

【正文】

通过论证，提出观点

【政策建议】

【结论与扩展】

【参考文献】

【附录】

包括技术附录、数据、图表等

【脚注和尾注】

为什么以这样的结构呈现一篇论文成为学术界的规范做法？我们可以从效率和成本两个方面来解释。

对于读者而言，阅读以这样的结构组织起来的论文，可以实现用最有效率和成本最小的方式来获取新知识。效率体现为：在一定范式下，这种有一定格式的标准可以大大提高专业人士的阅读速度。读者可以直截了当地进入论文的研究主题，了解作者提出的问题、观点和论证过程，并在论文的相应部分发现可能存在的不足或错误，进行建设性的批评或探讨。

这种组织论文的方式对专业领域内的沟通成本相对较小：按照这种结构组织论文能够极大地节省读者阅读的时间成本和获取信息的成本。读者知道在论文的什么部分能够获得何种信息，相较于一篇没有规范结构的文章，读者不必为了查找某一信息而读完整篇文章。例如，论文标题提供给读者有关研究主题的信息；如果读者想了解论文研究主题的历史渊源和发展路径，则可以从文献综述部分获得相关信息；如果需要追溯更早的文献，可以根据论文所引文献的作者和发表年份到参考文献部分查找具体的文献信息。

标 题

标题是论文的名称，通常用高度概括的短句或附带多个修饰性定语的名词结构表示。论文标题应该直截了当、开门见山——论文研究的主题是什么应该在标题中体现出来。好的标题能够让读者一眼看出论文研究的主题，或者展现研究主题各因素之间的逻辑关系，并且能吸引相关领域读者的兴趣。对该主题感兴趣的读者自然能很方便地从一本学术期刊目录列出的十几篇论文中找到自己感兴趣的论文[①]，或者从数据库数以万计的论文中快速搜索到相关主题的论文。要实现这一点，论文标题需要

---

① 学术期刊是一种经过同行评审、用于展示并公示研究成果的刊物载体，其内容主要包括原创性论文、综述性文章等。

体现出能反映论文主题概念的词或词组，从而便于进行关键词检索。因此，标题的写法与我们的搜索方式有关，要方便感兴趣的人容易地搜索到。

论文标题需要用尽量少的字数提供尽量多的信息，并且应该对论文的研究主题进行精练的概括。最好不要仅仅以比喻或者类比的方式给出标题，因为这样的标题虽然看上去很生动、引人注目，但也容易掩盖真正的研究主题。就算作者认为这样的标题与研究内容非常贴切，也应该以副标题的形式将论文的真正主题体现出来。

给论文起标题时容易出现的问题包括：

1. 标题太长，赘余而缺乏概括性

例如，《具有累进特征的收入税在国民经济收入再分配过程中发挥作用的机制及影响的研究》，就不如《累进税对收入再分配的机制和影响研究》简洁。

2. 标题宏大空泛，不能让人一眼看出论文的具体内容

例如，《宏观政策对经济的影响》这样的标题就过于宏大且空泛，读者不知道论文具体要讨论什么样的政策工具对经济的什么方面产生影响，就不如《转移支付政策对经济增长的影响》或者《转移支付政策对不发达地区居民福利影响的实证研究》这样的表述明确。

论文标题除了要具体、明确之外，还应当有针对性。《金融发展对收入不平等的影响》这样的标题就不如《金融发展的规模因素和结构因素对收入不平等的影响》这样的标题具体。"金融发展"是一个很大的概念，涵盖了诸多方面的内容，如果以《金融发展对收入不平等的影响》为题，不易使读者迅速了解到

论文的具体内容，也难以在第一时间传递给读者你所做工作的内容。而后一个标题明确了论文研究的是"金融发展"这个概念中的规模因素和结构因素对收入不平等的影响，使读者对论文核心内容一目了然。

3. 标题对论文内容的概括不够准确

例如，一篇讨论中国某个时期 CPI 与 PPI "背离"现象的论文，原标题为《CPI 与 PPI 传导机制研究》，就不如《CPI 与 PPI "背离"现象的结构性解释》准确。这篇论文并不是单纯分析或比较 CPI 与 PPI 的传导机制，而是探讨 CPI 与 PPI "背离"现象的结构性原因，因此后一个标题对论文主题的概括更准确。再比如，一篇标题为《我国基金市场尾部风险的研究》的论文，实际上研究的并不是基金市场尾部风险，而是基金市场尾部风险异象，因此标题应该改为《中国基金市场尾部风险异象的研究》。

作者栏

作者栏通常在论文标题下方居中排列，可以是独立作者，也可以有多位作者。在多位作者的情况下经济学论文通常可以有 2~4 位作者，如果在论文中用到的数据或者开展实验的方法是多位作者的贡献，还可以包括更多的作者，但是这种情况一般比较少见。

按照经济学界约定俗成的规则，大部分经济学类英文期刊在排列多位作者时，按照作者姓氏的字母顺序排序，这样的排序方式意味着所有作者对论文的贡献是均等的。

中文期刊的作者排序规则依不同的期刊而定。由于近年来国内学术界越来越多地采用国际通用的学术标准，因此很多期刊也采用按照作者姓名的字母顺序来排序。在这样的排序方式下，所有作者的贡献度被认为是同等的，因此这样的排序方式可以消除因作者贡献度引起的争议，从而更有利于开展学术合作、促进各个学科领域的发展。如果需要特别强调，作者的贡献会在致谢部分或通过脚注进行详细说明。

此外，论文还有"第一作者"和"通讯作者"的概念。"第一作者"排在第一位，常常被认为是对研究工作做出最大贡献的人，而通讯作者则负责与期刊编辑和其他人员进行沟通交流。但就按照字母顺序对作者进行排序的期刊而言，排在第一位的作者未必有"第一作者"的含义，"通讯作者"可能在论文中具有更大的贡献。目前众多高校在评定职称或申报各种项目、评定奖励时，还有对学术成果的署名必须排在第一位即"第一作者"或"一作"的硬性要求。

摘　要

论文摘要是处在标题和正文之间、用最精练的语言和最经济的篇幅概括论文主要内容的部分。换言之，摘要的目的是让读者在即使不读论文正文的情况下，也能了解到论文的研究主题、论证方法、主要贡献和结论。

论文摘要必须遵循精练、客观、真实的原则，要如实地反映论文的主题、所采用的研究方法、得出的结论和做出的独特贡献。这些内容缺一不可。论文摘要如同这篇论文的"个人名片"，要提供给读者关于本文"我是谁"的信息。论文摘要决定了读者有没有兴趣继续读这篇论文，因此，写好论文摘要对希望传播自己学术观点的作者而言非常重要。如果读者或评审人读了摘要后便失去了进一步阅读的兴趣，那么这样的论文摘要无疑是非常失败的。

写论文摘要需要注意以下几点：

1. 要惜字如金

对于一篇期刊论文，摘要的篇幅大致限制在 200～300 字，而毕业论文的摘要可以稍长。但是，不管是期刊论文还是毕业论文，在摘要中都要惜字如金，这样才能将论文的重点内容突出和精准地展现给读者。

我们来看一个例子：

> 我们通过各省级行政单位每年的按收入等级分组的分组收入数据，根据洛伦兹曲线，利用基尼系数的公式计算出了各省级行政单位各个年度的基尼系数。再利用工具变量固定效应模型进行了实证回归分析，研究了金融发展对收入不平等的影响。我们利用城乡储蓄作为金融发展水平（规模）的工具变量，用工具变量固定效应模型研究了金融发展水平（规模）对收入不平等的影响，同时研究了可能存在的金融发展水平（规模）对收入不平等的非线性影响，而且用证券市场融资占总融资的比例来度量融资结构，考虑了融资结构对收入不平等的影响。最后，我们还对融资结构是否会影响金融发展水平（规模）对收入不平等的影响进行了探索。本文还根据结论给中国股市以及个人投资提出了政策建议。

这段摘要告诉读者作者主要做了什么工作。但第一句话就违反了"惜字如金"的原则。在"我们通过各省级行政单位每年的按收入等级分组的分组收入数据"中,"按收入等级分组的分组收入数据"这样的表述赘余,不如改成"我们利用32个省级行政单位按5个收入等级分组的年度收入数据";在"根据洛伦兹曲线,利用基尼系数的公式计算出了各省级行政单位各个年度的基尼系数"中,"利用基尼系数的公式"完全是多余的,就如同说"我乘坐邮轮完成了七天的邮轮之旅"一样重复而没有意义。"根据洛伦兹曲线"一句也没有信息含量,因为基尼系数本来就是基于洛伦兹曲线而定义的,应当去掉。

因此,第一句话可以改为:

> 我们利用按收入等级分组的年度收入数据计算了各省级行政单位的年度基尼系数。

2. 要简明,不能笼统

摘要需要简洁,但并不意味着要用笼统的语言来概述。相反,摘要的表述要具体。此外,好的摘要会将论题和方法论之间的逻辑关系在三句话内交代清楚,这样,读者就可以直观地了解这样的方法对要处理的问题是有效的。

我们来看一个例子:

> 本文借鉴国内外文献的主流研究,将房地产税定义为开发、保有和交易三个阶段,先建立理论模型分阶段

研究房地产税对房价的影响，然后选取 1999—2020 年度的省级面板数据，实证研究房地产税与房价之间存在的关联，结合国内外相关文献探寻房地产税的改革对房价产生的影响，并由此给出合理的政策性建议。

这段摘要除了语言不简洁之外，还有表述过于笼统的问题。从语言简洁的标准来看，"借鉴国内外文献的主流研究"和"结合国内外相关文献"这样的表述没有任何价值，应当去掉。而"先建立理论模型分阶段研究房地产税对房价的影响"、"实证研究房地产税与房价之间存在的关联"这样的表述则过于笼统。作者建立了什么样的理论模型？是如何实证研究房地产税与房价之间存在关联的？这些信息都没有在摘要中体现出来，因此读者无法从摘要中了解到作者究竟做了什么工作。此外，"房地产税与房价之间存在的关联"这一表述也相当含糊，读者不知道应当期待何种角度、何种因素下的何种相关性。论文这样的"个人名片"不但无法清楚地让读者了解"你是谁"，反而会让很多潜在读者失去继续阅读的兴趣。如果读者是匿名评审人，那么这篇论文的结局可想而知。

修改后的摘要如下：

> 本文基于简单供需模型和现金流折现定价模型，分析对房地产征收一次性从价税和长期租金税对其价格的影响。本文发现，在简单供需模型下，一次性从价税对成交价的影响取决于供给和需求弹性；而在现金流折现模型下，将房地产税带来的公共服务增加效应纳入模型

后，长期租金税对价格的影响取决于公共服务和税收的资本化率。本文还对2007—2020年度全国31个省份的面板数据进行了混合截面和固定效应模型回归，发现房地产税对房价的影响整体是正向的，且短期影响比长期影响更显著。

显而易见，修改后的摘要能给读者提供简明而具体的信息，也更能激发读者进一步阅读的兴趣。

3. 对研究得到的结论要有明确的说明

论文摘要的一个最常见的问题是作者在摘要中列举了自己所做的一系列工作，但对研究结论没有进行具体的说明。

还是回到前面第一个摘要例子。那个例子的摘要看似内容丰富，但却缺少具体的、关键的信息。比如：各省份不同年度基尼系数的具体数值特征是什么？金融发展究竟对收入不平等有什么影响？可能存在的金融发展水平对收入不平等的非线性影响具体是什么？融资结构到底会不会影响金融发展水平对收入不平等的影响？所以，这样的摘要看似全面，但却没有将具体的结论简明扼要地表述出来，从而不能提供给读者有用的信息。

经济学文献分类号（JEL 分类号）

JEL 分类号是美国经济学会《经济文献杂志》（*Journal of Economic Literature*）所创立的对经济学文献的主题分类系统，并被现代西方经济学界广泛采用。该方法主要采用开头的一个英文字母与随后的两位阿拉伯数字一起对经济学各部类进行"辞书式"的编码分类。

关键词

关键词列在摘要的下方，通常是用 4~5 个关键词概括论文的研究主题。关键词的作用体现为，读者可以通过关键词了解论文的研究主题和研究方法，同时可以在文献数据库中通过一个或几个关键词，查询与关键词相关的研究主题或研究方法的所有文献。因此，关键词的一个重要功能是便于查询和溯源。

引　言

在这一部分，作者需要阐明论文的研究主题，即所要研究的问题的来龙去脉：问题是如何提出来的？问题产生的背景是什么？问题的重要性如何？问题为什么是有意义的？

引言对论文的重要性在于，引言部分是从学术意义上对论文进行的自我评价和自我定位。作者通过追溯研究主题的来源，通过阐明研究主题在理论上、在现实中的重要意义，告诉读者"我从哪里来"。作者需要阐释论文主题产生的缘由——可能来源于现实中的真实问题，也可能来源于现有文献中尚未解决的理论问题，并且需要充分阐释所研究的主题为什么值得写成一篇论文、为什么这样一篇论文值得读者花费宝贵的时间来阅读——或者是因为这个研究主题所解决的问题在现实中有非常重要的意义，或者是因为这个研究主题是文献脉络中的重要一环，对构建相关领域完整的理论体系至关重要。

通常，问题有两个来源，其一是现实，其二是理论。现实包括在现实世界中观察到的现象、数据、事实等，从中发现了有违现有认知或无法直接得出准确结论的问题，从而产生了需要解决这个问题的需要，这就是来源于现实。来源于理论是指通过对某一领域的文献进行梳理，发现在这一领域的知识体系中还有哪些尚未完成的逻辑链条，或者是还有哪些可以继续拓展的逻辑链条，或者是理论的结论和预测与现实存在出入。

引言如同论文的开场白，这是作者说服读者或评审人认可其选题的重要性的最主要机会。因此，作者说清楚论文"从哪里来"就至关重要：只有说清楚论文理论脉络的结构，才能让读者或评审人快速捕捉到问题的关键。换言之，就是作者要以一个最有效和简明的方式帮助读者或评审人建立起这个结构框架，而这又是由作者对文献脉络的熟悉程度和理解深度决定的。

2014年诺贝尔经济学奖得主、法国经济学家让·梯若尔（Jean Tirole）在中国授课时对学生说过，他甚至会花费一周至两周的时间来打磨每篇文章的引言，并且不觉得这是浪费时间。好的引言能在不长的篇幅里讲清楚本文要研究什么问题，这个问题为什么重要，这个问题的来龙去脉，本文的重要贡献是什么。读者可以据此来判断是不是值得继续阅读本文。如果说一个好的摘要如同一张引人入胜的名片，能够吸引读者决定继续读论文正文的话，那么，一个好的引言就如同和人初次见面时得体的衣着与优雅的谈吐，让人感觉值得继续对你进行了解。

文献综述

什么是文献综述

人类知识体系的构建，是无数人的贡献。具体到某个领域，每一个研究主题都有其思想源头，以及由此发展出来的文献脉络。文献综述是用简练的语言评述与论文研究主题相关的重要文献，介绍这些文献的观点、方法和贡献，并对论文的贡献在现有知识体系中的位置进行准确的描述。文献综述可以让读者了解这个领域研究的现状，更重要的是要鲜明地阐述清楚与前人相比，你做出了哪些独特的创新和贡献。换言之，文献综述是要告诉读者"我要到哪里去"。文献综述一方面体现了作者对研究主题的认知和掌握程度，另一方面体现了作者对同行的贡献和知识产权的尊重。

文献综述的作用是阐述清楚这篇论文在一个专业知识体系中的位置和贡献。例如，对于在规范的期刊上发表的论文，文献综述通常是从率先提出这个问题的第一代论文开始，再介绍由第一代论文引出的问题和处理方法，接下来的研究如何指出它们的问题，是论证方法上的还是观点视角上的，之后的每一代论文都对这个问题的深入和拓展有什么贡献，还有什么不足，最后引出作者可以在这样的基础上以什么样的方式做出自己的贡献。通过这样的综述方法可以看出作者在这样一个范式体系下对自己论文的定位。然而，很多论文在进行文献综述时往往引用和评述最近的文献，从这个问题发展脉络的半路开始说起，免不了讨论的是技术层面上的一些枝节问题。因此，这样的文献综述写得再多再详细，读者也难以把握问题发展脉络的理论要点，从而难以很快理解作者的研究在理论或实证上的重要性体现在哪里，对论文的贡献难以定位。

文献综述的范围

文献综述是评述与自己所研究的问题相关且至关重要的文

献。对于经过时间的检验、已经沉淀为教科书内容的那些众所周知的知识和文献，在文献综述中通常不用提及。例如，除非是对亚当·斯密进行专门研究的著作，否则我们没有必要在经济学论文中提到他；我们通常也不必把基础教科书作为文献综述的一部分，因为上面的内容已经是本领域的共识。

文献综述应该对什么文献进行评述？一个主题所涉及的文献通常数量巨大，作者不可能也没有必要评述所有文献。所评述的文献主要包括：

1. 开创性文献

这样的文献或者开创了一个研究领域，或者提出了一个开创性的问题，或者贡献了全新的分析方法。

例如，在宏观经济学中，同样是研究经济增长的论文，如果是研究技术进步对经济增长的影响，那么是无法忽视 Solow(1956)[1]和 Romer(1986)[2]的开创性工作的；如果是研究人力资本对经济增长的影响，则无法忽视 Lucas(1988)的开创性贡献[3]；而要进行人力资本对经济增长影响的实证研究，就不应该忽视 Mankiw, Romer and Weil(1992)的开创性贡献[4]。它们在各自领域的开创性贡献为之后的研究开辟了新的领域、思想和方法，因此，沿着这个领域进行的后续研究都需要追溯到这些文献。

---

[1] Solow, Robert M. 1956. "A Contribution to the Theory of Economic Growth." *The Quarterly Journal of Economics* 70(1): 65-94.

[2] Romer, Paul M. 1986. "Increasing Returns and Long-Run Growth." *Journal of Political Economy* 94(5): 1002-37.

[3] Lucas, Robert E, Jr. 1988. "On the Mechanics of Economic Development." *Journal of Monetary Economics* 22(1): 3-42.

[4] Mankiw, N. Gregory, David Romer, and David N. Weil. 1992. "A Contribution to the Empirics of Economic Growth." *The Quarterly Journal of Economics* 107(2): 407-37.

2. 有重要贡献的文献

重要贡献包括研究方法的创新和结论的创新。这样的文献拓展了所研究主题的研究方法，或者是提出了好的理论模型框架，或者是开辟了好的实证研究方法，或者是通过可靠的逻辑推理或实证论证获得了新的观点和结论。如何定义一篇文献有重要贡献？相对于开创性论文而言，那些提供了新的思路、新的方法、新的洞见的研究，可以视为有突出贡献的文献。例如，在金融学中，Black and Scholes(1973)和 Merton(1973)均推导出了期权定价模型，即布莱克－斯科尔斯－默顿(Black-Scholes-Merton, BSM)期权定价模型，是期权定价领域的开创性研究。[1] BSM 模型的成功之处在于该模型中的参数是可观察、可统计的，且 BSM 模型中的随机微分方程具有完美的解析解。但是 BSM 期权定价理论假设股票价格服从"几何布朗运动"，而在现实市场中股票的价格分布往往不是平滑移动，而是呈现出间断的"跳空"过程，这在很大程度上限制了该理论的适用性。因此，Merton(1976)提出了一种股票价格遵循跳跃过程的"跳跃－扩散"模型[2]，在股票价格的几何布朗运动之上增加了各种跳跃，使模型的假设更加符合现实，从而使模型更具有解释力和适用性。如果要研究股票价格的变动对期权定价的影响，那么因为 Merton(1976)对 BSM 期权定价理论的发展有重要贡献，所以是一篇绕不开的文献。此外，经典的 BSM 模型是针对现货期权的定价模

---

[1] Black, Fischer and Myron Scholes. 1973. "The Pricing of Options and Corporate Liabilities." *Journal of Political Economy* 81(3): 637 - 54; Merton, Robert C. 1973. "Theory of Rational Option Pricing." *The Bell Journal of Economics and Management Science* 4(1): 141 -83.

[2] Merton, Robert C. 1976. "Option Pricing When Underlying Stock Returns Are Discontinuous." *Journal of Financial Economics* 3(1/2): 125 -44.

型，Black(1976)在原有 BSM 模型的基础上推导出了针对期货期权的定价模型，使得期权定价方法广泛应用于公司债券、期货、抵押贷款、保险等金融证券的定价。① 如果研究类似金融证券的定价，那么 Black(1976)同样是一篇重要文献。

3. 与论文密切相关的文献

此时，应着重介绍论文与相关文献之间的联系及区别，尤其是论文对相关文献的突破和创新。

换言之，所评述的文献对论文研究主题的理论脉络而言是不可或缺的，它们在其中做出了重要贡献。

文献综述的要点

文献综述是通过对与论文相关的文献进行评述，勾勒出论文研究主题的研究脉络，从而突出论文的结构位置，进而充分论证该论文的学术价值。简言之，文献综述要告诉读者的首先是论文所研究问题的理论价值，比如填补了之前文献构建的理论体系中的空白，从而使相应理论体系变得完整。其次是论文所研究问题的创新和贡献——这是文献综述尤其要说明的。我们评述了前人就这个领域、这个问题所做的工作，使读者对这个问题有了充分的认识，更重要的是读者明白了你的论文将做出什么贡献。

文献综述要有全局观、结构观和重点观。文献综述不是将相关文献进行简单的罗列或堆砌，而是要对重要的相关文献所做出的工作和贡献进行逻辑上与结构上的梳理。因此，文献综述不是简单地

---

① Black, Fischer. 1976. "The Pricing of Commodity Contracts." *Journal of Financial Economics* 3(1/2): 167-79.

复述文献的摘要，而是站在知识体系的角度对相关文献的贡献和不足进行分析。要将文献在文献脉络中的位置和贡献表述出来，尤其是论文对其的继承和发扬：继承是指论文吸收了文献中的那些思想和方法，对引用的文献进行评述实际上就是肯定它们的贡献——你的论文从中受益（无论是研究主题，还是研究方式，抑或是研究结论）；发扬是指论文相对于现有研究进行了创新，通常是指出其不足或未尽之事——这将是你的论文将要完成的工作。

一个清晰的文献综述可以让读者对你的论文在研究主题的这个特定领域的知识体系中的位置一目了然，并且产生继续阅读你的论文的兴趣。

正文：观点和论证

观点和论证的关系

一篇社会科学领域论文的主要目的是表达某种观点。所谓的"观点"，也可以说是论文的"结论"，是作者希望通过论文展示的最重要的中心思想。论证则是作者根据已知的条件和给定的前提假设，按一定的逻辑推导出结论的过程。每位作者在论文中所做的工作就是"有逻辑地说服"，通过逻辑推理说服读者，让读者认同论文的观点或结论是严谨的、可靠的。

不同的论文类型

根据经济学论文论证方法的不同，可以将经济学论文大致分为基础理论型论文、应用理论型论文和应用实证型论文。当然，一篇经济学论文的类型划分不会如此明确,它既可以包括理论模型推导部分,又可以包括实证部分来验证理论模型的结论。

1. 基础理论型论文

基础理论型论文研究经济学中的基础理论问题,现在的发展是借助数学语言和统计工具建立模型,用变量、集合等数学概念代表经济学概念,从一定的假设和前提出发,利用各种合适的数学和统计工具,依靠数理逻辑推导勾画出变量的逻辑关系或变化规律。这种类型的论文所体现的构筑方式是理性主义的一种运用,强调理论本身的严谨性。我们看下面的例子:吉拉德·德布鲁(Gerard Debreu)的《价值理论:对经济均衡的公理分析》[1] 就是从一个公理化体系推导出一般均衡模型。自亚当·斯密、里昂·瓦尔拉斯(Léon Walras)以来,经济学中的一般均衡理论是建立在瓦尔拉斯的代数和方程理论的基础之上的(直观地说,就是求解有 N 个未知变量和 N 个方程组的系统。当未知变量个数和方程个数相等时,在一定条件下可以求解所有的未知变量),但这样的一般均衡理论是不完备的(我们不能保证也无法证明所有有 N 个未知变量和 N 个方程组的系统都存在解,我们甚至无法知道我们认定的未知变量与标的问题的面向处在一个什么样的比例水平),在该体系中,无法解决均衡存在性这一基本问题。德布鲁以集合论和凸性分析作为主要的公理化分析手段,从更抽象、更一般化的层面,从数学上证明了给定假设条件下的经济系统存在均衡解,从而解决了均衡存在性这一基本问题,为一般均衡理论奠定了基础。具体来说,德布鲁从

---

[1] 德布鲁,吉拉德. 2015. 价值理论:对经济均衡的公理分析. 杜江和张灵科,译. 北京:机械工业出版社.

集合、函数与对应等数学概念的基本定义出发，定义商品、服务和价格等经济变量，并以效用最大化理论、利润最大化理论和市场均衡理论为基础，构建起一个封闭和自恰的经济系统，并推导出这个系统存在不动点（也就是这个系统的均衡解），即证明了一般均衡的存在性。这就是借助数学语言和数学工具建立模型并推导出结论的一个典型例子。

2. 应用理论型论文

应用理论型论文是用理论模型回答现实经济中的理论问题。这种类型的论文的理论基础是基础理论型论文所推导出的一般化模型和结论，并且将基础理论扩展为与现实经济紧密结合的模型设定，目的是解释经济领域中的某个理论问题。这种类型的论文有着很强的现实针对性，研究主题来源于具体的问题，通过建立经济模型并用相应的数学工具求解经济模型，运用演绎推理或归纳推理的方法，并运用参数校准、参数估计等方式校准模型，运用数值模拟等方式让模型更加接近真实世界，从而探索特定经济变量的运行机制和作用机制，对真实经济世界的运行进行解释和分析。

3. 应用实证型论文

应用实证型论文是在经济学理论的基础上，运用现实经济数据和实证方法——通常是计量经济学分析方法——找出研究主题中核心变量之间的相关关系和数量关系，分析各变量的作用机制。这属于归纳推理的范畴。与计量经济学分析方法有所区别但又有所联系的统计学方法，就更加广泛适用，基本可以应用于所有的社会科学领域。

论证的过程

对于理论型论文（包括基础理论型论文和应用理论型论文），它们通常是依靠演绎推理的论证方式，即第二章所介绍的运用自然语言的形式逻辑和运用数学语言的数理逻辑。对于实证型论文，主要是依靠归纳推理的论证方式。我们下面分别进行讨论。

1. 理论型论文

理论型论文是通过演绎推理的方式构建理论模型，从而推导出结论。因此，模型构建是非常重要的一步。

（1）构建模型：选择分析框架和工具

经济学数理模型的作用是使用数学工具，比如变量和方程，来刻画经济概念和经济行为。得益于丰富而全面的数学工具，经济学家不但可以用方程或等式来刻画静态的经济变量之间的关系，还可以通过差分方程或微分方程这样的动力系统来刻画动态的经济变量之间的关系。此外，经济学家还可以借助随机变量、随机过程和随机微积分这样的数学工具来刻画经济中的不确定性。采用什么样的数学工具来建立经济学模型，取决于论文需要解决什么样的问题，而不是这些工具有多强大和复杂。换言之，要研究的经济问题永远是最重要的出发点，根据所研究的问题的特点寻找合适的分析框架（数学模型）和分析工具（数学方法），而不是相反。

经济学家针对不同的研究主题创造了丰富多样的数学模型，但需要注意的是，这些数学模型具有不同的前提假设和模型设置方法，而这样做既有好处又有弊端。好处是能在我们所构建的框架下实现简明和有效的分析，运用模型实现不同的功能。弊端就是这种相对比较机械化的方式在处理社会科学领域问题上具有局限性，极端化后就会本末倒置，比如为了使有效解存在，将假设和模型设置得与现实世界脱节甚至有违常识。这种做法从长远来看对学科的发展有害无益。

例如，在宏观经济学中，既有分析短期波动的总供给－总需求（Aggregate Supply-Aggregate Demand, AS-AD）模型，以及拓展到开放经济的蒙代尔－弗莱明（Mundell-Fleming）模型，又有分析经济增长或经济政策的动态随机一般均衡（Dynamic Stochastic General Equilibrium, DSGE）模型，还有分析存在代际差异时经济的均衡特征和政策选择的代际交替（Overlapping Generations, OLG）模型，等等。

在微观经济学中，既有分析双寡头垄断市场的古诺（Cournot）模型，又有分析考虑了空间差异的产品决策的霍特林（Hotelling）模型，还有分析劳动力市场或货币市场的搜寻－匹配（Search-Matching）模型，以及分析生产和交换达到均衡的一般均衡（General Equilibrium）模型，等等。

在金融学中，既有分析资产价格形成的资本资产定价模型（CAPM），又有分析为期权等金融衍生品定价的 BSM 期权定价模型，还有分析用于计算债券价格和利率期限结构的科克斯－英格索尔－罗斯（Cox-Ingersoll-Ross, CIR）模型，等等。

不同的模型有不同的适用范围。因此，在研究经济问题时，需要根据所研究的问题选择合适的分析框架。要研究长期的经济增长，用于分析短期经济波动的总供给－总需求模型就不是一个合适的分析框架；要研究金融市场中的期权定价问题，用动态随机一般均衡作为分析框架就可能抓不住问题的本质。对不同分析框架的熟悉和把握，是优秀经济学家应该具备的能力。

(2) 推导与论证

模型建立起来后，相当于设定了一个经济模型的结构和初始条件，下一步就是从这些初始条件出发，推导应用这个模型将会得到的结果，在经济学中这样的结果往往被称为"均衡"，这一过程即求解模型的过程。经济学模型的求解不但包括求出数学模型的显式解，而且包括在无法求得模型的显式解时用数值模拟的方法揭示模型各变量之间的数量关系。由于经济学模型是利用数学结构来模拟现实经济运行的一个工具，因此经济学模型得以成立的前提条件是在建立这些模型时，模型设定的逻辑与现实经济运行的逻辑是基本一致的（在逻辑上就是前提为真），从而我们可以用模型的运行来模拟现实经济的运行。当然，理论模型与现实经济之间往往存在很大的差距，这将会影响理论模型对现实经济的拟合度和解释力。

理论模型建立起来只意味着设定了模拟的经济运行的起点。求解模型是希望可以达到如下目的：

首先，分析经济运行机制。通过经济学模型推导出来的求解条件或均衡条件（通常由一个或多个等式构成），往往代表着在特定视角或框架的理想状态下各经济变量之间应满足的关系。因此，通过对求解条件或均衡条件的分析，我们可以看出变量之间是如何相互影响和传导的，具有严谨的逻辑和一致的结论是利用经济学模型进行经济分析的优点。在给定的模型中，变量 A 对变量 B 的影响机制是确定的、清晰的，避免了模糊和随意。

其次，确定经济运行达到的均衡结果。任何经济学模型都应该可以求解，或者可以推导出解应该满足的条件。不可求解或者无法推导求解条件的模型是没有意义的。模型的解代表经济运行达到的均衡结果，这是数理模型的一个优势，即能够在给定条件下对经济变量进行定量分析。

最后，利用现实经济中的真实经济数据和典型事实特征，通过参数校准和参数估计等方法，确定经济学模型的参数值，从而使该模型的运行结果与现实经济更加一致，这也意味着该模型对现实经济具有更强的解释性。

在完成这一过程之后，这个理论模型就成了分析相关经济问题的一个有力工具。我们可以进行很多假设性的操作，改变模型的某些参数值，或者改变模型的内生变量值，观察这样的变化对模型的输出结果和均衡有什么影响。这样的分析通常包括比较静态分析、脉冲反应函数分析等。

但是，使用模型的缺点也同样不容忽视：

首先，数理模型既然是人构建的，自然受制于人极其有限的视角。因此，模型也只能在限定的范围内具有解释作用。任何模型都有前置的条件设定，在一定的范围内起作用，超出这个范围就无效。因此，读者需要清楚模型的假设条件，并且随时关注假设条件有没有发生变化。在现实中，假设条件可能会以出其不意的方式发生变化，成为极小概率事件，此时，模型的内在逻辑和结论就变得不准确甚至是有误导性的。因此，往往是在模型无法对事实做出解释之后才发现假设条件早已不成立，而这被称为黑天鹅事件。一个影响深远的例子就是美国长期资本公司（Long Term Capital Management, LTCM，一家从事定息债务工具套利活动的对冲基金）破产事件，这家公司正常运作所依赖的模型忽略了俄罗斯国债违约这样一个黑天鹅事件，从而导致了模型预测的失败，并最终导致了公司破产倒闭。从这个意义来说，任何模型均不能涵盖所有黑天鹅事件且最终对市场有巨大影响的事件都可能构成黑天鹅事件，这个范围就相当大了。所以在构建模型来解释经济现象时，不应忽略假设条件的适用范围和可能发生的改变。

其次，模型只是使得分析更加精确，并不意味着更加正确。数理模型的逻辑用的是数学语言，除非我们可以证明数学的规律就是人类经济活动的规律，否则，虽然推导过程保证了在特定假设或视角下分析的严谨性，但如果模型的前提假设就是错的，那么模型得出的结论就有可能"差之毫厘，谬以千里"。更为严重的后果是，精确的错误是更具有迷惑性的错误。

最后，模型分析具有一定的作用，但要在适用的范围内使用，并始终牢记其危险性。例如，一直以来，数理经济学虽然在分析经济事物的数量关系方面取得一些成果，但它在一定程度上忽视了经济事物的本质方面，特别是忽视了对生产关系的研究。这种研究方法对揭示社会经济关系的规律和本质还没有发挥出应有的作用，具有很大的局限性。

（3）结论

毫无疑问，结论就是运用分析框架对研究主题进行逻辑推理和论证后所指向的结果。对于理论型论文，对推导出的求解条件或模型的解进行分析，发现变量之间的逻辑关系，是推导出结论的主要方法。

2. 实证型论文

实证型论文是利用样本数据和合适的统计方法，发现经济变量之间存在某种相关关系的概率。这就是归纳法的应用。我们在第二章讨论了关于归纳法的有效性问题，但归纳法也有缺陷。基于统计归纳的模型是对历史数据进行归纳，总结的是结果，而不是原因，因此始终不能倒置因果，正如米塞斯（Ludwig von Mises）所说的，鉴往不能知未来。历史不能预言，这对于使用大数据进行分析同样适用。另外，有人为了让模型更精确往往会修改参数，使得历史数据拟合模型规律，如同历史学家根据自身观念选择和阐释史料，使得模型在面对未来的时候更加危险。

实证型论文的论证过程通常是这样的：

对数据（data）进行说明和初步分析是首先要做的工作。数据是实证型论文进行分析的基础。正如我们在第二章讨论过的，样本抽取的随机性和公平性是保证归纳法的推理有效的首要条件。在此基础上，数据应力求做到准确、来源可靠。通常情况下，数据来自成熟的数据库，而如果现有的数据库不能满足研究需求，也可以自己整理数据并建立数据库。对于来自成熟数据库的数据，一般数据的准确性和精度都经过了多方面的检验，因此可以比较放心地使用，但需要在数据说明部分讲清楚所引用的数据库名称和数据范围等。对于作者自建的数据库，通常要详细介绍数据定义和采集方式，以便读者或评审人进行检验。

有了数据，对数据进行初步的统计性描述是数据处理的第一步。统计性描述指标包括均值、方差、中位数、相关性等，目的是对数据的样本特征有一个概括性的认识。

接下来实证策略的选择与所研究的问题和数据特征密切相

关，这是实证研究的关键步骤。之后还要做机制和稳健性检验等方面的工作。这些我们将在第九章详细介绍。

政策建议

应用理论型论文和应用实证型论文的结论都有一定的政策导向，基于此可以给出政策建议。但是，政策建议并不是论文的必要组成部分。

那么提出政策建议需要注意什么呢？

第一，政策建议要与论文结论紧密相关，不能提出超出论文结论的政策建议。第二，政策建议要有分寸感，要具有可行性、能落地，不能信马由缰，提出不切实际的政策建议。第三，政策建议不能是"正确的废话"，即不能是放之四海而皆准但却没有任何信息含量的结论。

例如，一篇研究新冠疫情对宏观经济的冲击的论文将新冠疫情冲击引入包含金融加速器的小国开放经济中，通过脉冲反应函数模拟了新冠疫情冲击对宏观经济的影响。在政策建议部分，作者写道：

> 结合本文的研究结论，我们提出以下建议：一是严防疫情反弹保障人民安全……二是加大力度推进稳就业促生产……

这样的政策建议就与论文结论缺乏联系。论文主要分析了在新冠疫情冲击下不同类型的货币政策对整体社会福利的影响，但是上述政策建议完全偏离了研究主题和研究结论，并不是根据论文结论得出的。另外，这样的政策建议缺乏分寸感，没有具体措施，放在论文中不合适。

对于一篇研究基金市场尾部风险的论文，作者给出的政策建议如下：

> 本文提出以下建议：（1）基金投资者应当正确认识基金市场的风险性，不能盲目追随市场热点，也不能保持固执不变……

这样的建议属于"正确的废话"，除了凑字数之外实在让人想不出还有任何其他意义。

总结与扩展

总结部分是作者对论文所做的工作进行的概括。这部分不是对摘要的简单重复，而是要简练地说明所做的工作、所得出的主要结论和论文的贡献和创新。在前文介绍了研究主题的背景、在已有文献中的位置，并进行了详细的论证之后，总结部分是对前文的一个概括性总结，是对论文精华的提炼。

扩展部分的一个重要作用是对论文的不足之处进行说明。对问题进行深入研究之后，作者理应对论文的优势和不足有充分的认识。一项研究很难做到十全十美，论证方法和论证过程都是作者进行多次取舍的结果，因此论文必然存在不足和值得进一步改进的空间。作者应坦率地说明本研究的局限性，并指出可以进行拓展和改进的方向。这也是一种实事求是的态度。

参考文献

参考文献部分将在论文中所引用的文献，以及虽然没有在论文中直接引用，但与研究主题有重要关系的文献的相关信息，包括著者、标题、期刊名称或出版社名称、发表年份、卷号、页码等，按照著者姓名的字母顺序排列。

参考文献部分的一个至关重要的作用，是读者可以从中准确地获得论文所引用文献的准确信息从而很容易溯源。参考文献本身构成了知识体系的一部分。同时，列出准确、相关且重要的参考文献，也是尊重知识创造的表现。

在正式发表的（或者在正规学术网站上发布的）学术论文中，参考文献部分所列出的文献会被特定的全球性或区域性学术机构统计到引用次数中。一篇文献被其他作者引用的次数越多，通常被视为影响力越大，越被学术界所认可，或者可以说其学术贡献通常也越大。

附录（技术附录、数据、图表等）

附录部分不是一篇论文所必需的，而是视论文的需求而定。如果在一篇理论型论文中有比较关键的推导过程、比较重要的技术细节需要列出供读者参考，或者是实证型论文需要列出所采用的重要数据细节、与数据或结论相关的图表，但是如果将它们放在正文中则会影响论证的连续性和论文的可读性，那么可以将这些内容放在附录中,供感兴趣和有需要的读者使用。

附录的存在是为了保证论证的流畅性和可读性。论文的目的是表达观点和展示论证过程,因此,流畅而简洁的结构有助于这一目的的实现。

脚注和尾注

脚注和尾注是对文中一些细节的补充说明。脚注一般位于页面的底部,可以作为文章某处内容的注释;尾注一般位于文章的末尾,列出引文的出处等。脚注和尾注同样是为了保证正文的流畅性和适读性,将一些作者希望说明却又容易打断论证连贯性的内容从正文中摘出来,放到页面底部或文章末尾的位置。

第六章　如何确定论文选题

选题常见的困难

要开始写论文，第一步是选题。但有不少学生恰恰在这一步遇到很大的困难，迟迟无法确定合适的选题。这一章就针对这一困难，结合我们的经验，有针对性地提出一些意见供大家参考。

首先，我们通过博士生和硕士生的经历概括一下学生关于选题常见的困难。

学生在选题上一般有两种困难。第一种是上了大量的课，也看了不少文献，但就是不知道从何入手写论文。也就是说，学生有了一定的积累，但还是无法突破过渡到写论文的阶段。第二种是纯粹看得太少，没有积累，以至完全不知道如何下手，这种情况多见于硕士生。

我们主要针对如何解决第一种困难进行讨论和提出建议，原因有三。（1）第一种困难显然更加棘手，第二种困难至少可以通过加强学习来尝试解决。（2）如果不解决第一种困难，那么第二种困难可能会转变成第一种困难。(3) 解决第一种困难的方法主要是有针对性地阅读,这也有助于解决第二种困难,在方法上是相通的。我们注意到,目前不少硕士生积累不足,但这并不能完全归咎于学生懒,也有在社会的重压下缺乏时间的原因。在完成课程之余,为了以后找工作,不得不将大量的时间用于获取实习经验和考取证书等事情,而可以让学生自由阅读的时间所剩无几。有针对性地阅读可以帮助学生高效率地积累知识。

需要注意的是,我们针对的是普通学生遇到的选题困难,所以各种建议首先针对如何满足毕业论文的最基本要求。能力特殊的学生不一定要听取我们的建议。一般性的规律对天才的构想从来都不会成为一种束缚,但对大多数人来说没有规矩不成方圆。

论文要达到的合理目标

学术论文的关键要求

就毕业而言,论文对本科生、硕士生和博士生的重要性是逐级递增的。对于博士生而言,不管上课成绩多好,几年之后都不太会有人关心,因为人们关心的是这名学生的学术研究能力。作为最基本的要求,这名博士生必须有一篇合格的博士毕业论文。如果博士毕业想进入高校任职,那么可能在博士阶段就要有论文发表,以证明其研究能力。对于硕士生而言,要求会低一些,但一篇符合要求的硕士毕业论文是必需的。

所以，对博士生和硕士生而言，最终的要求都归结为论文。要选一个合适的论文题目，首先要弄明白论文的要求是什么。论文不是过去知识的再现（综述性论文不是这里谈的一般论文，暂时排除在外），目前对论文的要求是必须在前人研究的基础上有一定的推进，有一定的创新贡献，这是论文的一项关键要求。

创新有不同层次，不是人人都可以找到革命性的突破点，如同第三章关于什么是论文的讨论，目前绝大多数学科所面临的状况是大多数人都只能进行改良性的引申。给定目前每年产生的大量论文，不可能每一篇都有重大的创新，很多都是在过去知识的基础上修修补补，实现一些细节上的推进。比如，论文的内容可以是关于过去理论方法的修改提高，或者是对新的数据进行实证研究得出一些不同的结果，等等。当然，创新度越高、问题越根本、内容越重要，则论文成果就越重大，但在多数情况下需要的时间也会越长，能够理解的人就越少，大概这不是一篇毕业论文可以做到的。就毕业的最基本要求而言，在符合学科规范的基础上尽量做到合理创新即可。

要达到以上目的，我们就要避免仅仅把攻读研究生当成一个被动积累大量知识的过程。在这一点上，"博士"这个称呼尤其会产生误导，因为它会使人误以为"博士的过程首先是积累广博的知识"，然后等将各种知识融会贯通之后，自然导向论文成果。其实，"博士"是日本人用中国典籍翻译的 Doctor of Philosophy，英文本意读不出"博学"的意思，只是强调一种逻辑推理的求知过程。实际上，随着学科的不断发展，内容不断增加，而人的智力精力有限，所以很多研究领域不断细分。在今天，要像成为大师的前辈那样，横贯一个学科的多个领域，很难。

可能读完博士之后才发现，在经过很多年的学习之后也只能对某一个领域有比较深入的了解。博士毕业工作之后也必须不断学习，这样才能跟上学科发展的步伐。所以，作为一名博士生乃至教授，如果自己的研究能够在细分领域内做出一定的创新贡献，就已经达到了基本的目标。硕士生同理。

另外，需要有针对性地学习。这是因为，选题存在困难的重要原因有：漫无目的地积累各方面知识，但无法把这些知识组织起来，形成可以做出创新贡献的选题；学习的针对性不强，平时了解的不是前沿领域，没有有针对性地对可以实现突破的领域进行深度阅读和思考。对于以上原因导致的选题困难，有针对性地学习是最主要的解决办法。当然，也不排除有个别学生对自己要求太高，非要有特别重大创新才开始，这也会导致研究迟迟无法开展。

要克服选题困难，有如下方法：（1）阅读的积累是基础。有针对性地对自己感兴趣且存在新视角的一些前沿问题进行阅读和思考，从中找出可挖掘的东西，而不是泛泛阅读各种文献。一般来说，对博士生而言，如果能就一些学术问题分析提出新的方法，或者扩展原来的理论范围和实证分析应用，就可以达到要求。对硕士生来说，可以适度降低要求，一般可以在现有文献的基础上先尝试进行理论或实证拓展，看能否找到突破的方向。对本科生来说，只要能合理展示自己运用理论或实证方法研究问题的能力，比如用理论方法分析一些经济现象，或者用实证方法分析一些新的数据，就基本可以满足毕业论文的要求。当然，我们也见过本科生的毕业论文达到硕士水平的，这是例外，不作为一般要求。（2）要制定合理的目标，不能眼高手低，否则永远无法落地、无从开始。

论文要素和内容范围

上面提到的论文一个最主要的要求是有所创新，包括新的角度、新的方法和新的结果等。那么，在写论文时如何将你的创新点以论文要素的形式表达出来，以及开始写论文之前如何围绕这些要素进行选题？

论文要素：动机、贡献和创新性

创新拓展是针对某个具体问题进行的。这就引申出了论文的两个最重要的要素：动机和贡献。它们的英文是 motivation 和 contribution。之所以在这里强调它们的英文，是因为这是写英文论文并将其拿到国际上发表时最需要记住的两个单词。

所谓动机，具体来说就是：这篇论文是围绕哪个问题展开的；为什么要问这个问题；为什么对此进行研究；这个研究为什么有必要、为什么重要。所谓"重要性"，每个领域都有自己的判断标准，一般来说，是指对某个问题的某些重要方面加深了理解，或者解决了急需解决的理论和政策问题。但是也会有学者认为一些看似无用的问题将来可能导致重大结论，长远来说有更重大的意义。这里则不就具体判断标准展开讨论了。总之，这些动机必须足够强，问题越重要、越值得研究，产生的成果才越有可能在好的期刊上发表。

所谓贡献，具体来说就是：对这个问题提出了哪些新的视角；做了哪些新的分析；有哪些新的结果；和前人相比有哪些不同；做出了哪些扩展来促进本领域的发展。

所以，动机和贡献是一篇论文必须先阐明的问题，也是答辩的时候老师们最关心的问题。

在答辩中或者去参加学术会议讲述自己论文的时候，遇到的最大挑战就是论文所分析问题的重要意义遭到质疑。"你为什么要研究这样一个问题？""这个问题是个伪问题，在现实中根本不会出现，所以你研究了一个不存在的问题。""我觉得这个问题不重要，没有意义。"这些评价要比对论文具体方法和结果的批评致命。具体方法错了，或结果不够充实，那还有修改提高的余地，而对动机和贡献的质疑则是对整篇论文的否定。

对论文的另一个根本性质疑是论文的创新性不足。"你的论文和某个已有研究很像。""你这个问题早就有人分析过了。""你的论文看上去用的是同样的方法，只是多用了几年的数据进行统计计量分析，结果并没有实质性的不同，不是吗？"像这种问题，也是致命的，也时不时在各种答辩中出现。所以论文绝不能是对过去内容的重复。这和某些职业可能不一样，比如有一些工作，只要学会一门技术，重复运用就可以谋生，但是做学问，必须有拓展或深入的视角，也就是要有所创新。

综上所述，在选题的时候一定要注意。研究的问题是否重要，是否有得出新结果的潜力，等等，这些是选题时就必须考虑清楚的问题。

深挖细节——一篇文章，一个故事

选题范围一开始宜"窄"，深挖细节，专注于深入分析某个主要机制，并围绕它进行可能的扩展。如果分析比较多，可以分成好几篇论文而不是堆砌在一起形成大杂烩。一篇文章，一个故事（One paper, one story）。

前面提到论文应当以做出创新贡献为目标，但是千万不要认为这等同于将论文题目定为一个宏大叙事。我们能做到的，更多的是对某个细节问题进行深入分析，所以选题范围宜"窄"。从具体细节机制入手，然后再扩展。

这其实也涉及对学术研究的认识和了解。我们从小的学习过程有可能更多的是对某件事进行评论。比如，议论文就是这种风格，就某个主题提出各方面的支持或者反驳的理由，然后归纳总结。现实中一些新闻报道以及经济分析，也是这种粗线条的分析，比如说对人民币贬值的各种原因以及利弊进行分析，在报纸和网络上看到的分析基本是粗线条的正反两方面的罗列。但是通过不断学习我们会认识到，要写成论文，就必须对具体问题的运作机制和作用机理有深入的分析。

目前许多学科的研究方式都是把问题细化（或只剩下把问题细化），那就要对问题进行分解，一篇论文也只是（或只能）围绕一个小的问题展开具体分析。只凭论文有限的篇幅很难对任何一个问题进行系统性阐述。通常，凭借论文的篇幅只够谈"一棵树"的问题。而系统性的"森林"生态问题是所涉及领域里所有研究构成的庞大结构，所以明白每篇论文在其中的位置也是至关重要的。事实上，当前学科的分工过细使得在一定范式下进行跨学科的研究相对困难，一篇论文也很难在深度和广度之间取得平衡。因此，通常的做法是，在细化分析的基础上进行综合分析，而不是一开始就试图把现实中一个重要问题的所有相关机制都用一篇论文来说明，造成没有一个具体机制得到透彻的分析。所以，尽管一个现实问题可能有很多相关原因，但在每篇论文中都应该只围绕一个主要机制展开,把一个故事说清楚。

比如,我国消费不足的问题不可能通过一篇论文就能阐述清楚,可能需要将其分解成无数个局部问题。比如消费的预期、人们的消费行为、贫富分化、就业市场的稳定性、小孩的教育花费和其他花费、未来的医疗花费、房价的负担、资本市场提供的资产状况、政府各种货币及财政政策等,甚至这些问题还要进一步细化和深入。

所以,如果一个问题涉及好几个相关机制怎么办?很简单,对致力于学术研究的学生来说,多写几篇论文就行了!

确定具体选题

选题前按部就班的知识准备和学习步骤

一般情况下,国内专业型硕士学制为 2 年,学术型硕士学制为 3 年,硕博连读按照学制是 4~5 年。国外一些国家本科毕业之后就可以直接读博士,有些则需要先读硕士,一般正常时间也在 4~6 年。以经济学和金融学专业为例,无论是何种情况,读研究生的第一年会被要求学习一些基础的高级课程,基础好的可以一开始就利用课余时间看文献和做研究。如果这个时候就知道自己将来的研究方向,那么可以去找导师或者其他老师聊一聊。

看文献和做研究一般从专题课开始。这些专题课会就一些细分的领域进行讲授,具体的内容在很大程度上取决于学校老师们的研究领域。专题课一般会阅读本领域的一些经典文献和前沿文献，这种课非常关键，这也是学生了解这些领域研究的具体内容、方法，以及前沿研究的一个入门机会。此时学生可以了解自己大致喜欢哪些专题课，或者适合做什么样的研究。以经济学和金融学专业为例，一些学校可能在学生上完专题课之后才让学生和老师双向选择以确定导师。这不无道理，因为学生可能到这个时候才能确定自己喜欢哪个领域。有时，因为领域过于细分，各位老师各自钻研一些细分领域，所以博士生被允许找几位老师组成导师组。

一旦确定了研究方向，就更需要阅读和了解这个细分领域的文献和前沿研究。专题课上的文献可能仅仅是重要文献的一小部分，因此需要顺着自己的研究方向去搜索各种相关的重要文献和最新文献。对应每个领域一般都会有搜索文献的重要网站。一个好的方法是从一些关键论文出发，通过这些关键论文所引用的文献和引用这些关键论文的文献，逐渐像蜘蛛网那样扩展开来，越搜越多。比如，我们常用的方法是在工作论文网站（比如经济学和金融学研究网站 https://ideas.repec.org）以及知网等网站，通过"所引用的文章"和"被其他文章引用"这两种路径来找到更多的相关文献。另外，这个领域内的著名作者的个人网站，以及他们所开设的专题课程（通常会列出重要文献），也是搜索文献的重要地方。

阅读已发表的论文是远远不够的，需要搜索工作论文乃至各种会议上新讨论的论文。前沿文献一般都需要很多年才会被收录进期刊，更何况是被收录进课本。以经济学和金融学为例，一些发表在顶级期刊上的论文可能很多年之前作者就产生了基本想法，并形成了论文初稿。然后他们会在各种讲座和各种会议上讲他们的论文，接受各种意见，进行各种修改。在初期可能连工作论文版本都没有，可能修改到一定程度才会写成工作论文发到网上。之后继续上面的过程。一般要花上几年时间才会形成比较正式的工作论文，发布在一些比较正式的工作论文网站上。然后投稿和修改可能又要花上几年时间，被期刊接受之后，一般会安排在期刊接受待付印（forthcoming）的论文队列中，可能要等上几个月到一两年，最后才会正式安排确定的卷数页码并排版付印。所以这个过程有时相当漫长，一篇正式发表的论文很可能是五六年甚至更久之前的前沿研究成果。

这也揭示出致力于学术研究的学生在选题上要面对的一个挑战。坦白地说，我们知道在学术的道路上只有那些对根本问题有所建树的研究才能历久弥新，而很多前沿问题激不起太久的浪花，事后被证明是时尚而已。因此，研究根本问题很重要，也鼓励大家去研究那些最根本的问题，但现实是前沿性和热点性的文章可能更容易发表。加入研究前沿是使自己的研究更受人关注的重要条件。而这需要大家根据自己的理想和要面对的现实做出权衡。

1. 深入阅读

一旦确定了自己的细分方向，就不能是泛泛了解性的阅读，必须深入。对于进行研究的具体方法，不管是理论文章的理论架构推导过程，还是实证文章的数据收集编程分析，都必须彻底弄懂。在技术上必须彻底掌握各种细节。一定要选一些文章来把整个分析过程弄熟弄透。

通过深入阅读、思考，有时候就会产生一些扩展的思路和研究的题目，再和导师多聊聊确认选题的价值。有些研究题目就是这么来的。

2. 学术内卷和研究提前

按部就班地学习并过渡到做研究，如果没有任何时间和考核的限制，那么这样的积累和过程是最自然的。但不得不指出的是，在现实中学生可能需要尽早开始做研究。我们在后面介绍"在干中学"（learning by doing）时会解释通过做研究来学习知识的好处，这里主要解释一下尽早开始做研究的必要性和可能性。

必要性最主要是源于机械化且一刀切的考核标准和学术内卷，而且这两方面甚至可能相互强化，使得遵从内心来学习和研究变成一件遥不可及的事。举例说，目前博士毕业要想找到好的教职，就必须有过硬的文章，而且一般是在毕业前最后一年的秋季就开始申请工作，所以如果想5年毕业，在第4年结束时手中就必须有论文。如果头两年按部就班地上课，到了第3、第4年才开始做研究，可能就来不及了，只能推迟毕业。尤其是，有些高校为了稳妥起见，或者是因为自己没有能力判断学生未发表论文的质量，为确保申请者将来的发表能力，会要求学生在求职时已经发表若干篇论文。而投稿、修改、发表是很费时间的，这又反过来要求提早开始做研究。硕士的情况也类似。比如有些硕士生想考博士，硕士一般最多读3年，在第3学年开始时的秋季学期就要开始申请。这意味着在第2学年末手中就要有论文，以保证申请通过。有些学校要求申请者最好有已发表的论文，如果在硕士第2学年上完课才开始写论文，大概率无法满足这一要求。所以对那些想进一步升学或者把学术研究作为自己职业的学生来说，尽早准备论文是必需的。

上好课本身不足以产生论文题目，也就是说，通过课程学习并不一定会直接获得好的选题。上课过程会给学生提供一个基础知识框架，让学生了解整体的知识结构。这个基础知识框架虽然很重要，但并不代表可行的选题，需要对前沿细分领域进行阅读学习才会产生选题。从上课过渡到开始做研究，中间还需要大量的时间精力，有些学生就是在这个过渡过程遇到了困难，迟迟无法从上课过渡到开始做研究。所以，应尽早开始过渡。虽然存在这么一个过渡过程，但也不一定要等到课程学完才开始做研究。当然，如果没有时间限制，那么可以等课程学完，这样过渡起来无疑会更顺畅。但是我们在前面提到，目前各种内卷导致严格的时间约束。所以，只顾上好课是有时间成本的，会给保证进度带来麻烦。

在研究的过程中需要用到什么知识就学习相应的知识，这种方法虽然存在一些困难，但实际上是可行的，而且因为有针对性，所以对相当数量的学生来说效果可能不错。比如，我们有时办一些讨论班，给博士生和硕士生讲解专业期刊论文，此时也会有本科生旁听，他们可能会遇到不懂的相关知识。一般老师和学长会指导他们通过一些书籍和网站学习相关知识。他们只要积极主动，不久就能学会，之后就可以顺利跟着听文献讲解。因此，有些本科生的毕业论文达到硕士水平也是常见的事情。所以有一种说法是"在干中学"，需要什么就学什么，反而有助于深刻理解相关知识。实践证明，这种提前对需要学术成果的学生来说，是不得不做的，也是可行的。

捷径：多和导师聊

首先，多找导师可以尽早确立自己的主攻方向，有针对性地进行学习。面对当今各个学科已经极度细分，各种文献浩如烟海，而且每一个细分领域的文献就已经非常多的现实，过去那种慢慢打基础、慢慢学文献，待将一切融会贯通后再找导师聊选题的传统理念从时间成本角度和效率角度来说有不合理之处。因此，尽早找导师多聊的第一个目的就是确定自己大致的几个主攻方向，然后了解就这几个方向需要读哪些重要的经典文献和前沿文献。导师因为在他的领域研究时间较长，对这些文献显然更加熟悉，如果导师指出这些文献的话就可以节省学生不少的时间。

其次，通过进一步和导师探讨可以尽早确定在前沿领域中哪些是可行的选题。在就前沿领域进行一定时间的有针对性的阅读之后，还需要进一步确定目前有潜力的选题。通过进一步和导师探讨，可以更有效地确定具体的选题。这是因为，导师对自己领域的前沿研究动态以及学术圈其他学者正在进行的研究项目的了解，是学生无法比拟的。前沿文献不像经典文献那样会被很多人提及。一些前沿文献可能刚刚出现在某一个作者的网页上，或者出现在刚开的会议中，还没有在网上广泛传播。而且可能要四五年之后才会出现在期刊上，更别说是出现在课本里了。而导师因为本人在业内的联系、参加各种学术会议，对本领域出现的新论文比较熟悉，因此多找导师聊可以事半功倍。所以，导师的一个重要作用就是帮助你了解哪些研究目前处于前沿，以及你的研究该如何加入前沿，从而确定具体的选题。

前面提到过，学术研究的重要要求是创新。不管一个问题有多重要，只要有人分析研究过并形成类似的结论，重复研究的价值就会变小。(当然,如果有新的甚至相反的结论,也是一种创新。)而紧跟前沿的研究更容易受关注,更有可能有较高的研究价值,也更有可能得到发表。尤其要提醒的是,我们一个重大的经验教训就是,在学习的过程中不要沉迷于经典文献。这固然对增加自己的学术素养至关重要,但是考虑到这样做的时间成本以及学业的时限要求,如果不能尽早延伸过渡到领域中的前沿研究,就无法在毕业目标和学术素养之间取得平衡。

在这个过程中,要在打好牢固和广博的知识基础与有针对性地有效阅读之间取得平衡。从整个知识体系中发现问题,这本来是相当基本的要求,但是由于分科过细,在现在的时间内很难做到。实际上,读了博士(或硕士)之后你会发现,你拥有的时间只够对一两个细分领域做出具体的深入了解和贡献,时间根本不允许你学习你想学的各种知识。学习的过程更像是一张蜘蛛网,先从一点出发进行研究,然后顺着网络触及更多的知识,这就是目前研究的现状。而沿着网络扩散可能也是学习知识的更有效的方法。所以,从这一点来说,尽早在导师的帮助下选取可供研究的知识创新点就显得尤为重要。但是有针对性地阅读不等于偷懒。有些学生的主要问题是积累不够,知识的积累没有达到一个最低限度的深度和广度,可能只是零零碎碎找了几篇文章,对所研究题目的问题背景、研究的整个演化脉络不清楚,对学科地图的整体构成没有清晰的概念,不知道自己的研究在整个领域中的位置。这时候一定要对导师所指定的经典文献和相关背景资料加以熟悉,不能因为太着急而仅仅阅读个别的近期文献,不能走向另外一种极端。一定的阅读和积累是发展创造的前提,导师可以帮助你更有效地完成这个过程，但自己也需要付出汗水和努力。

最后，到了正式写论文阶段，把自己的论文拿给导师看，从而可以让导师帮忙把关，了解自己的论文写作是否符合规范。尤其是有时候学生可能会迷失在一些技术细节里，甚至以呈现晦涩难懂的技术细节为荣，以显示自己掌握了高难度的建模技巧或者数学方法。这时候导师可能会帮助学生认清自己对工具的执念而忽视问题本身，让学生放下这种显示自己的论文技术难度高的情节，教给学生有逻辑地说服的本质，以及写论文的更多规范，把论文写得更容易让人理解并接受。

除此之外，平时多和导师见面、多向导师汇报实际上也是使自己保持有效思考、刻苦、自律的一种方式，因为和导师约定每月或者每几周见一次的话，学生会积极阅读文献，为每次见面做准备。

不得不提的是，确定导师要慎重，最好是他研究的领域就是你想研究的领域。导师的一个作用是在他自己熟悉的研究领域内，给你指出前沿方向，帮忙确定有潜力的选题。给定目前的领域细分情况，一位导师可能只在自己熟悉的细分领域内有这样的能力。如果学生感兴趣的领域和导师的不一样，那么导师就无法起到这样的作用，指导起来也会比较吃力。解决这个问题的方法是在确定导师之前尽量多和几位老师沟通（不限于给自己上过课的老师），多了解各个研究领域的研究内容，看看是否和自己的兴趣和能力相契合。当然，最后选题的确定还是按照自己的能力和兴趣，和导师的研究领域不一致的情况也不少，只不过这会给导师和自己带来麻烦和时间精力的浪费。和导师的研究方向契合对博士生来说最重要，对硕士生的要求会相对放宽。对本科生的要求最低，因为一般本科生只要能够应用理论和数值方法就可以，导师一般都会尊重学生的兴趣并给予指导。不过，即使是本科生，也尽量使研究方向一致为宜。比如说，想做健康经济学实证研究的学生找一位做宏观理论研究的老师作为自己的导师会导致隔行如隔山，指导的有效性会降低。

从学生的角度来说，首先是要虚心，不要因为自己掌握一些新技术而忽视导师的指导。我们看到有些学生迷失在一些复杂的分析和编程方法里，而有些导师并不掌握一些这样的具体技巧。千万不要迷失在工具性技术里，因觉得自己的技术比导师好而沾沾自喜。因为做研究最重要的是问题，技术也只是服务于所研究的问题而已。导师指出的有意义的分析方向会比具体技巧重要得多。

其次是要独立学习，要有一定的阅读和思考，但也要经常和导师保持联系，汇报自己的情况，避免走弯路和浪费时间。不要因为怕打扰导师而长时间不联系导师。虽然有些导师希望自己的学生能独立，但他们更希望自己的学生能走在正确的方向上。只要能保持进步，即使会花费自己宝贵的时间，导师也愿意，因为他们从内心上都喜欢上进自律的学生。

最后是不要试图一鸣惊人。有些学生可能觉得自己要先完成大部分研究，然后一鸣惊人，从而令导师刮目相看。在现实中的确有这样的学生，但大多数人这样做之后带给导师的往往不是"惊喜"而是"惊吓"，因为导师发现论文一开始的分析就有问题，后面的很多分析必须推倒重来。所以，平时要多与导师联系和沟通，从而使问题及时得到纠正。

多和同学交流

平时多和同学交流对做研究也很有帮助，通过交谈可以解决疑惑，共同进步，并催生出有价值的选题。我们看到在一些学科领域，一些已经在学术上取得突出成果的青年翘楚的选题产生于同学之间的共同兴趣。

和同学的交流并不限于平时随意的交谈，在现实中还可以采取其他多种形式。比如对某个领域有共同的兴趣，可以组织起来成立论文学习讨论班，学习这一领域的经典和前沿文献。一些模型的具体数学推导过程和一些程序的具体编程过程，可能需要学生自己在课下细致地进行学习，而同学之间的讨论有助于解决疑惑，把不懂的地方弄懂。

一些学校每周为博士生开设固定的课程，要求所有年级的博士生参加。在课上，某个人可以把自己的研究计划以及初步成果展示给其他同学看，获取各种意见，低年级的同学也可以通过这一过程学习做研究的具体过程。

这些定时的讨论学习对学生保持自律也很有帮助。就像很多研究者在和其他作者合作时发现比自己一个人写要有效率，这是因为自己必须和合作者保持一样的进度。另外，和合作者讨论之前，就要对相关的问题事先做好准备，提前进行思考。在讨论过程中如果发现新的问题，一般也会互相深入探讨，而自己碰上难题的话可能会将难题搁置。所以，这种定时的学习探讨对保持学习的进度也是有帮助的。

通过定时和不定时的学习探讨，一些可行的、有趣的研究思路可能就会慢慢地从脑海中冒出来。有些选题则会成为同学之间合作开展研究的开端。著名经济学家卢卡斯也曾提及有些论文的思路是在互相聊天探讨中产生的。

不能看得太少，也不能看得太多，尽早在干中学

我们在前面提到过，一些学生无法确定选题基本上有两种情况：一种是看得太少，知识储备不够；另一种是虽然看了不少，但还是迟迟无法做出决定。如果是第一种情况，那么需要增加自己的知识储备。我们在前面也提及了如何增加知识储备，可以是通过上课，也可以是在导师的指导下阅读相关文献。一般有了一定的阅读量会自然产生一些选题。第二种情况则不同。在现实中我们发现有些学生总觉得自己还没有准备好，选题犹豫或者觉得目前的选题不够好，总想多读一些文献再确定一个好的题目。在这种情况下，导师可能会建议学生尽早开始在干中学。用一句俗话说就是"get your hands dirty"，自己开始尝试和实践。一般导师会建议学生先从模仿前人的研究开始，做一些初步的修改和扩展，比如修改假设、变换数据，在彻底熟悉了原先的模型和分析过程之后，自己也就自然会产生更多的研究思路。

这样做的好处有几点。第一，通过在干中学，对相关知识的理解会更透彻，学习效率会大大提高。这是一个内化的过程，通过自己完成一个研究的全过程，对相关知识的理解会更透彻，小到每一步的数学推导，每一个具体假设的作用，每一处数据的来源和处理，每一个编程句子的纠错。这种学习过程和平时阅读文献相比，其效果要强很多。这就好比学钢琴，无论看多少名师的教学视频，阅读多少分析弹奏技巧的书籍文章，聆听多少大师的演奏作品,其效果都不及自己在钢琴上弹一弹,在弹的过程中,实现领悟和进步。

第二,一些研究思路会在干的过程中自然产生。对做研究不熟悉的学生可能对如何做研究有一定的误解,以为整个研究过程就像高中写作文那样,一开始就必须打好腹稿,之后再付诸行动。但研究做多了之后会发现,有一些结论是在分析过程中才发现的,做计划的时候完全没有预料到。而且,在自己建模或者分析数据的过程中对所分析的事物和原理会有更深入的了解,如何继续扩展的思路会自然而然地冒出来,而这在研究开始之前可能是预料不到或者不能确定的。正因如此,我们一般鼓励学生尽早开始,即使一开始的模型或者分析很简单幼稚,但只要开始了,就会自然而然地产生值得更加深入分析的扩展性问题。所以,与其在那里翻来覆去地想,不如先开始。

第三,在干中学也可以帮助我们克服追求完美而拖延的心理障碍。在这里不得不提及一种迟迟不能开始做研究的原因,就是学生总觉得手头的题目还不够好,总想一开始就能写一篇特别好的论文,不愿"将就"。说到这里,大家可能会想起电影《美丽心灵》中的著名经济学家纳什,他就是熬了很长的时间才提出著名的"纳什均衡",从而一鸣惊人,也因此于1994年获得了诺贝尔经济学奖。而纳什在一次采访中称他的解是在梦中被告知的,但并不是所有人都会有纳什在梦中的经验,这是可遇不可求的。

其实,对高质量文章的追求和在干中学是不矛盾的,但是也需要做出权衡。对高质量文章的追求值得鼓励,这本就应该是研究者追求的目标。一篇高质量文章不是很多篇低质量文章所能替代的。老师也会经常提醒学生不要急于发表文章，而是尽量拿出一篇高质量文章，因为在年轻的时候实际上有更多的精力和激情去冲击高质量文章。而一旦开始写低质量文章，学术灌水就很难再回头。但也不意味着拖得越久高质量文章就能写成。对于大多数人来说，即使是追求高质量文章，更加可行的方法也是尽早开始做研究，先从有一定质量的论文做起，在这个过程中慢慢训练提升自己的能力，进而逐渐导向一篇高质量文章。也就是说，不要眼高手低，而是要行动起来，先慢慢完成一些研究，在这个过程中实现进步，这可能是一种更有效的写出高质量文章的路径。与其追求完美拖延太久，不如先从不完美开始，Done is better than perfect（完成比完美更重要），写多了自然会有进步。

尽量遵从自己的兴趣

传统教育一般都强调学习要刻苦，比如苦读、苦学，似乎要用刻苦来克服一切困难。但是对于学术研究来说，刻苦是一个必要条件，但不是充分条件。要撑过漫长的过程可能不是光靠刻苦就足够的，最好感兴趣，这样才会看到问题，才会有动力去挖掘，才能顺利度过漫长的学习生涯。我们常听到"天才是百分之一的灵感加上百分之九十九的汗水"这句话，而使人挥洒这百分之九十九汗水的，正是兴趣。可以想象，有些学生在毕业之后可能进入高校或者研究机构继续从事研究活动，如果不感兴趣，将来漫长的教学和科研岁月可能会让他们倍感痛苦。学生时代的选题和研究领域会影响毕业之后很多年的研究能力和方向，这是因为一旦熟悉了一个领域，出成果满足考核会更容易，所以同一个方向的选题人们一般会连续做好多年的研究，而不是贸然另起炉灶改变研究领域。而且，搞学术需要申请各种基金，评选的时候评委也会看之前在这个领域的相关研究基础，改变研究领域会更难申请到资助。所以，在学生时代确定选题的时候尽量遵从自己的兴趣，不羡慕别人的研究成果和领域，不追求时髦的题目。对自己的研究领域和题目感兴趣对将来的人生也非常重要。有了兴趣才会有持续的动力去花时间做研究，才会在将来的学术生涯中不断地产生成果。对自己的职业感兴趣本身就是工作产生的一种极好的回报。

所以，应该遵从自己的内心感觉和追求。比如，问问自己对什么问题思考得最多，想一想自己平时在走路、锻炼、吃饭、休息的时候会思考哪一类问题，看看自己对什么现象充满好奇心。那也许是你的兴趣所在。思索一下，自己对某些领域的问题回想起来是不是特别费劲，而对另外一些领域的问题回想起来是不是特别顺畅，有良好的直觉。后者可能就是你的能力所在。选择和自己性格及能力适配的领域才会事半功倍。在这个问题上，一定要对自己诚实。

其实，现如今，即使成功完成学生阶段的学习，进入高校任职后很多人也会面临兴趣和生存之间的权衡。众所周知，越来越多的学校实行非升即走的考核制度，很多青年学者面临重大的压力。当然，相信每个人都能理性做出自己的选择，有些可能选择先生存，有些可能选择死磕高质量研究。不管是哪种，都没有对错之分。我们只是想提醒一下，有时候我们可能憧憬等生存压力减小了再来攻克大的难题，但真到了那个时候却发现不再有年轻时的精力和拼劲，甚至也没有相应的知识储备。

因为穷于应付耗尽了精力,没能再去考虑真问题,并为此做积累。各种工作、生活琐事也会占用大量的时间。所以,原先设想的身体状态和心态可能都会发生改变。因此,有可能的话尽量在年轻精力充沛、心无旁骛的时候遵从自己的内心渴望,冲击高质量研究。

选题来自现实还是文献

很多学生在选题过程中有这么一个困惑:选题应该是来自现实还是文献?一些学生之所以读研究生,是因为他们在读本科时发现相关课程内容比较有趣,比如经济学专业的学生对各种经济政策、市场竞争运作感兴趣,想更深入地学习理解相关知识。然而到了研究生阶段尤其是博士阶段,他们可能被告知他们感兴趣的现实话题有些已经被分析过,想要从事研究必须进行创新,必须在现有文献的基础上做出新的分析。那么选题到底是应该来自梳理的文献还是来自有趣的现实问题?我们对这个问题的回答如下:

第一,其实这两者并不矛盾,因为研究最终肯定是要回归重要的现实问题。尽管有些问题被分析过,但也不断会有新的问题出现以供研究。即使是分析过的问题,如果新的分析能导致新的见解,也是创新。比如说,在美国次贷危机发生之后,涌现了研究这一社会现象的无数文献。即便原理和过去的类似,但是对一些具体的新机制,以及危机的整体宏观影响,利用这些原理产生了很多更深入的分析,加深了人们的理解,并导致了政策的变化。

第二,尽管最终两者不矛盾,但对于刚开始学习做研究的学生来说还是需要回答下面这个关键问题:应该先从学习文献本身引出选题还是通过观察现实来发现要研究的问题?

实际上,有些人更偏向于从问题出发,先发现许许多多有趣的现实问题,然后选取其中有潜力的,对它们进行建模或者数据分析。比如著名经济学家范里安(他的《微观经济学:现代观点》作为教材被许多学校使用)曾经写过一篇相关文章——《如何在闲暇时间构建经济学模型》①。在这篇文章中,范里安介绍了他自己多年做研究的经验。他尤其强调了应该从现实中找选题,而不是从期刊中找选题。从期刊中的确可以学到知识和技巧,但是学到的基本是其他人的思路和点子(ideas),而不是自己的原创性想法。前人在论文中也会提及一些可供扩展的研究思路,但是他们自己之所以没有做,也可能是他们发现太难或者太烦琐。所以,他建议人们在现实中观察那些有趣的现象,然后对它们建模进行分析,挖掘出更深层次的含义。

能做到范里安所建议的那样当然是极好的。不过以我们自己的经验,我们发现如果一开始就这样做可能做不到,对初学者来说尤其困难。因为初学者可能不知道相关问题是否被分析过,是否能得出新的有价值的成果。需要对文献有较好的了解才能更有效地做出判断。同时,想对观察到的问题进行分析,前提是要掌握相应的分析技术。比如说,分析次贷危机,根据具体内容的不同,可能需要合理运用各种不同的方法,比如根据博弈论建立微观模型、根据随机一般均衡模型建立宏观模型,或者用计量方法进行回归分析。掌握这些不同的技巧,需要有较

---

① 这篇文章可从以下地址免费下载: https://people.ischool.berkeley.edu/~hal/Papers/how.pdf。该文章也曾以期刊文章的形式正式发表: Varian, Hal R. 1997. "How to Build an Economic Model in Your Spare Time." *The American Economist* 41(2): 3-10。

大的知识储备。

所以，经验给我们的提示是：对于大部分学生，一开始需要先从学习文献和技术入手，掌握符合学术规范的分析范式和技术方法，并了解哪些问题已经被分析过，然后通过将技术应用于一些有意义的问题，在保证可行性的前提下，开始自己的分析过程。当然，在这个过程中也要注意培养自己对现实问题的各种观察和思考，培养自己的经济学直觉能力。随着时间的推移和经验的积累，会逐渐向问题导向过渡，而等到某一天自己会有这样一种能力：看到有趣的问题，就能判断其研究价值和可行的研究方法，甚至预见如何反过来设计恰当的分析模型和过程，从而将技术和问题融为一体，合二为一。这时候范里安提出的寻找选题的方法会更有效。

所以，不管是哪种方法，归根到底，都取决于自己的积累和能力，即使是同一个人选择的方法也会随时间推移而改变。每个人不同的性格、偏好也会对此有影响。我们发现在现实中有些人就是适合通过扩展前人的模型来探究可能发生的结果改变，而有些人则是对思考现实问题更感兴趣，并反过来寻找相关文献，设计分析过程。只要可行，能够得出原创性的成果，那么适合自己的就是最好的。重要的是不忘初心，不要因为多年学习技术而迷失在技术细节里，研究最终要回归分析重要问题。

硕士生选题的一个特别提醒

这里特别提醒硕士生一个注意事项：最好不要用实习时的工作内容来作为自己毕业论文的选题，因为很多时候达不到硕士论文的要求，也体现不出所受的规范训练。原因如下：

由于目前找工作的内卷，不少硕士生需要在毕业之前就早早到一些单位实习。有些人会产生这么一个想法：是否可以把实习单位交给自己的一些工作内容作为自己的论文选题，一方面完成了实习任务，另一方面完成了论文写作，可以节省不少时间。其实这种想法的出发点虽说有点功利，也不能说完全不对，可以说是把所学知识和实践内容相结合。但是根据我们多年的经验，我们发现这种做法往往会导致不少麻烦。关键原因是实习单位的工作内容往往达不到硕士论文所要求的学术深度。如果能够达到硕士论文的水平，当然没有问题。但更多的情况是，实习单位交给学生一些具体的实务分析任务。比如，分析行业走势，预测农产品价格，等等。就这种实务一般学生很难做出有深度的分析。在答辩的时候，有老师对这类论文曾经批评道："从你这篇论文看不出来你在这里学习了多年的硕士课程，完全是本科生培训几周也能够做出的内容。"换句话说，硕士论文最好能体现出你的学习成果，应该有一定的学术深度。实际上，欲速则不达，越是想省时间，在论文写作过程中越有可能遇到困难，因为如果选题一开始就没有可研究的潜力，缺乏深度或比较直白，那么很难符合学术规范。有学生甚至因此未通过答辩，推迟了毕业时间，也耽误了参加工作。

所以，我们的忠告是：在写论文的时候不能什么都想要，想要完成论文毕业，又想省时间偷懒，内心想要的东西太多。沉下心来，从学术要求出发，写一篇对得起自己辛苦考研以及几年硕士刻苦学习的毕业论文。大部分学生事后会发现，这样反而能省时间，反而更能顺利通过答辩并早早参加工作。另外，学生写论文的过程也使自己受到和实习不一样的深度学术分析思维的训练。

  当然，如果在实习过程中真的发现有趣的问题或找到独特的视角，能够写出一篇符合学术规范的论文，那当然值得鼓励。不过最后真正能做到这一点的学生很少。所以建议有这种意向的学生提前和导师沟通好，请导师帮忙把关，以保证可行性和论文质量。

第七章　如何构建理论模型

什么是理论模型

理论模型是依据一个人为构想的框架，用演绎推理的方式，推导出某种结果，以求得其普遍的适用性。

我们在第二章已经讲过，演绎推理包括词项逻辑和数理逻辑。就数理模型而言，自然科学领域的各个学科自然不必说，同时社会科学领域越来越多的学科也在广泛应用。经济学虽然是社会科学领域较晚发展起来的学科，但也在广泛使用数学工具，而且使用的数学工具越来越多样。这可能与经济关系的可度量性有关。事实上，直到19世纪下半叶，因数学家杰文斯（William Stanley Jevons: 1835—1882）的努力，数理方式被引入经济分析。他的《政治经济学理论》（*Theory of Political Economy*）（1862）被欧文·费雪（Irving Fisher: 1867—1947）誉为开创了经济学的数学方法。[①]马歇尔（Alfred Marshall: 1842—1924）被认为

---

① Fisher, Irving. 1892. "The Utility and History of Mathematical Method in Economics." *Mathematical Investigations in the Theory of Value and Prices*. 引自 Wikipedia online. s. v. William Stanley Jevons. https://en.wikipedia.org/wiki/William_Stanley_Jevons#cite_note-3。

是大大推动了以数学方法研究经济学的人。他的做法是将数学符号作为一种速记手段来帮助自己理清思维,并且在还原为语言表达并用现实生活中的重要例子来展示后,将数学推演部分去掉。①广泛使用数学和统计作为主要经济学分析方法的,当属费雪,加之20世纪70年代以来统计模型被大规模引入经济学分析,数理模型已经成为今天经济学方法论的主流。而在此之前,自18世纪现代经济学兴起,历史上的著名经济学家,比如大家所熟知的古典经济学的代表人物亚当·斯密、大卫·李嘉图,乃至后来的凯恩斯、熊彼特等,基本上都是用自然语言来进行他们的理论分析。今天,奥地利学派(以米塞斯为旗帜、以哈耶克和穆瑞·罗斯巴德等为标志性人物的学派)坚持严格按照形式逻辑,从一个先验的(不证自明的)命题开始,运用自然语言进行推理分析。奥地利学派这种方式的好处是因为从一个先验的命题出发进行演绎推理,因此它的推理不会有悖于它的政治哲学基础,并且能与其经济分析协调一致;而目前以数理模型为主要理论研究手段的新古典主义经济学,也是今天经济学分析的主流,主要使用数学建模的理论研究方法。数学推导对前提假设的过度严格要求使得这样的前提假设往往不是从一个先验的命题开始,因此在多数情况下也不能推溯回到一个先验的命题,因此一个一以贯之的明确的政治哲学基础很难与其自洽。

借助数理工具推导和借助自然语言推导的逻辑方式,各有优点。而上面介绍的不同学派的经济学家所侧重的论证方法也有所不同。近些年,随着计算机技术和人工智能的发展,尤其是

---

① Dimand, Robert W. 2007. "Keynes, IS-LM, and the Marshallian Tradition." *History of Political Economy* 39(1): 81-95.

数据可得性的提高，一些经济学家也尝试借助机器学习等新手段来分析经济现象。

目前，经济学和金融学中的理论模型一般是以数理模型的方式构建的，在一定的前提假设下推导出理论结果。所以，首先需要通过一些假设条件创造一个经济环境，然后在此基础上进行数学推导并得出结论。也就是说，结论依赖于模型的假设条件。

这类模型的构建在一定程度上是模仿自然科学（比如物理学、天文学）等学科中的数学模型构建方式。通过这种方式，在一定程度上便于我们用一个简化的经济环境来推导并预测结果，而不是把整个经济的各种纷繁复杂的具体情况都纳入分析过程。毕竟，就影响因素而言，人类社会要比火箭发射等物理问题复杂得多，且人本身就是一种跨维度的存在；人的思绪和情绪瞬息万变，可依据对未来的预期随时改变自己当下的行为，而火箭和卫星等自然物体则不会出现这种复杂的情况。所以，由于社会经济现象很难在实验室那样的封闭环境下进行分离和独立出来，以假设的方式创造一种简化的环境才可能使得在自然科学中运用的分析工具和方法能够在社会科学领域运用。这种建模方法的简化特性使得数理方法在经济学和金融学领域与在自然科学中的应用不尽相同，因为在很多时候为了保持模型的可分析性，建模者可能会把一些重要因素省略掉，而只关注标的因素，从而使得模型所预设的相关因果机制更加清晰。有些分析关心的是某种因果关系的机制，而并不关心模型是否能给出与现实相关的数量结果。所以，在分析一个模型结果的现实相关性的时候，尤其是在将模型结果用于指导现实政策制定的时候，我们需要关注模型的假设是否合理，因为建模者在构建模型的时候关注的可能不是在现实中的具体运用。(正如第二章所说的,这种模型是逻辑正确的,但并不一定与现实相符。)

除了是对数学的运用,理论模型的第二个特点是由简到繁。一般会先假设一个最简化的环境,保留最关键的因素和因果机制①,等分析完最主要的机制之后再增加其他各种假设,进而分析更复杂的情况。

泛泛讨论可能并不能让大家有深刻的理解。为了让大家有一个直观的感受,我们下面会先给出一个理论模型的具体例子。不过需要申明的是,随着各个领域研究的深入和分工的不断细化,理论模型也变得越来越复杂,有的领域甚至发展出自己特定的理论模型模式。所以这里的模型也只是一个特例。不过,通过这个特例,我们可以展示一个好模型的基本要素,这些要素还是基本相通的,可以帮助我们了解一个好的理论模型应该是什么样子的。

一个构建理论模型的例子:戴蒙德－迪布维格银行挤兑模型

我们在考虑选择哪个模型时,美国刚好发生银行危机,2023年上半年硅谷银行、第一共和银行等一些银行破产,并且危机还波及大投行瑞士信贷,导致其被收购。说起银行危机研究,不得不提早期的经典研究 Diamond and Dybvig(1983,他们提出了 DD 模型),恰巧两位作者又凭借该研究获得了 2022 年诺贝尔

---

① 从哲学意义上说,要证明因果机制是很难的。在这一章,因果机制是指设计或者想象出来并通过模型进行展示的因果作用传导过程,并不保证和现实中实际存在的因果机制相符。

经济学奖，所以不妨通过他们的模型来介绍理论模型的特征。[1] 这一简化版的描述主要参考了 *Microeconomics of Banking*。[2] 模型所展示的由简到繁的建模方式是构建经济学理论的一种基本方式，在自己写类似论文的时候可以运用。

模型设定简介

这个模型是一个三期的结构。按照这种模型的惯例，我们把三个时间点表示为 $t=0,1,2$。假设整个经济中存在一些完全相同的人，总人口标准化为 1，每一个个体与总人口相比微不足道，其占比近似于 0。经济中的商品被简化成只存在一种可消费的物品。在 $t=0$ 的时候，每个人得到了一单位消费品的禀赋。如果对经济学不熟悉，可以将其理解为自然界馈赠的果实。（读到这里读者可能注意到模型设定是围绕一些抽象功能进行的，人也是工具人，模型经常将每个个体的功能及相互关系简化到最基本的层次。）

接下来描述人们的最优化目标。经济学中的一个惯常做法是：假设模型中的人致力于最优化一个目标，这个目标一般叫作效用函数，这样就可以以数学化的方式精确求解模型中的人的决策。在这个模型中，假设人们在 $t=0$ 时并不需要消费，他们的消费只在后面两个时间发生。他们要么在 $t=1$ 时消费，要么在 $t=2$ 时消费。但是他们在 $t=0$ 时并不知道自己到底需要在

---

[1] 2022 年诺贝尔经济学奖获得者有本·伯南克、道格拉斯·戴蒙德和菲利普·迪布维格，他们获奖的原因是"对银行和金融危机的研究"。其中，后两位作者最有名的是他们关于银行挤兑模型的论文：Diamond, Douglas and Philip Dybvig. 1983. "Bank Runs, Deposit Insurance, and Liquidity." *Journal of Political Economy* 91(3): 401-19.

[2] Freixas, Xavier and Jean-Charles Rochet. 2008. *Microeconomics of Banking*, 2nd ed. The MIT Press.

哪一期消费，只是提前知道相应的概率。我们后面会看到，这种设计的目的是用不确定在 $t=1$ 时消费来代表对短期流动性的需要。具体概率是：每一个人有 π_1 的概率需要在 $t=1$ 时消费，获得效用 $u(c_1)$，这里 c_1 表示在 $t=1$ 时的消费。我们可以把这些人称为早期消费者（early consumers）或者第一类（type 1）消费者。每个人有 $\pi_2=1-\pi_1$ 的概率在 $t=2$ 时消费，这些人被称为晚期消费者（late consumers）或者第二类（type 2）消费者。就每个人而言，这种概率相同，但个人之间独立分布。从事前（ex ante）的角度来看，也就是在不知道自己到底需要在哪一期消费的情况下，人们应该最优化的目标是预期效用函数

$$U = \pi_1 u(c_{1,早期消费者}) + \rho \pi_2 u(c_{2,晚期消费者})$$

其中 $\rho<1$，是折算系数，表示人们更加偏好当下的效用，所以要将未来的效用进行折算。请注意，每个消费者要么是早期消费者，要么是晚期消费者，不能在 $t=1$ 和 $t=2$ 时都消费，而只能在其中一期消费。

为了使最优化有意义，模型一般都受限于一些生产或者投资技术，接下来便描述模型的生产技术限制。人们一开始在 $t=0$ 时可以对消费品禀赋进行两种处置：一种是直接储存，在这种处置下消费品不增也不减，保持到 $t=1$ 和 $t=2$ 时，并在各期直接用于消费。另一种是长期投资，可以将一单位消费品在 $t=0$ 时进行投资，每单位消费品的投资等到 $t=2$ 时可以收获 $R>1$ 单位的消费品，但是这种长期投资品不能在 $t=1$ 时直接用于消费，如果需要将这种长期投资品在 $t=1$ 时（也就是到期之前）转化为消费品，则将每单位消费品的投资清盘（liquidated）之后只能转化为 $L<1$ 单位的消费品。我们可以看到，这里实际上是用极

简的方式设计了两种资产。一种是消费品，它的跨期收益率低（在本模型中，储存的净收益为0），但流动性高，随时可以用于消费而不用承受损失。第二种是长期投资品，尽管它的长期收益率高，但短期流动性低，如果将其转化为消费品，会受损。这里用抽象简洁的形式来描述，紧紧抓住最本质的特征，而没有陷入具体银行业务。

模型推导和主要结果

这个模型围绕几种不同的市场组织设定依次来展开讨论，分别是：(1) 个体自给自足；(2) 可以进行市场交易；(3) 建立金融中介进行合作。通过比较得出金融中介所具有的功能。下面依次介绍这三种情况下的设定和结果。模型设定示意图见图7-1。

每个经济人有一单位禀赋，I单位用于长期投资，留存$1-I$单位作为随时可用的消费品。	自然界会随机安排一部分人成为早期消费者，他们必须在这一期消费。早期消费者提早清盘长期投资品将其转化为消费品并和留存的消费品一起全部消费掉。	长期投资到期，晚期消费者将收获的消费品和一开始留存的消费品一起全部消费掉。
0	1	2

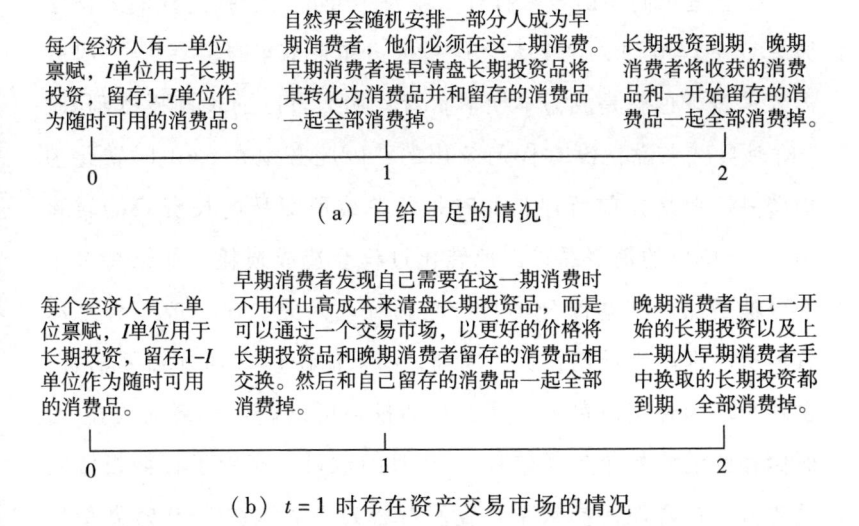

(a) 自给自足的情况

每个经济人有一单位禀赋，I单位用于长期投资，留存$1-I$单位作为随时可用的消费品。	早期消费者发现自己需要在这一期消费时不用付出高成本来清盘长期投资品，而是可以通过一个交易市场，以更好的价格将长期投资品和晚期消费者留存的消费品相交换。然后和自己留存的消费品一起全部消费掉。	晚期消费者自己一开始的长期投资以及上一期从早期消费者手中换取的长期投资都到期，全部消费掉。
0	1	2

(b) $t=1$ 时存在资产交易市场的情况

图7-1　Diamond and Dybvig（1983）模型的时间线和三种情况

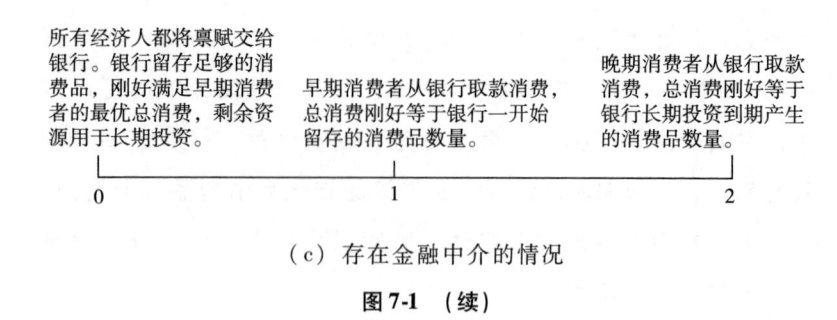

所有经济人都将禀赋交给银行。银行留存足够的消费品，刚好满足早期消费者的最优总消费，剩余资源用于长期投资。

早期消费者从银行取款消费，总消费刚好等于银行一开始留存的消费品数量。

晚期消费者从银行取款消费，总消费刚好等于银行长期投资到期产生的消费品数量。

```
0——————————1——————————2
```

（c）存在金融中介的情况

图7-1　（续）

自给自足也就是每个经济人只能自己独立做出投资和消费决策，并且不和经济中的其他个体发生任何关系。在这种设定下，每个经济人在 $t=0$ 时需要确定将多少消费品用于长期投资，其数量表示为 I 单位，剩下的 $1-I$ 单位则用于直接消费。通过最大化预期效用，可以求解最优的投资和消费数量。

在这里我们用语言来描述一下每个经济人选择过程的经济学原理。在 $t=0$ 时，这个人会这么想：如果未来自己在 $t=1$ 时就需要消费，也就是成为早期消费者，那么自己的长期投资到 $t=2$ 时对自己来说是没有任何效用的，因此必须在 $t=1$ 时转化为消费品。但是如前所述，此时每一单位消费品的投资只能转化为 $L<1$ 单位的消费品，因此转化过程会造成损耗，如果持有一部分消费品，则这部分不会产生损耗。因此，他一般不会把所有消费品都用于长期投资。同理，如果他在 $t=2$ 时才需要消费，也就是成为晚期消费者，那么长期投资可以产生较高的收益 R，而储存的消费品还是原来在 $t=0$ 时的数量，相较于长期投资收益要低。在合理的参数下，我们会看到，个体在 $t=0$ 时做最优决策的时候会兼顾未来的两种可能性，从而把一部分消费品储存起来，而将另一部分用于长期投资。

尽管做出了最优决策，这种自给自足的情况明显是不理想的。如上所述，早期消费者需要把长期投资品转化为消费品，付出成本。而事后看来，晚期消费者则是保留了太多的流动性资产，从而降低了投资可能产生的收益，进而降低了 $t=2$ 时的消费水平。

是否能够通过其他途径或者交易安排对自给自足情况下的结果进行改善？答案是可以。第一种改善方式是允许进行市场交易。更确切地说是，我们不再假设自给自足，而是允许人们在 $t=1$ 时彼此进行交易。具体方式是：那些发现自己是早期消费者的人，可以将自己尚未到期的长期资产项目卖给晚期消费者，来换取晚期消费者手中暂时不用的消费品。在理想状态下，早期消费者通过这种买卖获得的消费品，应该比直接清盘长期资产项目获得的消费品要多。而晚期消费者将手中收益为零的消费品，换成了下一期会到期的长期资产项目，如果价格合适，有可能获得一定的正收益。

事实上的确如此。我们可以证明（数学推导从略），存在一个均衡（所谓均衡，在经济学中一般是指市场价格和人们行为的组合，没有人会试图偏离这个均衡），在 $t=1$ 时存在一个长期投资品交换消费品的确定价格，人们在 $t=0$ 时就"理性地"预期到了未来的这个价格，并做出他们的资产选择。而在这个资产选择下，在 $t=1$ 时市场出清的交换价格的确是人们事先预期到的价格，也就是说，人们的预期是"理性的"。具体行为是：在这个交换价格下，所有人在 $t=0$ 时会选择一个最优的消费品数量和长期投资品数量的组合。然后在 $t=1$ 时，发现自己是早期消费者的人会将他们所有的长期投资品卖给晚期消费者，且按照这种方式承担的损失要小于清盘转化导致的损失。而晚期消费者会用尽他们的消费品在 $t=1$ 时购买早期消费者的长期投资品，并且在 $t=2$ 长期投资到期时获得正的收益，最后他们将自己原先的长期投资品和购买的长期投资品所转化成的消费品在 $t=2$ 时消费掉。

可以证明，比起自给自足，在允许进行市场交易的情况下，无论是早期消费者还是晚期消费者，其消费量都有所提高。晚期消费者用消费品交换长期投资品的方式避免了流动性资产闲置、提高了投资收益，同时也给早期消费者提供了流动性，使他们避免了清盘长期投资造成的损失。

然而，通过数学运算我们会发现，这种安排还不是整个社会能够达到的最优水平（数学运算在此省略）。让我们用语言简单解释相应原理。之所以这种安排还没有达到社会最优，是因为我们假设只允许人们在 $t=1$ 时进行市场交易，而在 $t=0$ 时并没有技术能够使他们联合起来，签订相互保险的协议。因此，人们在最初 $t=0$ 做决策时，会将 $t=1$ 时市场上的交换价格当成是给定的，不受每个个体影响。可以证明，在这种决策方式下人们忽视了保持较高的流动性水平可能对价格的影响以及对早期消费者的益处，社会整体的流动性资产的储量偏低，从而使早期消费者能够消费的资源偏少。如果一开始人们就多储存一些消费品，会增加早期消费者的消费，当然同时会减少长期投资从而减少晚期消费者的消费，不过这种安排从事前的预期效用角度来说反而可能是更好的。那还有什么方法可以实现这种最优的安排吗？答案是发展金融中介（也可以称为银行）。这就是 Diamond and Dybvig(1983) 中的第三种设定。

第三种设定允许金融中介存在，具体设定如下：假设在社会资源和技术的限制下，早期消费者和晚期消费者能达到的最优消费水平分别是c_1^*和c_2^*，那么这个金融中介实现最优配置的安排如下：在$t=0$时，大家把所有资源都交给金融中介。金融中介将$\pi_1 c_1^*$的数量用于流动性储蓄，其余用于长期投资。之所以这么做，是因为并不是所有的消费者都会成为早期消费者。实际上，根据大数定律，只有比例为π_1的人会成为早期消费者，他们实现最优消费水平所需的消费品总量刚好是$\pi_1 c_1^*$，也就是说，金融中介只需要储存早期消费者的总消费数量，并将它们在$t=1$时用来满足早期消费者的取款需求即可，剩下的用于产生收益的长期投资。长期投资品（数量为$1-\pi_1 c_1^*$）在$t=2$时每单位产生R的毛收益率，金融中介将其都分给比例为π_2的晚期消费者，他们的最优消费水平为c_2^*。所以，金融中介通过以上安排可以实现社会最优。

可以证明，这种最优安排是一种纳什均衡。即给定其他人执行均衡下的行为策略，没有任何一个个体会选择偏离均衡。具体来说，在合理的参数下，可以得出$c_2^* > c_1^*$，也就是晚期消费者的消费会大于早期消费者的消费。早期消费者因为只能在$t=1$时消费从而获得效用，所以他们在$t=1$时取款消费c_1^*。而晚期消费者也会遵从最优安排，在$t=2$时才取款消费，因为如果在$t=1$时假装成早期消费者，只能实现c_1^*的消费，因为假设没有其他投资方式，到$t=2$时储存的消费品也还是原来的数量，不如等到$t=2$时再从银行取款，这能实现c_2^*的消费。所以，给定大家都遵守最优安排，没有人会试图偏离，因此金融中介可以实现最优结果。在存在金融中介的情况下结果比允许进行市场交易情况下的结果要好，关键原因是人们在 $t=0$ 时就可以将他们的资源集中起来，并签订协议，安排以后各期所能够实现的消费。

至此，模型已经得出了比较重要的结论。然而，故事还没有结束，作者又进行了延伸拓展，指出以上安排会使金融中介变得脆弱，可能面临挤兑风险。这个结论如此著名，以至很多人用戴蒙德－迪布维格银行挤兑模型来称呼这个模型。

为什么银行会面临挤兑？原因是银行只保留了部分流动性现金来满足短期消费者的需求（也就是说，在最优安排下，实际上实行了现代银行的部分准备金制度，即银行保留的流动性现金储备远远小于银行对存款人的总债务）。具体如下：假设所有人都可以在 $t=1$ 时到银行排队取款，银行无法分辨谁是真正的早期消费者。模型假设取款顺序是先到先得（first-come-first-serve）。给定这一假设，在最优安排下，还会存在一个所有人在 $t=1$ 时挤兑的纳什均衡。给定所有人都在 $t=1$ 时就去取款，可以证明，此时银行会耗尽事先为早期消费者储存的消费品，而且不得不清盘长期投资来满足需求。数学推导告诉我们，银行清盘所有的长期投资还是无法满足所有的取款需要，因此面临破产。所以，任何个体如果选择等到 $t=2$ 时再取款，将无法从银行获得任何东西，而他如果选择提早在 $t=1$ 时去排队取款，按照排队顺序前后随机的假设，他至少还有一定的机会排在前面并能够实现 c_1^* 的消费。因此，在这个时候挤兑也是一种均衡，而且这种均衡是理性的，预期是自我实现的。即如果人们认为其他人会去挤兑，那么他也应该选择去挤兑，而这又反过来验证了原来的预期。

以上银行挤兑模型后来经过无数人的发展完善，其基本理念不断在后续的历次金融危机中得到验证，并指导了现实中政策的分析和制定。

在介绍上述模型的具体架构之后，我们可以更清晰地理解这个模型的设计思路和贡献。这个模型从经济学本质（或者说从抽象意义）来说实际上考虑了以下场景：首先，人们面对流动性不同的资产类别，流动性高的资产收益率偏低，但是收益率高的资产在短期变现时又可能面临较大的成本。其次，每个人面临不确定的流动性需求（流动性需求在现实中主要是指用钱来支付购买或者偿还债务等，在模型中则简化成特定时间的消费品需求，以规避复杂的货币模型），而整体人群的流动性需求的不确定性则相对较小。在这个模型中，流动性需求干脆被简化成早期总体流动性需求是确定的，在保留个体流动性不确定这一点的基础上，进一步简化了模型设定。模型结论主要有三点：第一，自给自足显然是非理想结果；第二，市场交易可以改善结果；第三，金融中介可以实现社会最优结果。

这个模型的理论贡献主要有以下几点。

第一，把人们熟知的部分准备金制度用数学模型明确表达了出来。银行的部分准备金制度（即银行保留的准备金只占存款总量的一小部分）是人们很早就知道的。这个模型设计了明确的机制，用数学加以明确表达。

第二，这个模型说明了金融中介如何实现最优结果，尤其是指出了银行不仅通过部分准备金来提高总体收益，而且可以给予流动性需求者一定的补贴，在模型中体现为在最优安排下早期消费者的消费水平比允许进行市场交易情况下的结果更好。

因为这有点像在保险合同里，被保险人得到了保险公司的补偿，所以在文献中，流动性需求时常也被称为流动性冲击或风险，而把金融中介的这一功能称为流动性保险功能。这种补偿从事前的角度来说提高了整体的预期效用水平。

第三，这个模型还分析了金融中介的脆弱性，解释了为什么会存在自我实现的挤兑预期。这给后续的很多扩展提供了启发。

模型好在哪里

作为一个理论模型，这个模型好在什么地方？以下为笔者的观点，仅供参考。

第一，它围绕一个主题，主线清晰，即一篇文章，一个故事。从模型的理论贡献可以看出，整篇文章都是围绕金融中介的功能这一主题，分析金融中介如何使用部分准备金制度来满足人们的流动性需求并同时投资于长期高收益资产以获得最大的预期效用，最后关于银行挤兑的扩展也是围绕最优安排下金融中介可能面临的风险。思路和主线非常清晰，没有试图讲太多的东西，也没有把关系不大的东西硬放到一起。我们在后面会说到这是写理论文章需要注意的一个地方。

第二，模型构建简单。首先，整个架构简单，设定简单，数学计算简单。模型的简化版本，除了大数定律之类的概念本身，数学推导和运算基本上只用到加减乘除等初级的四则运算。即使是论文原文，模型也是比较简单的。越简单，结果越清晰明了，就越容易理解。

作者将经济关系进行了高度简化和抽象，趋于极致。比如，在现实中流动性的形式可能是货币而不是实物消费品，另外还可能存在中央银行，等等。这些在模型中都被简化掉了，只保留了他们要分析的一些特质，暂时舍弃了其他各种复杂的情况。而更复杂的各种情况之后由很多研究者进行了各种扩展。模型中的个体或机构被抽象到只保留他们最本质的功能和特征的程度。比如银行，作者并没有试图去描述在现实中银行纷繁复杂的各种业务情况，只保留和模型相关的几个基本要素。

第三，容易扩展。首先，人们很容易得出在众多不同方向上的扩展思路。比如上文所提到的，流动性的形式可以是货币，而如果有中央银行存在，它可以在金融危机中向银行提供货币性贷款进行救助，这些都会导致不同的结论。又比如，在发生金融危机时，限制挤兑的金额会如何？众人排队最后平分会如何？是否对平抑挤兑有所帮助？如果银行预见到可能会发生挤兑从而事先多保留流动性资产会如何？如果有存款保险制度会如何？多家银行存在彼此间的借款是否会导致风险扩散？非银行的企业借短期债务来支持长期投资是否也会面临类似的情况？等等。其次，就这个模型的数学架构而言，对于不同的扩展内容，在数学建模上处理起来比较简单。原因是这种三期的简单结构对扩展来说非常友好。一般来说，常见的安排是：在 $t=0$ 时可以有不同的初始融资安排，而把各种危机的发生安排在 $t=1$ 时，在 $t=2$ 时则各种项目到期，还清各种债务或者支付各种投资收益。这样的架构步骤不多，不是无穷期模型，人们的最优决策容易分析，用博弈论等方法也容易处理，不会因为试图要解决太多期的最优决策或者经济动态而使整个模型过于烦琐。所以，很多学者在原始模型上进行扩展，并将这个三期架构用于很多其他领域的分析。

也就是说，一篇理论论文如果有开创性的思路，同时构造分析又简洁，模型架构又便于后人扩展，那么最有可能成为经典论文。

这篇论文就是一例，比起大多数论文几十次的引用量，这篇论文被引用了 4 553 次。①

构建理论模型的一些注意事项

我们用上一节的例子来说明了：（1）一种理论模型的样式；（2）一种抽象的方式；（3）如何从最简化的形式逐步拓展。但是，我们一再强调，随着领域的细分，不同领域有不同的理论模型构建方法，相差很大。另外，不像物理学家计算火箭发射轨道，经济学等社会科学领域的一些理论模型的构建经常有很大的自由度，构建方法和具体取舍取决于作者，每个作者完全可以有自己的方法和风格，主观色彩明显，有时甚至是作者的一种审美偏好。所以理论模型的构建没有标准形式，大家还是需要深入到各个细分领域进行学习。不过，不同的理论模型在一些地方是共通的，比如需要注意的一些容易迷惑的地方或者容易犯的错误。下面我们根据自身的经验列出了一些注意事项。

关于如何运用数学

第五章已经说到，在目前主流的经济学和金融学研究中，进

---

① Diamond, Douglas and Philip Dybvig. 1983. "Bank Runs, Deposit Insurance, and Liquidity." *Journal of Political Economy* 91(3): 401-19. [2024-01-22]. https://econpapers.repec.org/article/ucpjpolec/v_3a91_3ay_3a1983_3ai_3a3_3ap_3a404-19.htm.

行理论研究的主要方法是建立数学模型（也有人称之为数理模型），进行推导分析。

在这个过程中，首先需要认识到，在研究中数学并不是像我们在中学那样纯粹用于推导并计算数量，从这个角度来说，在非自然科学领域使用数理工具在更大程度上是将其作为一种思考方式，尤其是利用函数关系，借用数学的逻辑过程进行演绎推理。推导过程当然也可以用自然语言来论述，但是在很多理论模型里，尤其是在定性模型里，数学工具实际上是代替自然语言来描述经济设定并帮助推导逻辑结果。数学符号指代的定义方式有时是过于简化了，以至使事物性质大打折扣，但是这样的符号推导可以使逻辑过程更加清晰。当然，在一些偏量化的模型中，数学工具的确是用来计算数量的。借用数学的逻辑推导方法来尽量保证思考过程的严密，实际上是目前主流研究大量运用数学工具的最大原因。

所以，运用数学建模方法的一个最大好处显然是使得逻辑清晰，同时也会带来清晰的模型结果。比如在戴蒙德－迪布维格模型中，可以用数学结果来比较各种不同设定下人们的决策和社会福利结果。尤其是在需要分析比较复杂的情况时，更需要借助数学工具。比如在面对有不同消费能力的消费者时，商家如何进行价格歧视以获取最优利润。又比如在拍卖问题上，每个拍卖参与者如何根据对其他拍卖参与者的预期最优确定自己的出价，以及卖家如何根据众多买家可能的策略来最优制定自己的拍卖规则。这类问题很难凭借直觉来思考，借用数学工具是必需的。实际上，在很多时候，我们往往首先利用自然语言逻辑来进行思考，指导我们的数学建模。但通过数学分析能够使我们理清之前没有弄明白的细节，从而使我们的想法逻辑更加清晰。因此，自然语言逻辑（类似于经济学的直觉）和数学分析逻辑在建模研究过程中是一种互相促进的关系。

其次，数理研究方法在弄清楚局部细节问题方向能够提供特别的帮助，并培养人们的数理逻辑能力。运用数学建模方法需要对前提假设进行清晰的界定，所以对于一些复杂的问题一般是将其分解成很多个局部的细节问题进行研究。这有助于我们将每一个局部的细节机制（这里的"机制"是指经济学中作用的传导过程）彻底弄清楚，同时培养我们的逻辑思维能力。我们在现实中经常看到一些似是而非的经济分析和报告在解释某些因果关系，我们如果一步步推演每一个传导步骤，可能会发现其中存在的很多逻辑漏洞。

最后，进行数学建模需要清晰界定问题这一特性有助于学术界的讨论聚焦问题。在现实中大家常常可以发现这样的情况：一方说 A 很好，另一方可能会反问：难道 B 就不好吗？然后双方可能陷入鸡同鸭讲的困局，就在逻辑上并不矛盾的两个观点争论不休。而在很多情况下争论的双方根本不在同一个逻辑语境里。数学建模的一个好处便是，可以强制争论的双方在同一个逻辑语境下探讨思考同一个问题。因为采用数学表达方式时，一旦大家对数学表达式所包括的元素清晰定义并认同，推导过程就会十分清晰，不容易发生概念混淆。如果有反对者觉得一个模型的假设或者推导过程有问题，可以明确指出，并且可以用不同的假设或者正确的推导步骤加以修改，并推导出明确的新结论。正是因为数学的这种特性，数学建模方法大大提高了学术界进行讨论的效率。

当然，数学建模这种研究方法也有局限性，需要正确运用。

第一，对复杂问题的研究受限制。不得不承认，数学工具相对于现实的经济问题，首先要做的是一种高度简化的符号化。对复杂问题的研究受限于数学语言本身，同样受限于数学逻辑建构。同时，为了保证机制的清晰性，模型的复杂程度就必须受到限制，或者借助一些比较强的假设来简化模型。这也是为什么目前的数学工具比较适合研究局部微观问题，对于一些复杂的问题，尤其是宏观问题，数理这样的分析工具显得难以应对。即使尝试建了模型，模型也会比较臃肿和难以理解，进行扩展也比较困难。

第二，需要花费大量时间培养学生的建模能力，与非专业人士交流日益困难，这些对社会和专业领域而言都意味着交易成本的增加。随着模型变得日益复杂，一个后果就是和非专业人士的交流变得日益困难，因为非专业人士很难理解这些模型。如果不能将研究结果转化成通俗的语言和社会进行交流并使研究结果得以匡正，就会造成学科话语权的下降，因为人们一旦发现研究结果与自己对现象的认知相反或难以就研究结果进行交流，那么对这个领域研究结果的关心程度也会降低。而对于经济学这种并非因"无用之用"而彰显其对人类的价值的学科而言，处境就显得相当尴尬了。对于要花大量时间和精力进行这种训练的学生和学者而言，这也意味着机会成本的大幅上升，以至忽视对经济学直觉的训练和失去对经济现象深入观察和思考的能力。

第三，忽视了假设合理性而造成理论误用。初学数理经济理论的时候，我们可能会折服于通过这种方法推导的严密性和清晰性，并对这种方法着迷。但是我们可能会忽视一点：推导方法的严密性并不意味着理论的正确性，理论是否合理还需要看假设是否合理。我们所说的"对""错"，并不是指原模型存在数学推导错误，而是指其逻辑结果可能在很大程度上依赖于某个假设。在这个意义上，尽管理论推导过程是"对"的，但对于我们的问题却是"错"的。换句话说，除非我们可以证明数学语言所呈现的逻辑规律与社会人与人的经济关系中的逻辑规律无异，否则我们不能不对依赖于数理方法保持限度。

比如说，在戴蒙德－迪布维格模型中，就模型目的而言，一开始假设不存在央行，这没有任何问题。但如果我们想分析现实中金融危机时的救助政策，那么央行发放货币性贷款显然是一个重要的救助途径，那就不能照搬原来的模型了。

再举一个例子，因为这个例子曾引起很多的争论。这个例子是关于国际贸易中的比较优势理论。根据比较优势理论，每个国家应该专注于其相对占优的生产分工，并和其他国家进行交换，这样可以提高社会福利。我们在这里用一个简化的例子来说明（设定不追求特别严密）。我们把社会中的工作简化为两种：一种是生产简单产品，不妨把产品叫衬衫；另一种是生产高级产品，不妨把产品叫飞机。我们又假设社会中有两个人：一个是普通的高中生，他目前啥也干不好，造飞机基本不会，做衬衫的效率还算凑合。另一个是聪明的工程师，他做衬衫的效率和高中生一样，但是造飞机的效率要高出好几倍。比较优势理论大致告诉我们，在造飞机方面，工程师的效率要高出高中生好多，但是在做衬衫上相差无几，所以工程师应该去造飞机，而高中生应该去做衬衫，然后换取各自所需，这样可以使每个人都更好，社会福利最大化。这比让高中生以低效率去造飞机而让工程师去做衬衫要好。这一理论经常被用来解释国家之间的分工和贸易。当然，实际的理论会比这个例子复杂，还可以加入人口禀赋、技术及资本优势等因素，但原理是大致相同的。这一理论告诉我们，为什么我们国家以及类似的一些发展中国家会在很长的一段时间内用玩具、衬衫等产品去换取发达国家的飞机等高级产品。

但我们是不是应该按照理论结果开展生产和贸易，是不是应该永久生产廉价的衬衫来换取飞机呢？凭借直觉，我们就可以意识到这肯定有问题。这也是我们为什么要用"高中生做衬衫，工程师造飞机"这个例子而不是教科书中常见的国家禀赋之类的例子来进行说明。因为"高中生做衬衫，工程师造飞机"就是我们身边的例子，家长让孩子上高中，肯定盼着孩子接着上大学，不断进步。所以，有常识的人会马上认识到，肯定不能说一个高中生就应该永远在工厂打工。经过学习，谁敢说他以后不会出人头地呢？高中生变成工程师，比现在的工程师还优秀，这不是很常见吗？在现实生活中，年轻人在工作上超越前辈这种情形难道还少吗？

所以，用死的理论来指导国际贸易甚至产业建设显然是有问题的。问题出在哪里呢？就在于原来的理论是一个静态的结果。模型一般假设初始的禀赋（或者每个人的优势）是不变的，但在现实中每个国家是由无数国民构成的，他们的能力通过不断学习是在变化和提高的。所以，原来的假设对模型本身的目的（解释给定不同禀赋或者比较优势时如何交易）而言，是"对"的，模型推导没有问题。但如果用来分析指导动态的长期过程，则是"错"的，需要将每个人的优势条件修改成可以通过学习实现进步的动态过程。

修改了假设之后，那么很明显，一个高中生不会只能在工厂打工赚取辛苦钱，他也能通过学习知识来获取更好的工作、赚取更高的报酬。这也是为什么我们的国家目前致力于沿着国际分工价值链往上攀登，参与附加值和报酬更高的分工部分。目前一些发达国家和我国之间的主要矛盾也因此而起。

幸好我国没有按照静态的理论来指导发展。在我国政府和人民的共同努力下，多年来我们实现了制造业的不断升级。出口从多年前以原料和初级加工品（比如玩具、衣服）为主，逐渐向机电产品等制造业产品过渡。尤其是当下汽车出口位居世界第一，很多制造业行业全面升级，新能源以及以华为为代表的半导体行业也在不断突破，在出口中变得越发重要。其中涉及的就是要素，如资本、劳动力等在数量上的增加和在质量上的提高。这也是一个教科书式的例子。

所以，当我们观察模型的时候，必须深入，也必须跳出。一方面是能够深入模型进行仔细分析，另一方面是能够跳出模型看到整个逻辑过程及其局限性。不能因为数学推导的清晰性而盲从，被它禁锢了思维。

尽量选一个有思想和有见地的题目

一个理论模型最重要的还是模型背后的经济学故事和机制。最好是人们阅读你的论文之后觉得所讲的故事有意思，能获得一些见地(insight)。总而言之，人们发现从你的论文中学到了一些新知识。

论文写作最大的挑战是不要让人们觉得这个故事的结论非常明显直白，不需要通过一篇论文来进行分析，这是要尽量避免的。相反，故事结论和人们的直觉相反，但是阅读你的模型分析之后人们又觉得你的结论是对的，这就比较有趣了。当然，我们不是建议大家刻意去追求这种效果。

要有明确的主线问题，不要堆砌前人的扩展过程

前面说过，一种比较常用的开始做研究的方式是对前人的模型进行扩展，改变假设、引入新的设定，看结果如何变化。但这种方式也会带来一些问题，有学生发现一些扩展研究前人已经做过，因此便会试图把各种扩展研究的设定堆在一起，结果是使模型变得复杂和臃肿。这种尝试并不是围绕一个问题、一条逻辑主线展开，所以无法明确指出对标的问题和理论的贡献所在。比如有的学生在建立宏观经济学模型时，会把财政政策、货币政策、汇率政策、借贷限制等前人研究过的重要因素整合到一起，不仅没有明确的主轴，且整合难度高，很难写出一篇有意思的论文。当然，前人的一些重要文章也可能综合了多个扩展研究的设定，但他们是围绕一个主线问题展开，具有明确的创新贡献。所以，关键问题是：模型是否有针对性地回答一个研究问题，各种扩展是不是围绕回答这个问题展开的？是不是得出了新的结论并做出了新的创新贡献？如果是这种研究，就不是简单堆砌。无论如何，不管我们是怎么开始我们的研究的，最后呈现出来的都必须是围绕一个主线问题展开研究。

不要直接照搬其他论文中的模型设定

有些学生在学习前人论文的时候没有仔细分辨前人模型中各

个组成部分的功能，有时直接把它们都照搬过来，这种方式是不妥当的。因为理论模型并不是机械式的，而是带有一定的自由度。其中某些设定是根据所要分析的问题有针对性地设计的，而你和前人所分析的问题不同，照搬过来就是张冠李戴。

举个例子，曾有一篇研究石油价格波动对国内产出影响的学生论文初稿，初步建模发现石油价格增长对人们的石油使用量的影响并不大，令人困惑。但把论文中的每个等式都逐一看过之后，发现原因是学生直接照搬了前人相关论文中关于石油使用和碳排放之间关系的一些设定。具体来说，最简单的描述碳排放限制的方法是在模型中假设人们在生产时使用的石油不能超过总产出的一个比例，结果是形成了一个数量性的限制。如果这个上限比较低的话，那么人们平时的石油消耗量就受制于这个上限，而不是受制于价格。自然，当价格上涨不足以让人们的石油消费降低到低于这个上限时，对石油的利用就不会发生变化。很显然，这个数量性的限制是前人为了描述碳排放限制而特别设定的，服务于他们的特定目的。那么自己在设计模型的时候就要把这种设定去掉，并从自己特定的目的出发，对模型进行新的设计。

所以，模型是服务于特定目的的，不能照搬，你应该根据你的目的对你的模型进行有针对性的设计。理论模型的结果在很大程度上依赖假设，若照搬不合适的假设，结果也很难合理。

深层次抽象意义上的理论机制要和前人的有所不同

理论模型需要对模型中的个体及其相互关系在本质意义上进行抽象和刻画。一个理论模型是否有所创新并不取决于我们是否对模型中的个体起了一个新的名字,而是要看在抽象意义上本质机制是否和前人的有所不同。

举个例子,比如说新冠疫情暴发后很多人试图研究新冠疫情对经济的影响机制。初期建立的一些模型和过去针对自然灾害影响的模型非常相似,按照原来的自然灾害模型,自然灾害(洪水、地震等)是以一定的概率出现的,自然灾害会对生产率和社会产出产生一定的负面影响,并持续一段时间。而在一些人新建的新冠疫情模型中,机制是相同的,新冠疫情以一定的概率出现,新冠疫情会对生产产生一定的负面作用,并持续一段时间。甚至连描述冲击的数学公式都是一样的,只不过在之前的模型中冲击被称为自然灾害,而在新的模型中冲击被称为新冠疫情。换句话说,只不过是原来的数学变量换了一个称呼。严格来说,这种设计在理论意义上不构成创新,因为本质上并没有新的思路和贡献,无非是说可以用原来的自然灾害模型来描述新冠疫情的情况,并没有反映新冠疫情其他比如更接近瘟疫的特性。所以,必须从本质特性出发去理解不同事物之间的关系。如果只是换个称呼,那么并不是新的机制,有可能在本质上两个事物底层的机制还是一样的。

这种问题怎么解决呢?观察并找到事物的本质特性!发掘新问题特有的性质,以此考虑新的机制和路径就显得尤为重要。比如说在新冠疫情的例子中,疫情可以通过人与人之间互相传染而传播,这种特性可能是自然灾害所不具有的,可以对此进行描述,并进一步讨论防控措施一些新的利弊。

总之,必须从底层和本质意义上去了解并抽象理论模型中的机制。其实,数学建模这种研究方法也有助于我们领悟这一点。

如果两个事物只是称呼不同，但用于描述它们的数学公式非常相似，则它们在本质上可能是非常相似的。这也提示我们，本质要有所不同，至少最后的数学关系描述要有所不同。

千头万绪？分离出机制，理清逻辑顺序，从简单到复杂

前面在介绍戴蒙德-迪布维格模型的时候我们曾强调，构建理论模型的一种有效方法是先构建简单的基础模型，然后逐步进行扩展，提高模型的复杂度。这种从简单到复杂的构建方式符合人们理解问题的一般方式，也能使我们弄清楚每一个机制所起的作用，而不是很多机制混在一起分不清它们各自的作用。①

可能有不少学生一开始的时候误认为理论模型就是要把现实中的各种复杂因素整合在一起，然后用复杂的计算机程序去模拟出数值结果，就像是计算卫星运行轨道或者预测天气那样。抑或是类似于一款虚拟游戏的程序，把越来越多的现实因素加到游戏里，模拟出社会的运作方式。但他们后来发现做经济学理论研究不是这样的。

事实上，按照一些理论学者的观点，理论研究的目的并不是最大限度地拟合现实，而是理解某些机制的因果作用过程。因此，目前学术界开展理论研究常用的方法，是先把各种其他机制排除掉，孤立出一种机制，从头到尾把这个标的机制的因果作用过程研究清楚。研究清楚了这个机制之后，再把其他机制

---

① 前面也提到过，所说的机制是设计或者想象出来的，并不保证模型抽象出的因果关系就一定是现实中的因果关系。有时候逻辑正确并不表示因果关系是正确的，对此我们在最后一节有更多的讨论。

逐一纳入，比较它们共同运作的时候会产生什么样的新作用、新情况和新结果。只有这样从简单到复杂，才能看清楚每一个机制所起的作用。如果一开始就把现实中的所有因素都放到一个模型中，那么所导致的结果多半是所有因果机制的作用过程完全混在一起，结果就好比是一团糨糊，无法看清楚任何一个机制的作用过程。

理解了上面的理念，我们可以得到以下进一步的启示：进行理论研究先从主要机制开始。第一步要做的就是分离出你认为重要的几个机制，然后单独进行分析，先从你认为最重要的一个机制开始。相应地，建模时，保留主要机制，其他机制可以先简化。在把主要机制分析清楚之后再考虑引入其他机制进行综合分析。

我们发现在论文答辩时一种常见的现象是，有些学生为了显示论文达到一定水平，有时候会把一堆复杂机制放到论文中，但弄不清它们各自的作用，其实这并不是一种好的策略。比如说有的学生写宏观类论文，模型包括好多种机制，最后论文用数值模拟来展示某个经济冲击对经济中各种变量的影响。当我们问每个机制在最后的结果中所起的作用时，他们支支吾吾回答不出来，说是电脑得出了最后的模拟结果，但自己并不知道到底具体是什么机制导致的，而这就失去了做理论研究的意义。

保持模型的简单，非关键处简化，加入新设定要简化掉旧设定

为了保证分析清楚主线故事的因果机制，对非主线的一些设定做简化处理是必需的。

比如在针对金融危机如何导致银行信贷紧缩的模型中，一个关键设定是银行放款能力下降，而银行放款能力下降的主要原因是银行坏账损失增加导致银行自有资本水平下降。由于在金融危机中很难从股市上融到新的资本，银行补充资本金存在困难。所以银行补充资本金存在困难，很难从金融市场融资，是这类模型的一个必要设定。但是如果要仔细刻画银行从股市融资存在困难的具体原因，则涉及不对称信息下的博弈，以及金融市场参与者和银行的一系列复杂决策问题。这也是一开始研究此类问题的一些学者感到建模比较困难的地方。

后来，著名的经济学家清泷信宏（Nobuhiro Kiyotaki）采取了一种简化的方法来克服这一困难。他在研究中遇到了同样的问题：为了使模型机制能够运作，银行必须无法融到足够的新资本。他的模型对此直接用了一个简单甚至有点"粗暴"的假设：直接假设银行每一期只能新融入某个比例的资本。他就通过这样一个简单的数学比例关系解决了问题。这样的处理方法虽然简单直白，但提示了一个重要原则：保留对主线或者关键机制的具体刻画，把非主线或非关键机制进行简化。这种方法看似简单，但是却让一些研究者学会了如何处理此类问题，从而摆脱了对细节问题的过度纠结，实际上是很有启发性的。

对此，他直接总结为：（1）对非主要机制进行简单假设来限定，这样做不影响主线分析；（2）他自己有一个建模原则，那就是"One assumption in, one assumption out"，意思是如果加入了一个新的假设，就要从原来的模型中去掉一个假设。即如果加入了一个新的设定来考虑一个新的结果，就要把原来模型中另一个比较复杂的设定加以简化。只有这样做，才能够使模型不会变得越来越复杂，保持整体模型的简单，使我们所关心的主要机制还是得到比较清晰的分析。希望他的这些话也能给大家有益的启发。他的这种处理方式也从侧面反映了"简化"这个问题，就是将事件分解成适合我们进行理论构建，这其实也是一种思维的构建。

所以模型构建并不是死板的，这和自然科学领域的一些数值计算模型很不一样。经济学、金融学的一些理论模型，实际上是在高度简化的基础上用数学工具对主要机制进行刻画和分析。因此，可以在一定的自由度上进行模型的自主设计。什么东西需要强调，什么东西需要简化或忽略，强调的东西用什么数学方法来刻画，在这些方面都有很大的自由度。这也是为什么不同经济学者的理论模型在很大程度上带有个人的风格，比如清泷信宏构建的模型就有他自己显著的个人风格。这可能就是为什么自然科学领域的学者认为经济学不是科学的原因吧。

代入读者视角，多解释直觉

为了使读者更好地理解论文模型，需要时刻提醒自己：代入读者视角，多解释直觉（即理论背后的直观原理）。

第一，时刻提醒自己读者并不了解你的文章，多把自己放在读者的位置。作者长时间沉浸于自己的论文，对论文中的各种细节都了然于心，所以一个很容易犯的错是认为自己的论文很好理解。但对于读者来说可能就不是这个样子了。最好时刻提醒自己读者并不了解你的论文。所以我们必须以尽可能清晰的方式，向读者解释清楚。尤其是每写一个部分的时候都必须提醒自己，读者时刻都在从前一部分的内容和知识过渡到新的内容和知识。因此，要避免犯一个错，那就是没有介绍的概念不能想当然地认为自己介绍过了。有一些学生在论文中提到某个概念的时候以为自己介绍过了，这其实是因为他们自己对整篇论文比较熟悉，而实际上这个概念到后面才介绍，读者看到会觉得非常费解，这种情况要避免。另外，在论述的时候也要时刻避免思路的跳跃，把自己代入读者的视角，看看能否流畅地从已知的知识过渡到未知的知识。不要突然跳到一些新的概念。

第二，尽量多解释直觉。比如说，经济学理论文章的数理特性（其实现在社会科学领域的很多学科都至少引入了统计模型）需要经济学硕士和博士论文尽可能多解释经济学直觉，也就是用自然语言来解释基本的经济原理。其中包括模型的各个部分为什么这么设计，如此设计是为了对应现实中什么样的经济学特性，模型的各种结果所对应的经济学原因和机制是什么，模型是如何与现实发生联系的，等等。我们不能仅仅提供数学证明。

尤其要注意的是，在论文中尽量避免出现大量的数学符号。首先，就模型设计和推导过程而言，只需要在正文中展示最关键的数学公式，告诉读者整体的思路，而具体的数学推导过程尽量放到论文的附录中，这样可以避免数学公式太多对阅读和理解论文形成干扰。有一些初次写论文的学生往往把一些具体的推导步骤大篇幅地放在正文中，以显示文章有一定的深度。实际上，这种写法并不利于有效沟通。其次，在结果展示部分，也可以把结果归纳为一个个命题，然后将命题的数学证明放到附录中，而在正文中着重以通俗的语言对命题的结果进行解释，把背后的经济学直觉告知读者。请时刻记住：我们的目的是使读者更容易理解我们的论文结果。所以"命题1，解释；命题

2，解释……"这种方式构成了"结果，原因解释；结果，原因解释……"这么一种迅速有效展示结果的过程结构。如果在正文中展示大量的推导过程，反而会打断读者的阅读思路，读者没有必要了解推导细节。最后，正文中各处的描述性解释，除了必要的数学公式外，应尽量用自然语言而不是数学符号来表达含义。人类的大脑天生更适合理解自然语言。数学符号是对思维的符号化，当人们的眼睛看到大篇数学符号，而且背后还有各种预设连接代码关系，大部分人是无法一下子理解相关含义的，而这是很自然的。所以，能用语言直接说明白的地方，千万不要用大段数学来故意弄得晦涩难懂，以显示"高大上"。这是不可取的。

在此，我们对本硕博毕业生提一个建议，像毕业论文这种篇幅限制不严格的，尽量把你想要让读者理解的东西直接用文字告诉他们，不要用暗示的方式，也不要假设读者读了你的论文之后能够领悟出你想要他们理解的结果。比如说，如何看图？应该看哪一幅图？从哪一幅图中看出什么结果？这个结果应该如何理解？诸如此类。可能你会觉得读者在完整阅读你的论文之后会有相应的领悟，但这其实是因为你对自己的论文非常熟悉。而读者不熟悉，在有限的时间内读者很难做到快速熟悉并领悟。所以，如果篇幅限制不严格的话，尽可能把对模型的各种理解直接告诉读者，不要预设任何的暗示或者悬念。

当然，如果是要给某些期刊投稿，那么因为有些期刊对篇幅有严格的限制，上述方法就要相应改变。比如说某些解释需要压缩，只能直接展示最后总的模型，而不能从基础模型开始展示。这些都需要根据具体要求进行相应的调整。但总的原则不变，那就是尽可能使读者更容易理解你的论文内容。

合适的模型，合理的假设

有了前面对理论建模的介绍，这里最后说明如何针对特定问题选择合适的模型种类和模型假设。我们在前面说过，模型必须根据所要分析的问题进行有针对性的设计，那么第一步就是选择合适的模型种类。对于特定的问题，用这类模型可能很合适，用另一类模型可能就不合适。

选择合适的模型种类

比如说，近些年随着各种电子货币的发展，出现了一种叫央行电子货币的新事物。这也引起了大家的关注，引起了人们的研究兴趣。如果一名学生只是想研究央行电子货币对其他支付方式形成的竞争压力，那么用一个单期（或者期数很少的）微观竞争模型就可以解决问题，没有必要使用诸如动态随机一般均衡(DSGE)模型之类的多期整体宏观模型。DSGE模型是宏观经济学研究中一种常用的动态模型。这种模型简单来说主要是用代表性人物和机构来简化整个经济体系，然后研究经济冲击对经济整体动态的影响。其关注点更多的是生产、就业等宏观变量的多期动态变化。当然，如果是研究一些经济架构对经济整体动态的影响，那么用这种模型是合适的。但如果只是从微观局部角度研究各种支付手段之间的竞争，那么用微观模型更加合适。这里之所以用DSGE模型作为例子，是因为这种模型的技术门槛相对较高，一些学生经过学习之后觉得可以显示自己掌握了一定难度的知识，有时候不可避免地会运用这种模型来研究一些不合适的问题。尤其是一些偏微观的问题，用整体宏观模型是没必要的，只会使你的整个模型变得臃肿，使细致的微观问题得不到深入的分析。

又比如，如果要分析房价上涨对经济的影响，那么一个短期模型可能是不合适的。因为在短期我们看到的是房价上涨会促使人们恐慌性地购房，因此房价上涨在短期内可能使经济繁荣，拉动了与房地产相关的各个行业，人们的收入增加，政府税收充足，看上去各项数据都很好。但如果用一个长期模型，结果可能有所不同。比如把时间拉长，加入多代人，那么我们可能会看到购买房产使众多家庭的长期负债上涨、消费能力下降，从而在较长一段时间内导致人们的消费能力不足，经济增长受到抑制。更可怕的是，房价上涨可能导致人们的婚育观念发生改变，很多人对未来失去希望，可能不婚不育，造成人口下降，使长期的经济发展失去动力。时间一长，对房产的需求下降，一代人老去之后他们的房子传给后代，那么房价长期可能就会下降，被房地产拉动的各个行业的相关需求可能在长期也会下降。更重要的是，人口结构变化造成的老龄化加重会成为一个长期问题，可能会影响经济很多年。所以，对于这种问题用一个长期模型才能够使我们更清楚一个政策的完整效果，才能够做出更正确的取舍。

选择合适的模型假设

上面说的是选择模型大类，而在选择了合适的模型之后，在设计模型结构的时候要针对所分析的问题选择合适的假设（这里的"假设"指的是关于模型的一系列前提设定）。比如说我们想研究经济危机所导致的大规模长时间失业问题（比如美国大萧条等例子），那么初代DSGE动态模型——也叫作真实经济周期模型(Real Business Cycle Model)中的那些假设肯定是不合适的。因为初代模型假设整个经济是完美的,所有人都对经济过程有着完美的知识,经济中没有任何摩擦,人们每一步都针对未来的预期做出最优的选择。在这种模型中,如果人们减少工作时间,那也是他们自主选择的。人们选择减少工作时间是因为他们意识到,目前负向生产率冲击使得生产效率暂时低下,工作比较低效,所以趁机先休息一下,等生产效率提高了再增加工作时间。正是因为这种机制,所以有人戏称:根据初代模型,美国的大萧条应该叫作大放假才对。请注意,这种结果不是模型本身的错,因为初代模型本来就是想考察在一个设想的完美世界中人们是如何做选择并如何影响经济动态的。经济学家也知道这些结果是不现实的。[①] 如果我们要考虑失业问题,肯定要引入现实世界中对失业问题影响比较重要的那些机制,比如说不完全信息和有限理性、短期工资向下刚性、长期合同、降低工资影响积极性等。所以,在对模型进行简化的时候,我们必须保留对所分析的问题起关键作用的机制和设定。如果一个模型的关键假设很不合理,那么分析结果也值得怀疑。

这里不得不提以前一种说法,有人认为假设的合理性和现实

[①] 有些人根据一些经济学模型不现实的结论来攻击经济学,其实有时候是他们产生了误解。比如曾在股票投资论坛上看到有本科金融学毕业的人抱怨本科所学的一些金融模型和现实相差较远,尤其是市场有效理论。其实经济学家也知道有些简化模型的结果是不现实的,只不过是把它当成模型发展过程中的一步。有时,为了分析清楚某个单一机制,需要对其他机制做大幅精简。而一些本科生教材可能从介绍知识的角度先介绍一些理想情况下的情形,而学生可能后面没有机会学习更复杂的情况。不过这也反映了本科生教育需要考虑的问题:按照学术研究的知识体系的递进深化过程教授学生知识是否合理?是否会使没有深造机会的学生认为学了一些不够现实、不太有用的知识?这也提示在学习过程中,在理论知识和对现实的深刻思考之间必须取得平衡,两者相结合才能合理理解和运用知识。

性不重要，他们认为，即使关键假设不够现实，只要模型模拟出的数值结果和现实的数值结果之间有较好的拟合，那就说明产生现实结果的那个机制是这个模型所描述的因果过程。我们不认同这种观点。就好比一个医生说，即使不了解真正的病理，只要他设想的一种机制能够模拟出病情发展的结果，那么病情的原因和发展过程就是他所猜测的。但现实是可能存在多种机制，会得到同样的模拟结果。所以，仅从对结果的拟合程度来看无法确定所设想的机制就是唯一正确的因果过程。所以，保证假设的严谨性是对自己的分析施加了进一步的约束。对于治病来说，人们更希望医生能找到真正的病因。而对于经济学等学科来说，应该以医学的严谨程度来要求自己，经济学在一定程度上就是发现并解决经济体系运作过程产生的问题的医生。

对于经济学这类学科，理论的生命力最终需要体现在解释和服务于解决现实问题。这就涉及如何在现实中合理地运用经济学理论这一问题。从之前的介绍中我们知道，所谓的理论模型，实际上是在给定假设的条件下，用数学进行推理的过程，从而得出一系列结果。假设变了，结果也会发生变化。所以我们要学习的是这种经济学思维过程，而不是生搬硬套某种模型结论。

这也意味着，当我们在现实中运用经济学分析方法的时候，不能陷入"教条主义"。相反，必须坚持"实事求是""具体问题具体分析"的原则，对具体的事物进行分析。这是因为结果是基于特定的假设推导出来的，对于所要分析的具体现实问题，原有的模型假设可能并不合适。另外，即使主要的假设是合理的，在构建理论模型的时候出于简化可能忽略了许多在现实中我们认为次要的假设，但在解决现实问题时这些次要的假设可能有比较重要的作用，那么此时就不能忽略那些次要的假设。

多年前，网络上曾出现一些经济学者以某理论是世界著名经济学家提出为由，要求我国也遵照实行，或者自称是著名经济学家的好友，以提高自己提出的理论的可信度。这类用某个著名经济学家来抬高某个特定理论的可信度的方法，屡见不鲜，但是实际上没有意义。首先，大家很容易看出他们的逻辑错误。即因为某人有某种头衔或处于某种地位，所以他的理论是正确的，这种因果连接的基础缺乏科学精神。其次，理论正确与否受到时空条件的限制（虽然我们经常忽略），需要现实世界来佐证（如果有人说理论不用得到现实的印证，那么这种理论就无所谓对错，都只是人脑构建的一种逻辑过程）。在现实中的可行性基于假设是否符合所要解决的具体问题，以及推导过程是否逻辑清晰、严密。实事求是，具体问题具体分析，才是应有的态度。所以，在学习时要时刻保持质疑的精神，这样才能保证正确、深入地理解和运用经济学理论。曾有人这么说，半懂不懂的经济学家容易造成更大的危害。这是因为，他们更可能迷信照搬前人的模型结论，不受理论束缚的有心人则会根据常识谨慎行事。

目前，我国政府和学术界提出要建立中国特色经济学。我们认为，目前一些规范的研究方法，比如数理建模、统计分析等，并不依赖于特定国家。"中国特色"应该更多地体现在模型的前提假设上。我们有自己的国情，比如政治经济的运作方式和其他国家不同，文化传统、价值观、性格和心理习惯也和其他国家不同，这些都会影响模型的设定以及相应的政策效果分析。所以，理论分析要以现实为基础。原则永远是要"实事求是，具体问题具体分析"，这适用于各种经济学分析方法。

第八章　如何呈现理论文章

论文是一个有机体，各个部分各司其职又相互关联，在一个统一的逻辑框架和结构安排下共同完成回答研究问题的任务。因此，我们在写作时需要首先把握论文的整体结构，明确各部分之间的内在逻辑关系。论文不是各部分内容的简单堆砌，如果各部分内容缺乏逻辑关系，会给人东一榔头西一棒子的感觉。理想的情况是每个部分都顺着逻辑链条补充新的信息或证据，使得各部分在逻辑上呈递进关系。也就是说，我们需要从逻辑推演所要求的角度来设计论文结构。当今，在各领域论文均有既定范式，可以多推敲发表在顶级期刊上的论文的结构安排。

理论文章的摘要、引言与正文有一定的包含关系，而模型、主要结果、拓展模型和数值分析这几个部分虽然在内容上相互独立，但是在逻辑上相互关联。首先，摘要是引言的微缩版，而引言是正文的微缩版。因此，摘要是全文的精华所在，它是对研究问题、方法、结论及对所在领域贡献的高度总结。相较于引言，摘要省去了研究动机、文献回顾与论文对比等内容，只取研究方法、结论与最重要的贡献做最直接的总结性陈述。

之所以这样，是因为无论是期刊论文还是毕业论文，一般都对摘要有严格的字数限制，而摘要又是一篇论文阅读量最大的部分，因此我们要在摘要中把自己最重要的成果呈现出来。正如第五章所提到的，摘要的好坏往往决定着读者是否会继续阅读正文。

引言还可以看作摘要的拓展版。相对于摘要，引言还包含研究动机和文献回顾。研究动机是引言中独有的，所以研究动机要足够有说服力，这样才能给人留下深刻的印象。文献回顾是用来支持研究动机与突出研究贡献的。为什么一代又一代的人要研究这个问题？前人是用什么方法研究的？都得出了哪些结论？我的研究与之有哪些不同？回答了这些问题也就自然呈现了研究动机、研究问题的重要性以及研究贡献。除此之外，引言部分还会对研究问题、方法、结果及机制进行总结，与摘要部分相比有一定的重复，但这里会提供更多的细节，以便同行通过这些必要的细节快速评估论文的贡献。

在引言之后，正文一般按模型、主要结果、拓展模型、数值分析这几个部分逐一呈现研究结果，在内容上鲜有重复，在逻辑上呈递进关系。理论文章的主体一定是理论模型的构建及分析，因此模型与主要结果这两部分将占据大部分篇幅，而拓展模型是通过放松假设或加入新的要素让模型更加贴近现实以探讨更具现实意义的问题。数值分析部分处于次要地位，其主要目的是验证模型对现实的刻画能力或进行反事实分析，是理论模型的具体应用，因此所占篇幅不应超过模型及其结论部分。

可见，合理的论文结构有助于呈现内容的层层递进关系。在思考论文结构时，我们需要明确层层递进的逻辑关系有赖于一条清晰的逻辑链条贯穿全文。这就要求在论述方式上诱人深入，如同讲好一个侦探故事，需要主线清晰、有节奏、有呼应。对应到论文写作上，"故事主线"就是逻辑链条；"节奏"就是各部分的篇幅长短以及适当的重复之处；"呼应"就是每一部分都要紧扣研究问题。

例如，当我们提出一个新理论时，我们的研究可能由以下几个部分组成：（1）阐述该研究问题的重要性；（2）依据理论建模；（3）分析模型并回答研究问题；（4）分析模型机制；（5）检验模型的拟合能力；（6）用模型分析实际问题。这样的文章结构所呈现的逻辑推进顺序清晰明确，当我们把各部分内容填充进去时，会发现研究问题被抽丝剥茧，最终达到整体大于部分之和的效果。

除了故事主线，要想文章足够吸引人，学界一般会说我们需要找出这篇文章最大的"卖点"（selling point）。当然，在学界这种说法实际上是指文章最重要的贡献，而不是什么功利性目的。就好比折叠屏之所以可以作为一部手机的"卖点"，是因为这是它最大的特点。明确论文主要贡献的过程会迫使作者不停地与现有文献做对比以求从中梳理出显著差异，再从差异中挖掘论文最重要的贡献。在这个过程中我们不仅要对研究结果做取舍，还要做好研究本身可能会随着写作的需要修改或补充的思想准备。

在进行论文写作时需要遵循本领域的范式，而最好的学习对象就是发表在该领域权威期刊上的论文。其中就格式而言，学校对毕业论文的格式要求往往有别于期刊论文，有些格式要求甚至和期刊论文有冲突。在写毕业论文时需要注意可能存在的差别,首先满足学校对毕业论文的要求。

下面我们将从论文的整体与部分这一视角出发,讲解理论文章各部分的写作技巧。需要注意的是,正如第五章已经指出的,理论文章可分为基础理论型与应用理论型两大类,前者不断探索理论前沿,后者试图将高度抽象的理论应用到具体问题上。两者皆包含复杂的数学模型及分析,阅读对象也更多的是同行,因此在写作上具有很多的相通之处,我们在讲解时将不做具体区分。

摘　要

摘要(abstract)作为论文的第一个部分,可以先写也可以留到最后再写。先写有迫使作者提前思考如何提炼研究问题、结果及主要贡献的优势。后写的优势则是一气呵成,缩短写作时间。因此,先写摘要适用于研究思路清晰且写作经验丰富的人。对于初学者而言,先写摘要可能面临反复重写的情况。在实践过程中,我们建议最后再写摘要。这是因为整篇论文的写作过程就是作者梳理研究结果、提炼主要贡献的过程。作者一开始认为的主要贡献可能会随着写作的推进而发生变化。另外,文字会引发更深刻、细致的思考,写作过程也往往伴随着研究结果的更新迭代或进一步拓展。

摘要主要包括研究问题、研究方法、主要结果和主要贡献这四个部分。理论文章的摘要以陈述理论创新及理论结果为主,这两个部分加上主要贡献会占到摘要篇幅的三分之二左右。即使正文中有定量分析,在摘要中往往也只是用一两句话总结定量分析结果，不会涉及具体的研究方法。具体到写作上，我们建议第一句就开宗明义地讲清楚研究问题及研究方法。提出的研究问题要与引言中的保持一致，总结研究问题的语句甚至可以是基本重复的，千万不要在摘要开头随意加入与研究问题范畴不一致的研究背景等信息。可以通过把引言中的相关内容浓缩为一两句话的方法把主要结果和主要贡献提炼到摘要中。同样需要注意的是，不要在结尾处随意拓展发挥，比如加入研究结论根本不支持的政策建议。

引 言

引言（introduction）是一篇论文的概述，从整篇文章的结构来看，引言和后面各个部分之间是总分关系。引言的篇幅一般为2~3页，过长的引言容易包含不必要的细节，既不能把问题讲清楚，还容易让读者失去耐心，或产生论文写作天马行空的疑问，甚至质疑研究成果的可靠性。而过短的引言会缺少有助于读者评判论文价值的重要信息。

引言作为摘要的拓展版、正文的微缩版，相对于摘要部分扩充了研究动机、文献回顾与论文对比，并对研究方法和主要结果的重要细节进行了更详细的总结；相对于正文部分，引言省略了具体技术细节与推理过程。取舍的关键在于，我们需要总结出模型关键假设与结论之间的关系，以及结论和模型机制之间的关系。

读者对引言的期待是：明确的研究动机、完整的研究方法、重要的研究结论、脉络清晰的文献回顾和突出的主要贡献。上述诸条缺一不可。引言之所以是正文的微缩版就在于它具有完整性。刚开始写论文的学生很容易犯一个错,那就是在引言中提出问题但不给出答案,或者有结论但不总结主要贡献。学生时代的写作训练让我们倾向于在开头充分铺垫、制造悬念,直到结尾才揭晓谜底。这种行文方式虽然符合研究顺序,但是与论文的写作范式大相径庭,值得我们注意。

明确研究动机(motivation)是为了引出研究问题(research question),它将统领整篇文章。这部分和摘要相比看似重复,实则要详细得多。摘要部分只是提出研究问题,引言部分需要用数据、文献等来阐明研究动机及其价值。比如 Mehra and Prescott (1985) 这篇讨论股权溢价之谜的论文是这样开头的:

> 历史上,股本回报率的平均值远远超过短期近乎无风险债务的平均回报率。在 1889 年至 1978 年这近 90 年间,标准普尔 500 指数的实际年平均收益率为 7%,而短期债务的年平均收益率不到 1%。[1]

作者用对比悬殊的数字向读者陈述了现实中一个有趣的谜题,就算不了解经济学,读者也会好奇这种股权溢价从何而来。除了现实中有趣的现象,研究动机还可以来自数据中让人匪夷所思的发现、文献中的盲点、有争议的论题(debate)、未解决的

---

[1] "Historically the average return on equity has far exceeded the average return on short-term virtually default-free debt. Over the ninety-year period 1889-1978 the average real annual yield on the Standard and Poor 500 Index was seven percent, while the average yield on short-term debt was less than one percent." Mehra, Rajnish, and Edward C. Prescott. 1985. "The Equity Premium: A Puzzle." *Journal of Monetary Economics* 15(2): 145-61.

难题(puzzle)等。

有了引人入胜的开头之后,读者自然希望知道相应研究结果(main results)及研究方法(methodology)。这些源于正文的相关部分,在结构上紧随研究问题部分,与其共同形成自问自答的形式。比如,我们可以在第一段结尾的地方先总结一下主要结果及研究意义,之后另起一段总结研究方法。一般来讲,我们的研究方法多少都会延续自现有文献,但在写作上我们要避免"误用传统"这种逻辑谬误,这就需要我们在引言中给出充分的理由,也就是重点强调自己的研究方法的某些特点或独特优势。[①]从"传统"研究方法继承而来的部分加上我们的创新之处,才可以推演出我们的主要结果。我们需要通过模型之间的对比使读者能够辩证分析模型的适宜性。

研究方法总结完之后自然引出主要结果。我们可以总结一些可以直接回答研究问题的重要结果进行呈现。不要试图罗列所有的结果,那样会因为内容太多而破坏整体感。之后,我们要展示结论的合理性。这就依托于对关键假设及机制分析的精准概括。比如,当主要结果取决于某个关键假设时,我们就应该把该关键假设的作用机制及其如何影响结果写清楚。这些分析可能会成为主要贡献的一部分。如果机制具有一定的直觉性,那么应该用自然语言论述。因为一篇创新型理论文章往往会包含晦涩难懂的技术部分,所以用直觉性更强的自然语言进行论述一定有助于读者理解。

在引言的最后,我们需要陈述论文的主要贡献(main contri-

---

① 麦克伦尼, D. Q. 2013. 简单的逻辑学. 赵明燕, 译. 杭州: 浙江人民出版社.

bution)。这主要是通过与领域内高度相关的论文做对比体现出来。在行文的时候,我们可以按研究结果和研究方法分类总结贡献。一般而言,一篇论文包括 2~4 个贡献点,其中 1~2 个为主要贡献点足矣。在写每一个贡献点的时候,我们都需要与最前沿的相关论文做对比,以突出对整支文献的贡献。

在大多数时候,文献会穿插在引言中,但有些领域也会偏爱将文献综述单独作为一个子节(literature review)。一般来说,前者侧重于为自己的文章服务,比如为了支撑研究动机,引出研究问题,支持研究结果,对比关键假设、研究方法、研究结果,突出主要贡献,等等。后者侧重于梳理文献发展脉络,因此引用的时间线会拉长,引用的广度也会适当放宽。

这里我们要注意可能出现的两类问题:二手文献和逻辑谬误。首先,二手文献是指没有阅读原文就从他人论文中照搬引用的情况。引用二手文献的风险在于可能引用的结论或内容不准确,甚至照搬了别人的错误。这种情况一般是为了引用而引用,常见于脚注或者在一句话结尾的括号里塞进一长串文献,其中可能存在连摘要都没有读过的情况。在引用之前,我们应首先思考引用的目的,做到对所引文章的研究方法、主要结果和贡献有基本的了解。

其次,逻辑谬误包括"滥用专家意见"和"稻草人谬误"两种情况。[1]"滥用专家意见"是指引用专家的意见来支持自己的观点,但并没有给出真正有力的论据,这会给人一种道听途说的感觉。在严谨的论文中我们谈及某人的观点时应该正式引

---

[1] 麦克伦尼, D. Q. 2013. 简单的逻辑学. 赵明燕, 译. 杭州: 浙江人民出版社.

用相关研究论文或著作，避免使用"中国社会普遍存在……"和"我们都知道……"等缺乏论据的说法。

此外，在引用文献时要规避"稻草人谬误"，不可通过歪曲别人的论点抑或随意引申别人的结论来凸显自己论证的正确性。在评价其他学者的成果时应注意保持客观，"对事不对人"，避免带有个人感情色彩或否定前人成果的表述。

到这里引言的主体就基本完成了。当今大部分作者会选择在此处给出后续内容的大纲以结束引言。虽然戴尔德丽·麦克洛斯基（Deirdre McCloskey）在《芝加哥大学写作课》（*Economical Writing*）这本书中提到给出大纲是多余的，因为文章结构很容易通过快速浏览各个标题迅速掌握，但鉴于这种日渐约定俗成的趋势，我们建议读者遵循所在领域的常用范式加以取舍。

模　型

在理论文章中，模型部分的写作目标是尽量规范、清晰、方便同行复刻。理论模型的特点是专业技术性极强，常包含复杂的数学表达式，且各领域的写作范式相对固定。因此，这部分最好还是参考同领域顶级期刊上的论文以规范写作。

这部分的主要作用是介绍模型的假设与构建。理论模型是建立在合理假设之上的。索洛（Robert M. Solow）在《对经济增长理论的贡献》（*A Contribution to the Theory of Economic Growth*）一文中对如何看待理论模型的假设有如下精彩的总结："所有的理论都建立在一些并不完全正确的假设之上。这就是理论的本质。成功地进行理论构建的艺术在于以一种不会对最终结果产生过多影响的方式进行必要的简化假设。所谓'关键'假设是指结论对其高度敏感、高度依赖的假设，因此，关键假设必须相对合理。"[1]

刚开始尝试写论文的时候，我们或多或少都会对模型中那些脱离现实的简化假设有异议，会认为它们"不完全正确""不足够贴近现实"。但我们要认识到假设的本质是一个去繁化简的抽象过程。简化假设的目的正是关闭不重要的渠道，用尽量简单的模型来研究尽可能复杂的问题。理论化的艺术之处在于，通过沿用经典假设可以保证理论结果足够稳定。而突破经典假设往往又是创新的源泉。但我们要保证关键假设的相对合理性，要让其离现实、离逻辑规律更进一步，而不是更远。再次强调，关键假设与结果、贡献之间的关系值得在引言、主要结果和贡献部分反复强调。

写作时我们首先要保证列出模型用到的每一个假设，要避免"以为读者知道"而省略的情况。其次，我们可以把假设按经典假设和关键假设分类，并着重描述关键假设。可以通过与现有文献进行对比来说明变化之处，以 Mehra and Prescott（1985）为例：

> 在本论文中，我们采用了 Lucas(1978) 中的纯交换模型的一个变化形式。由于人均消费随着时间的推移而增长，我们假设禀赋的增长率遵循马尔可夫过程。这与 Lucas 模型中禀赋的水平值遵循马尔可夫过程的假设形

---

[1] Solow, Robert M. 1956. "A Contribution to the Theory of Economic Growth." *The Quarterly Journal of Economics* 70(1): 65-94.

成对比。我们的假设需要对竞争均衡理论进行扩展，这使我们能够捕捉到与1889—1978年人均消费大幅增长相关的消费序列的非平稳性。①

作者第一句话介绍模型的来源，第二句话阐明文章的重要假设及其现实原因，第三句话强调与Lucas(1978)中关键假设的区别，最后总结改变假设的结果与意义。②值得注意的是，在原文中作者用斜体字来强调不同之处在于自己假设禀赋的增长率(growth rate)遵循马尔可夫过程，而Lucas(1978)中的相应假设则是禀赋的水平值(level)遵循马尔可夫过程。

当然，改变假设并不意味着一定会使模型变得复杂。有时，作者也会简化一些经典假设以便于分析。对于简化经典假设的情况，作者也需要给出充足的理由，比如在不会影响定性分析的同时可以简化计算等。Akerlof(1978)在其提出"柠檬市场"这一理论时就自己所用的效用函数形式给出了极具说服力的解释，放在今天仍然具有很高的参考价值：

关于这些效用函数，有三点值得注意：(1)如果没

---

① "In this paper, we employ a variation of Lucas'(1978) pure exchange model. Since per capita consumption has grown over time, we assume that the growth rate of the endowment follows a Markov process. This is in contrast to the assumption in Lucas' model that the endowment level follows a Markov process. Our assumption, which requires an extension of competitive equilibrium theory, enables us to capture the non-stationarity in the consumption series associated with the large increase in per capita consumption that occurred in the 1889-1978 period." Mehra, Rajnish, and Edward C. Prescott. 1985. "The Equity Premium: A Puzzle." *Journal of Monetary Economics* 15(2): 145-61.

② Lucas, Robert E., Jr. 1978. "Asset Prices in an Exchange Economy." *Econometrica: Journal of the Econometric Society* 46, no. 6(November): 1429-45.

有线性效用函数（比如对数效用函数），我们就会不必要地陷入代数复杂性的泥潭。（2）使用线性效用函数可以集中研究信息不对称的影响；如果使用凹效用函数，我们就必须同时处理不确定性的通常风险方差效应和我们希望在此讨论的特殊效应。（3）方程 U_1 和 U_2 有奇次的特征，即拥有第二辆车或第 k 辆车会给消费者带来与拥有第一辆车一样的效用。为了避免偏离正确的焦点，我们再次牺牲了现实性。[①]

一般来说，对于沿用文献的经典假设，我们按范式书写即可。在书写数学表达式的时候务必做到严谨和准确，尤其是用数学建模时不能因为觉得烦琐就随意省略、简化。比如，变量名、上下标要注意通篇保持一致；字母大小写、粗体、正斜体都要注意区分。我们以 Breiman（2001）为例，需要注意"**X**"与"**Y**"是向量，通常用粗体表示。[②] 容易被遗漏的部分是 max 底部的"$j \neq Y$"，以及下标"k"。用斜体表示的变量在后续正文中也要保持一致：

[①] "Three comments should be made about these utility functions: (1) without linear utility (say with logarithmic utility) one gets needlessly mired in algebraic complication. (2) The use of linear utility allows a focus in the effects of asymmetry of information; with a concave utility function we would have to deal jointly with the usual risk-variance effects of uncertainty and the special effects we wish to discuss here. (3) U_1 and U_2 have the odd characteristic that the addition of a second car, or indeed a kth car, adds the same amount of utility as the first. Again realism is sacrificed to avoid a diversion from the proper focus." Akerlof, George A. 1978. "The Market for 'Lemons': Quality Uncertainty and the Market Mechanism." *Uncertainty in Economics*: 235 -51.

[②] Breiman, Leo. 2001. "Random Forests." *Machine Learning* 45: 5 -32.

$$\mathrm{mg}(\mathbf{X}, Y) = av_k I(h_k(\mathbf{X}) = Y) = \max_{j \neq Y} av_k I(h_k(\mathbf{X}) = j)$$

又比如求和符号下方的"$j=1$"和上方的"n"以及"for $i=1,\ldots,n$"(对于从 1 到 n 的每一个"i"都成立)这句在演算过程中经常被省略,但其实在正文中必须写上:

$$w_i = \beta \sum_{j=1}^{n} \phi_{ij} \lambda_j^{(1-\alpha)} (w_j + 1) \quad \text{for} \quad i = 1, \cdots, n \text{ ①}$$

每个变量、参数、角标等在第一次出现时都应给出明确的定义。所有的数学表达式都需要按顺序编号,以方便在正文中引用。要注意的是,即使是正文中没有引用的数学表达式也需要编号。关于哪些数学表达式需要列出、哪些不需要列出,一般的原则是与建模相关的数学表达式都需要列出,推导及演算过程则不需要逐一展示,可以只列出与定理、引理、命题、推论等重要结论相关度最高的表达式。另外,重要的证明或关键步骤可以在正文中保留并配以相应的文字说明。其余烦琐冗长的技术细节可以放到附录中。附录一般不受篇幅限制,因此作者可以在此充分展示必要的细节。

除了数学表达式,图表也是刻画模型的常用手段。这时,我们就需要注意在图表中添加必要的信息,以方便在正文中诠释模型。图表涉及的名词、缩写等要与正文中的表述保持一致,以免造成混乱。比如,图 8-1 展示了博弈论中经典的"囚徒困

---

① Mehra, Rajnish, and Edward C. Prescott. 1985. "The Equity Premium: A Puzzle." *Journal of Monetary Economics* 15(2): 145-61.

境"模型,其中玩家(player)A、B,决策(strategy)1、2,以及代表收益的 a、b、c、d、a′、b′、c′、d′都是必不可少的信息。①

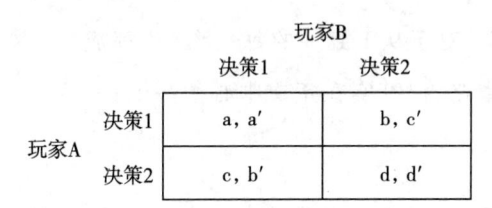

		玩家B	
		决策1	决策2
玩家A	决策1	a, a′	b, c′
	决策2	c, b′	d, d′

图 8-1　囚徒困境（Lave 1962）

从假设到模型,应该避免简单罗列。我们可以尝试归类,比如在经济学中常从市场主体（消费者、厂商、政府、银行等）、生产技术、工资决定机制、均衡条件等方面来分步介绍模型。

最后,要避免花大量的篇幅复刻别人的模型。当今,模型的发展趋势是越来越庞大、复杂,可以基于教科书式的简化模型进行拓展的情况已越来越少。因此,我们一般不在自己的论文中复刻别人的模型,一两句话的总结及引用足矣。如果确实想在正文中先展示经典模型,再基于此对比着论述自己的模型,可以参考 Mankiw et al. (1992)②。该文从经济增长的经典模型出发,拓展出了两个适用范围更广的模型。因为经典模型相对小巧,所占篇幅也只是一页有余,作者把其纳入正文并不会让论文失去焦点,且方便读者对比。

---

① Lave, Lester B. 1962. "An Empirical Approach to the Prisoners' Dilemma Game." *The Quarterly Journal of Economics* 76(3): 424-36.

② Mankiw, N. Gregory, David Romer, and David N. Weil. 1992. "A Contribution to the Empirics of Economic Growth." *The Quarterly Journal of Economics* 107(2): 407-37.

主要结果

主要结果是论文的主体部分，是评价论文贡献的重要依据。在研究过程中，我们可能会得到很丰富的结果，那么有没有必要都展示出来？这就要求我们认真评估每个结果的价值。如果某些结果与"故事主线"离得较远，就需要考虑将其放入拓展章节甚至舍弃。千万不能因为舍不得就逐条罗列，这样容易破坏文章的逻辑连贯性和整体性。

在具体的写作中，理论文章的结果主要以数学表达式、图表、文字等形式呈现。重要结果一般要按逻辑顺序总结到引理、定理、推论中，并给出相应的证明。直接回答核心研究问题的结果可以总结到定理中。为了得出核心结论的阶段性结果可以放到引理中。由定理衍生出的结果可以放到推论中。引理、定理和推论要尽量用文字来表述。即使是基础理论型文章，也应避免只用数学公式表达，要尽量辅以文字表述。比如 Breiman(2001) 中的下列定理如果没有前面的文字，读者会很难理解定理中的表达式[1]：

定理 1.2 随着树的增加，几乎可以肯定所有序列 $\Theta_1, \cdots PE^*$ 收敛于

$$P_{X,Y}(P_\Theta(h(\mathbf{X}, \Theta) = Y) - \max_{j \neq Y} P_\Theta(h(\mathbf{X}, \Theta) = j) < 0$$

证明：见附录1。

这个结果就解释了为什么随着树的增加随机森林不

---

[1] Breiman, Leo. 2001. "Random Forests." *Machine Learning* 45: 5-32.

会出现"过拟合",反而会产生一个一般误差的临界值。①

接着,作者用"这个结果就解释了为什么随着树的增加随机森林不会出现'过拟合',反而会产生一个一般误差的临界值"这样一句话把定理用更浅显易懂的语言又解释了一遍。巧妙的"重复"是加强文章的连贯性、强化读者的理解的一个秘诀。"重复"可以体现在关键词上,也可以体现在内容上,还可以体现在变换说法上。经济学中强调的经济学直觉就是用相对直白的自然语言把结论"重复"解释一遍。值得注意的是,有些专业词汇因为翻译的原因存在不同版本,在行文中要避免交替使用,以防读者因望文生义而产生违反同一律的问题。

总之,我们不能期望读者清楚地记得每一个数学符号的含义,所以定理和推论的写作目标是让读者在不看数学表达式的前提下,通过文字即可了解结果。简短的数学表达式可以放入括号中。相较于定理和推论,引理的技术性更强,直觉性更弱,我们可以尽量给予文字说明,帮助读者理解引理成立的条件或适用范围。

如果碰到结果比较复杂、受多种因素影响的情况,可以考虑分情况来讨论。比如,作者可以选择完整模型加子模型的结构,在每个子模型中只保留一个渠道并强调假设的变化与结果的不同。这种写法会让读者很容易理解每个渠道的作用。作者还可

---

① "Theorem 1.2. As the number of trees increases, for almost surely all sequences $\Theta_1, ... PE^*$ converges to $P_{\mathbf{X},Y}(P_{\Theta}(h(\mathbf{X}, \Theta) = Y) - \max_{j \neq Y} P_{\Theta}(h(\mathbf{X}, \Theta) = j) < 0)$. Proof: see Appendix I. This result explains why random forests do not overfit as more trees are added, but produce a limiting value of the generalization error."

以考虑在完整的模型下展示几个有意义的特例来帮助读者理解。

在阐述完结果之后，有的作者会和现有文献进一步做对比。此处的对比和引言中的对比区别在于细节程度。试想读者刚看完重要的技术细节及结果，因此更容易接受细节对比。对比的目的还是解释不同结果背后的成因以突出自己的贡献。在此处如果不能做清晰的对比，不要勉强，切忌为了引用而引用。

主要内容完成之后论文的主体已基本形成。之前讲述的各部分内容在各领域研究中虽然标题会有出入，但内容一定都包括。接下来，理论文章还可能包括"拓展模型"及"数值分析"两部分的内容。这两部分不是每篇文章都会包括，但读一读可能会带给你一定的启发，帮助你更顺利地完成下一篇文章。

拓展模型

除了主模型，理论文章还可能包括拓展模型（extension model）。拓展模型是从主模型中延伸出来的，通过放松过强的假设或加入新的要素使模型更加贴近现实以探讨更具现实意义的问题。拓展模型往往要比主模型复杂，但即使是这样，拓展模型所占篇幅也不能比主模型大，否则就主次不分了。因此，让读者了解拓展的目的以及突出结果的不同之处是这部分写作的重点。

在具体写作时，可以首先用一两句话点明拓展目的，如果能引用一两篇相关文献来支持研究意义就更好了。模型部分不需要从假设开始重写一遍，只需列出反映模型差别的表达式即可。下面这个例子是 Lau and Sánchez-Romero（2012）拓展模型部分的开头：

> 在第 3 节中，我们在一个具有最基本特征的生命周期模型中，得出了死亡率在较年轻和较年长时下降对退休年龄影响的系统性差异。这个基本模型的一些特征的作用如下……这些假设使我们能够得到第 3 节中清晰的结果，并提供直观的解释。
>
> 现在我们证明，当我们放松各种假设时，上一节的结果仍然成立。具体来说，我们考虑：（a）劳动的负效用同时取决于当前年龄和预期寿命，这会影响延迟退休的边际成本；（b）不完全养老金的可能性，这会对延迟退休的边际收益和边际成本产生不同的影响。①

这篇论文主要研究死亡率与退休年龄之间的关系。在拓展模型部分，作者先用一段话回顾了主模型的关键假设、结论及其背后机制。第二段对比说明假设的变化及其结果。在后续行文中，作者时刻注意与主模型做对比，并且引用主模型中的对应表达式，方便读者进行横向比较。

总之，拓展模型处于次要位置，从篇幅来说不应该超过主模

---

① "In Section 3, we obtain the systematic difference between the effects on retirement age of a mortality decline at younger and older ages in a life-cycle model with the most essential features. The roles of some features of this basic model are as follows... These assumptions enable us to obtain the sharp results in Section 3 and to provide intuitive interpretation.

We now demonstrate that the results in the previous section continue to hold when various assumptions are relaxed. Specifically, we consider: (a) a dependence of disutility of labor on both current age and life expectancy, which affects the marginal cost of delaying retirement; and (b) the possibility of imperfect annuities, which affects the marginal benefit and marginal cost of delaying retirement differently." Lau, Sau-Him Paul, and Miguel Sánchez-Romero. 2012. "Mortality Transition and Differential Incentives for Early Retirement." *Journal of Economic Theory* 147(1): 261-83.

型。在具体写作时重复的地方点到为止，把重点放在变化之处是使此部分变得精练的绝招。

数值分析

有些理论文章还会包含丰富的数值分析（quantitative analysis）。我们要如何看待模型和数值分析之间的关系呢？这就需要先了解数值分析的目的。数值分析的目的包括：当无法求得解析解时通过展示数值解帮助读者了解模型的结果与作用机制，佐证模型具有较好的拟合能力，进行反事实分析以回答某一具体的量化问题。这与实证文章直接从数据中寻找研究结论与论据有很大的差别。直观来看，理论文章的主体一定是展示理论模型及其结果。因此，从篇幅来看，数值分析部分不应超过文章总体的二分之一。下面我们就数值分析部分常出现的模型校准、模型拟合能力的检验、反事实分析、稳健性检验/敏感性检验等模块的写作技巧逐一进行说明。

模型校准

模型校准（calibration）是为参数赋值的过程，常见的方法包括参数校准、贝叶斯估计、最大似然估计等。不论方法有多复杂，我们都需要在正文中把校准方法、所用方程、赋值依据以及最终取值写清楚。参数赋值的下下之选是直接从别人的论文中拿来用。但因为模型或者数据总有不同之处，即使是同一领域内的模型，相同的参数计算方法也会得出不同的数值。试想，同一个参数在别人的文章中等于 3.52，你用同样的方法在自己的模型中算出来的是 3.43，你说用哪个好呢？虽然两个数值看似差别不大，但我们是不是应该首选更严谨的后者？万一出现差之毫厘谬之千里的情况，那定量结果岂不是会产生很大的误差？你会发现顶级期刊上的文章都会有一个子节认真介绍参数的取值方法。当然，偶尔因为数据可得性的原因，或者因为某个参数的取值已在领域内形成共识，因此在给出理由后可以直接引用。

一般而言，作者在这部分会先给出所有需要具体化的方程形式，然后用一段话归纳所有参数的定义及介绍参数取值的主要方法。在具体写作的时候不要只是简单堆砌，可适当归类，并注意句子的连贯性以及段落的整体性。比如，常见的是将参数分为直接使用、自己校准、随意赋值待做敏感性分析这三类，这就比简单罗列要清晰、有条理。

之后，作者就可以详细介绍参数的取值方法。这部分可以先从数据库、数据名称、选取的时间段和数据频率等方面介绍，再详细介绍计算参数的关键步骤和具体取值方法。每个参数的赋值结果都应该在正文中明确给出。此外，作者可以用一个表格总结所有参数的定义、取值结果、来源、校准目标等。一个例子如表 8-1 所示。[1]

---

[1] 表格引自：Chassamboulli, Andri, and Theodore Palivos. 2014. "A Search-Equilibrium Approach to the Effffects of Immigration on Labor Market Outcomes." *International Economic Review* 55: 111-29。表格所涉及的论文包括：Petrongolo, Barbara, and Christopher A. Pissarides. 2001. "Looking into the Black Box: A Survey of the Matching Function." *Journal of Economic Literature* 39(2): 390-4; Hosios, Arthur J. 1990. "On the Efficiency of Matching and Related Models of Search and Unemployment." *The Review of Economic Studies* 57(2): 279-98; Krusell, Per, Lee E. Ohanian, José-Victor Rios-Rull, and Giovanni L. Violante. 2000. "Capital-Skill Complementarity and Inequality: A Macroeconomic Analysis." *Econometrica* 68 (5): 1029-53; Hall, Robert E., and Paul R. Milgrom. 2008. "The Limited Influence of Unemployment on the Wage Bargain." *American Economic Review* 98(4): 1653-74.

表 8-1　基线模型的参数化：一般情况

$\varepsilon = 0.5$	标准取值，在 Petronogolo and Pissarides(2001) 的估计范围之内。
$\beta = 0.5$	符合 Hosios(1990) 条件。
$\rho = 0.401, \gamma = -0.495$	Krusell et al. (2000)。
	从数据中测算出：
$r = 0.004$	利率（月度）。*
$S_H = 0.091, S_L = 0.034$	技术及非技术（工人）离职率（月度）。**
$\delta = 0.0061$	折旧率（月度）。§
$I_H = 0.036, I_L = 0.089$	（标准化的）技术及非技术移民数量。†
$n = 0.00071$	本国劳动力增长率（月度）。†
$\lambda = 0.726$	非技术劳动力占比。
	联合校准匹配（下列目标）：
$\alpha = 0.517, x = 0.051$	技术及非技术工人就业率：0.976 和 0.939。
$C_L = 0.421, C_H = 0.556$	资本产出比率：1.348。§
$b_L = 0.279, b_H = 0.449$	大学及以上学历工资溢价 61.1%。‡
$h_L = 1.182, h_H = 4.203$	失业与就业收入之比（两组人相同）：0.71%（Hall and Milgrom, 2008）。
$\xi = 0.714$	本地与移民工资差距：-19.0%（非技术），-18.8%（技术）。†
	职位空缺占失业比：0.620。※

* 参见 Federal Reserve Bank of Saint Louis。

** 参见匹配 Current Population Survey 数据。

§ 参见 Bureau of Economic Analysis。

† 参见 Public Use Microdata of the 1990 and 2000 Censuses。

‡ 参见 March Current Population Survey。

※ 参见 Conference Board's Help-Wanted Index。

最后要提一个特例,那就是当作者只是想通过数值例子(numerical example)或图表让读者直观感受模型结果,并不想做严谨的模型校准甚至不想引用文献中的参数时,可以把数值例子直接放在相应的理论结果之后,这样就不需要单独成节了。需要注意的是,每个参数的具体赋值还是要写清楚,以便同行复刻。这里举一个来自 Kydland and Prescott(1977)的例子,作者在正文中分别举了一个收敛的例子和一个不收敛的例子,并列出了关键参数及其赋值。我们注意到这里有些参数的取值是一样的,有些是不一样的,全部列出就是为了方便读者对比和复刻:

在一个例子中($\omega_1 = 2$,$\omega_2 = 4$,$\omega_3 = 1$,$\omega_4 = 10$,$\omega_5 = 20$,$\omega_6 = 10$,且 $\rho = 0.6$),相对于假定的目标函数,应用最优控制最初改善了经济。

在另一个例子中($\omega_1 = 1$,$\omega_2 = 2$,$\omega_3 = 1$,$\omega_4 = 10$,$\omega_5 = 3$,$\omega_6 = 20$,且 $\rho = -0.6$),迭代过程没有收敛。政策规则的变化导致投资函数的变化越来越大。[①]

模型参数校准完之后,我们就可以展示数值分析结果了。一般按目的可以分为以下几类:检验模型的拟合能力、报告模拟或迭代过程及结果、政策分析、反事实分析、敏感性检验。在写作中要开宗明义地强调每项数值分析的目的,再展示细节,这样读者才能了解它们的意义。

[①] Kydland, Finn E., and Edward C. Prescott. 1977. "Rules Rather than Discretion: The Inconsistency of Optimal Plans." *Journal of Political Economy* 85(3): 473-91.

模型拟合能力的检验

当想要强调自己模型的优越性时,应重点展示模型的拟合能力。当然,模型拟合能力的判断标准在各领域不一,但大体都是把模型预测结果与现实数据做比较。比如在宏观经济学中当校准完模型之后,通常会把模型的拟合结果和从历史数据中提取的典型事实(stylized facts)做对比,以此来判断模型的拟合能力。结果可以用图表呈现。比如把每个变量的模型拟合结果(Model)和数据(Data)画在同一张图上对比,那么模型的拟合度便一目了然。一个例子见图 8-2。[1]

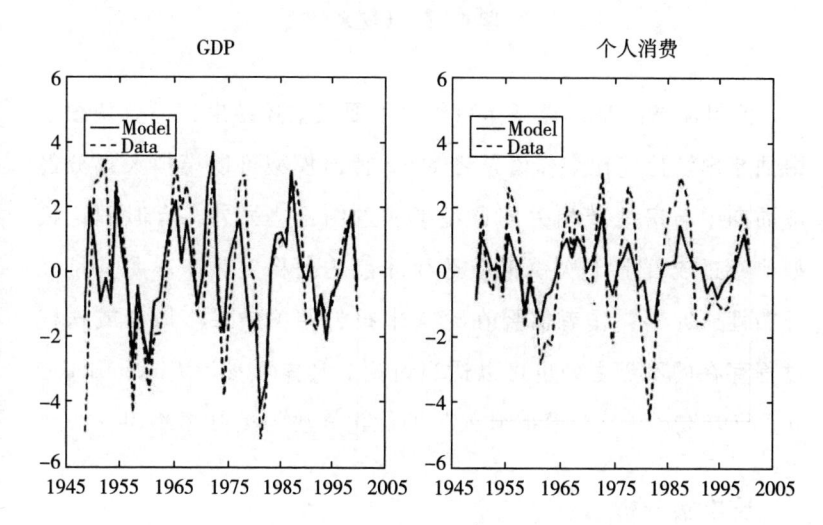

图 8-2 与 Hodrick-Prescot 趋势的百分比偏差

---

[1] Davis, M. A., and Jonathan Heathcote. 2005. "Housing and the Business Cycle." *International Economic Review* 46(3): 751-84.

图 8-2 （续）

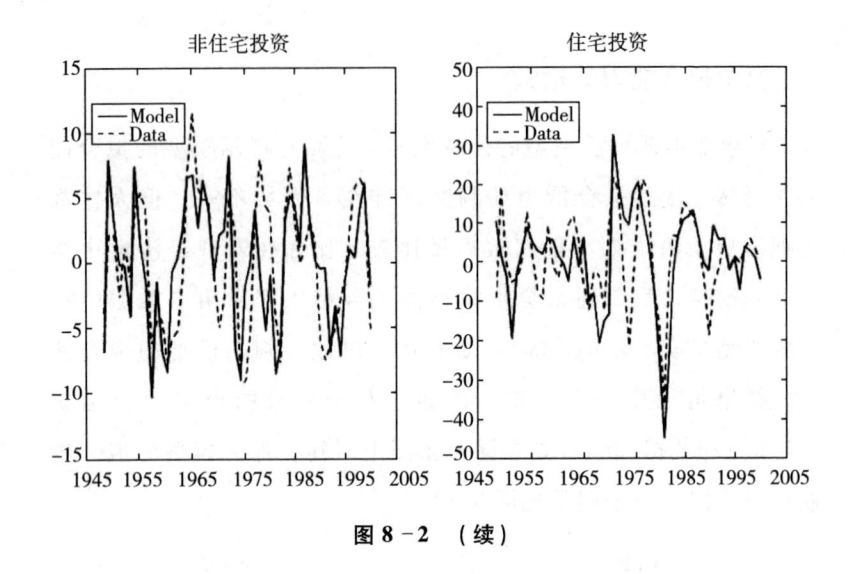

值得注意的是，在具体写作中不要只描述结果，还要从图表中抽象出结论。比如作者从图 8-2 得出模型可以模拟大部分经济周期中与房地产相关的典型事实的结论。另外，有时理论模型要经过成百上千次模拟或迭代才能达到稳定状态。尤其是在开拓性研究中，作者需要在论文中报告相关结果。拟合或迭代过程存在的不足之处也可以适当讨论。具体可参考 Kirkpatrick et al. (1983) 关于"模拟退火"的优化算法的经典文章。①

反事实分析

除了检验模型的拟合能力，作者有时还会用模型分析某一具体量化问题。这部分的写作目的是通过回答现实问题使理论研

---

① Kirkpatrick, Scott, C. Daniel Gelatt, Jr, and Mario P. Vecchi. 1983. "Optimization by Simulated Annealing." *Science* 220(4598): 671-80.

究更完整、更直观。因此，这部分内容要基于前面的理论模型，回答在模型中如果某个参数发生变动会带来什么变化这类问题。经济学中常用反事实分析（counterfactural analysis）来预测或评估某一政策效果。比如，Chassamboulli and Palivos(2014)在研究移民对劳动力市场的影响时，先提出新的理论模型，然后在数值分析部分用1990年1月至1999年12月这十年的美国历史数据确定模型参数，最后借此解释21世纪第一个十年技术移民及非技术移民的增加对劳动力市场的不同影响。[1]

在具体写作时，我们不需要对每一个数值结果进行说明，只要抓住诸如代表政策变动的核心参数，回答定量分析所提出的问题即可。如果还能应用理论部分的机制分析解释定量结果背后的逻辑就更好了。

稳健性检验/敏感性检验

在完成一系列数值分析之后，为了检测模型的稳健性，作者往往会进行稳健性检验(robustness check)或敏感性检验(sensitivity test)。二者具有一定的差别。一般而言，稳健性检验通过改变建模方式、关闭某些渠道或更换拟合数据来对比定量结果，反映结果的变化；敏感性检验只是单纯改变某一参数的取值，尤其是校准部分难以确定的参数取值，并对比展示模型结果如何随之变化。二者一般都包括多个实验，在呈现结果时尽量把可相互比较的结果放进同一张图表中，在内容上做到让读者一目了

---

[1] Chassamboulli, Andri, and Theodore Palivos. 2014. "A Search-equilibrium Approach to the Effects of Immigration on Labor Market Outcomes." *International Economic Review* 55(1): 111-29.

然。在正文部分，二者的写作技巧大体相同，我们在此重点分析前者。

常见的稳健性检验包括：往模型中加入新的变量，关闭模型中的某个影响渠道，改变数据频次等。这部分的重点是突出变化之处。首先，这就要求我们写清楚检验目的。比如，当往模型中加入新的变量时，我们希望模型可以刻画更复杂的情况。当关闭模型中的某个渠道时，我们希望通过对比结果突出该渠道的作用。当我们把用于模拟的数据从年度数据改为月度数据时，目的是检验模型在不同数据频次下是否稳健。写清楚目的之后读者就会更容易看懂结果。

其次，因为模型发生改变，参数的重新校准也需要写进正文，但不必把同样的校准方法再写一遍。最后，结果尽量总结在一张表格中，这样容易突出变化之处。我们还可以根据前文的理论和机制适当对结果进行解释。

例如，Aruoba et al. (2011)在进行稳健性检验时只选取了一个重要变量，即"福利所得"。[1] 但作者针对三个模型做了包括取消扭曲性税收，改变参数、货币供给数据、数据频次、校准方法，以及增加变量等十个稳健性检验，并把结果总结在了一张表格中，见表 8-2。

---

[1] Aruoba, S. Borağan, Christopher J. Waller, and Randall Wright. 2011. "Money and Capital." *Journal of Monetary Economics* 58(2): 98-116.

表 8-2 稳健性检验

	模型 1	模型 2	模型 3
基础模型	1.36	2.76	1.75
只有总额税			
重新校准	1.57	3.01	1.62
不重新校准	1.36	2.75	0.87
CM(ε)和 DM(η)风险厌恶(基准 $\varepsilon = \eta = 1$)			
$\varepsilon = 0.5$, $\eta = 0.5$	1.26	3.84	2.82
$\varepsilon = 2$, $\eta = 2$	1.57	2.31	1.14
$\varepsilon = 1$, $\eta = 0.5$	1.27	3.84	2.19
$\varepsilon = 1$, $\eta = 2$	1.36	2.85	1.35
效用参数 b(基准 $b = 0.0001$)			
$b = 0.00001$	1.36	2.91	1.75
$b = 0.001$	1.36	2.61	1.75
$b = 0.1$	1.37	1.66	1.86
成本加成目标(基准 $\mu_D = 30\%$)			
$\mu_D = 10\%$	—	2.94	—
$\mu_D = 100\%$	—	2.87	—
$\mu = 10\%$	—	3.75	—
货币度量(基准 M1)			
流通货币	0.26	0.74	0.54
M2	0.91	1.23	1.26
频次(基准年度数据)			
季度数据	1.31	2.28	1.61
月度数据	1.28	1.93	1.59
周期(基准 1959—2004 年)			
1985—2004 年	1.79	2.88	1.71
支付参数 ω(基准 $\omega = 0.85$)			
$\omega = 1$	1.36	2.74	1.81
$\omega = 0.25$	1.29	2.08	1.59
备选参数校准策略			
#1:加入 ξ	—	3.19	1.87
#2:$\varphi = 1/(1-\alpha)$	1.39	2.74	1.68
备选模型			
两种资本	—	4.81	1.33

注:本表报告了在不同校准策略下,从 10% 的通胀率到弗里德曼法则的净福利收益。模型 1 为买方通吃议价版本($\theta = 1$),模型 2 为广义纳什议价版本,模型 3 为价格接受版本。①

---

① 原文:Note: This table reports the net welfare gain of going from 10% inflation to the Friedman rule under various changes in the calibration strategy. Model 1 refers to the version with buyer-take-all bargaining($\theta = 1$). Model 2 refers to the version with generalized Nash bargaining and Model 3 refers to the version with price taking.

在原表中，作者首先在第一行把三个模型的基准结果都列了出来，这样方便读者进行结果的对比。其次，表格纵向看是在对比同一模型下不同参数的结果，横向看是在对比同一参数下不同模型的结果。比如，横向的灰色框内的数字代表在参数 $b=0.00001$ 时，模型 1、2、3 测算的福利所得分别是 1.36、2.91、1.75。再比如，纵向的灰色框内的数字代表同样用模型 1 测算，当参数 b 分别取 0.00001、0.001 和 0.1 时，结果分别是 1.36、1.36 和 1.37。作者还用黑体和加大行间距的方法把不同参数模块区分开，这就使整个表格变得非常简洁明了。

结　论

结论部分（conclusion）的重点在于回顾研究方法、主要结果、主要机制以及陈述主要贡献。可拓展的内容包括讨论论文的不足之处以及拓展方向。这部分在内容上比摘要丰富具体，但比引言精练得多。结论部分是对整篇文章的总结概括，但绝对不是揭晓谜底的地方。不要让读者"一直带着问题"读到文章结尾才找到答案。初写论文时容易在引言部分只做铺垫，在主体部分缺乏结论性的总结，让读者一直等到文章结尾才能看到研究结论。这是一种非常糟糕的情况，这会使得研究结论远离理论支撑，大大降低读者持续阅读的兴趣。

理论文章的结论可以分两部分进行总结。第一部分以研究结果、机制和贡献为主。第二部分以数值分析为主。有些读者在有疑问时会跳到结论部分找答案。因此，在第一部分，我们可以首先用一两句话概括研究问题、研究方法及主要结果。选取的结果应清晰、准确地回答研究问题。不要简单地复制正文中的句子,应有适当的变化。如果正文中有机制分析,也要在这里进行概括。之后,可以用一两句话概括主要贡献,起到画龙点睛的作用。一般而言,在深入更烦琐的细节层面之前,审稿人仅凭摘要、引言以及结论这三部分就可以大致判断一篇文章的贡献有多大。

理论文章如果包括数值分析和拓展模型,可以在结论的第二部分进行总结。数值分析部分要注意用直觉性强的文字,关键的数值结果可以呈现出来,避免读者往回翻论文寻找。这部分的写作逻辑与结论的第一部分一致,需要帮助读者明确拓展目的以及总结相应结果。

最后,论文的不足或者局限性不是必写的。如果想要讨论,首先要把握好度,没有必要为了填充内容一味地强调自己理论的不足之处。我们可以把理论的局限性和可拓展的方向结合起来。这样既体现了对自己理论的客观认识,又可以启迪读者进行新的研究。

第九章 实证研究

什么是实证研究

实证研究是借助对现实的观察，试图从重复发生的现象中找出规律的研究方法。它在方法论上依赖的是归纳法。在第二章中，我们讲到：归纳的推理方法是从特殊事态得出一般性结论，只是一种可能的概率解释。想象一个池塘，我们只知道池中可能有红色和白色两种颜色的鱼，但不知道它们各占多大的比例。如果我们随机捞上来一条白色鱼，我们能得出什么结论呢？我们只能知道并不是所有鱼都是红色的。如果我们有放回地捞了100次鱼，每次都是白色的，我们对"池中所有鱼都是白色的"这种可能性的信念就会越来越强，但我们仍然无法排除池中有红色的鱼，只是它们有没被捞到的可能性。事实上，有可能池中的红色鱼比白色鱼还多，只是生活在深水区，不容易被我们捞到。

这个例子说明，从实证研究当中我们不可能得到确定性的结论——除非我们捞尽了池中的每一条鱼。只要我们的样本是抽样得来的，我们用它得到的结论就只能以概率的方式成立。扩大样本数量并不能改变这个结论的性质。尤其是不能随意把从一个总体中抽样得到的结论直接推广到另一个总体，就好比即使从一个池塘里捞上来的全都是白色鱼，也不能说其他池塘里也全部是白色鱼。所以，在阐释实证研究的结果、得出足以回答研究问题的结论时，需要十分谨慎。

实证研究与理论研究是紧密联系的。第五章提到，理论研究分为基础理论型和应用理论型。其中，应用理论型研究问题常常来自实证研究从现实数据中发现的规律。如果说实证研究关注的是"是什么"，那么理论研究就是要回答背后的"为什么"。实证研究为我们揭示了现实中事物之间的数量关系，这一方面启发、促进了理论研究，另一方面有助于我们从形形色色的理论中做出选择。

举例来说，在中国备受关注的企业研发和创新问题体现在经济学研究的产业经济领域中，一个具体事项就是：随着企业在商品市场上的竞争变得激烈，企业研发和创新的动机升高还是降低呢？理论研究在这个问题上一直存在两种不同的观点：一方认为激烈的竞争会压缩厂商的利润空间，使得研发带来的收益下降，所以研发的激励会减弱。这被称为"熊彼特效应"。另一方则提出竞争越激烈，厂商就越有动机通过在技术上甩开对手来提高盈利能力，从而会开展更密集的研发活动。这被称为"逃离竞争效应"。这两个对立的观点都有各自的理论模型来支持，谁更合理呢？阿吉翁（Philippe Aghion）与四位合作者于2005年用英国上市公司的数据发现：竞争和创新的关系呈倒U形——

随着竞争的加剧，企业的研发动机先升后降。① 他们首先依据现实中厂商的微观数据，呈现了产业内部竞争强度和企业获得专利数量之间的倒 U 形关系。之后，他们提出了一个理论来解释这个实证现象：在竞争强度低的行业，"逃离竞争效应"占上风——这时随着竞争强度的上升，企业有更大的动机通过创新在技术上甩开对手，保障自己的盈利能力，从而导致研发投入和产出的增加。在竞争强度很高的行业，"熊彼特效应"则占上风：竞争强度的进一步提高会通过挤压利润抑制企业的研发动力。总之，随着竞争从弱到强，企业的研发强度会呈现先升后降的趋势。这项研究是理论与实证结合的典范：从现实数据出发，发现了竞争强度和研发动机之间关系的一种规律，并对这个规律的成因做出了解释。好的实证研究不仅基于事实，对人们关心的问题给出明确的答案，而且能为理论工作开辟新的方向。

数据的理想与现实

做实证研究的基础是数据。理想的数据要满足抽样的随机性和公平性，这是我们保证实证研究方法有效性的基础。抽样的随机性和公平性是指样本是从总体当中随机抽取的，不是人为挑选，并且每个个体都有相同的概率被抽到。这样得到的样本具有代表性：从样本中得到的结论能够应用于总体。在《女士

---

① Aghion, Philippe, Nick Bloom, Richard Blundell, Rachel Griffith, and Peter Howitt. 2005. "Competition and Innovation: An Inverted-U Relationship." *The Quarterly Journal of Economics* 120(2): 701-28.

品茶：20世纪统计怎样变革了科学》一书中，统计学家戴维·萨尔斯伯格(David Salsburg)举了违反抽样随机性和公平性的例子，即便利样本(opportunity sample)和判断样本(judgment sample)。

便利样本

在K.皮尔逊看来，概率分布是可以通过搜集有关数据来验证的。他认为，若搜集足够多的数据，那么可以用来代表总体的相关数据。《生物统计》杂志的记者们从古墓中搜集到了数以百计的颅骨，灌入颗粒状物以测定颅腔的容量大小，然后将得到的几百个数据送给K.皮尔逊。一名工作人员还深入中美洲的丛林中，测量了成百上千个当地土著居民的胳膊长度，这些数据也送到了K.皮尔逊的生物统计实验室。

然而，K.皮尔逊所使用的方法存在一个根本性的缺陷。他获得的数据现在被称为"便利样本"，都属于那些最容易得到的数据，并不能真正代表总体分布。他们所测定的颅腔大小，相应的颅骨都只是来自那些碰巧被他们发现而打开了的墓穴，那些没有被发现的可能会大相径庭。[1]

判断样本

在这个例子中，在总体中颅骨被抽取的概率不一样：被抽到

---

[1] 萨尔斯伯格，戴维. 2004. 女士品茶：20世纪统计怎样变革了科学. 邱东等，译. 北京：中国统计出版社：172.

的往往是那些容易被发现的。萨尔斯伯格还批评了另一类样本——"判断样本":

> 在判断样本中,所有关于总体的信息都被用来选择一个小的个体集合。这些个体分别代表总体的不同部分。有关多少人在看某一电视节目的尼尔森收视率排行榜(the Nielsen ratings),就是依据判断样本来排定的。尼尔森媒体研究所(Nielsen Media Research)根据社会经济状况和生活地区的差异,选择不同的家庭作为样本。[1]

随机样本

萨尔斯伯格认为判断样本有两个主要缺点。第一,只有当我们对总体有充分了解的时候,划分出来的判断样本才有代表性;但是如果我们已经十分了解总体,就没有必要靠抽样来研究它。第二,如果判断样本的估计结果错了,我们将无从得知它与真实值相差多远。萨尔斯伯格进一步指出,使用随机样本能有效避免便利样本和判断样本各自存在的缺点。

> 我们采用随机原则从大总体中抽取个体,由随机样本得到的数据很可能会出错,但是我们可以用数理统计学的理论确定该如何最优地抽取样本并测定数值,以确保长期来看我们的数据将比其他数据更接近真值。并且,我们知道随机抽样概率分布的数学形式,可以计算

---

[1] 萨尔斯伯格,戴维. 2004. 女士品茶:20世纪统计怎样变革了科学. 邱东等,译. 北京:中国统计出版社:174.

总体待估参数的置信区间。①

我们具体要怎么做才能保证抽样的随机性呢？举个例子，我们想了解北京市全职员工的平均收入，在抽样时该注意什么呢？在 Foster et al.（2014）中，有如下建议②：

（1）对总体要有清晰的定义。比如什么样的人才算"全职员工"？"北京市"的员工是指在北京工作的人还是有北京户籍的人？

（2）待研究的指标也要定义清楚。比如："平均收入"的"平均"是指均值还是中位数？"收入"当中是否包含加班补贴？

（3）样本必须具有对总体的代表性。比如在国贸商圈发放问卷，算出的平均收入就无法代表北京市的情况。

然而，"理想很丰满，现实很骨感"：要让数据完全满足上面的要求，在社会科学领域，在多数情况下是不容易的。就算知道了好的数据是什么样的，我们也常常拿不到理想的数据。但这并不意味着我们不可以从理想的情况出发，根据现实情况，寻找最接近理想的可行方案。

什么样的数据是好数据

当我们有了一个实证研究想法，首先要问问自己：为了做好

---

① 萨尔斯伯格，戴维. 2004. 女士品茶：20 世纪统计怎样变革了科学. 邱东等，译. 北京：中国统计出版社：174.

② Foster, Liam, Ian Diamond, and Julie Banton. 2014. *Beginning Statistics*: *An Introduction for Social Scientists*, 2nd ed. London: SAGE Publications Ltd.

这个研究，我需要什么数据？然后再问问自己：我能拿到这些数据吗？如果对后一个问题的回答是肯定的，那就是最理想的情况。我们可以直接找这些数据，开始规划研究方案。

遗憾的是，我们经常无法拿到理想的数据。有些问题的性质使我们难以进行随机试验——我们总不能为了要研究吸烟对健康的影响，就随机选一些人让他们吸烟。如果做不了随机试验，该怎么开展实证研究呢？一个思路是借助所谓的自然实验，看看那些不由受试个体决定的变化如何影响我们感兴趣的特征。比如在 2002 年，美国蒙大拿州的首府海伦娜执行了六个月的公共场所禁烟令。一些研究把这个政策作为自然实验，通过它对人们吸烟行为的改变，研究吸烟与健康的关系。[1] 另一个思路是使用特定的统计、计量工具，尽量排除非实验数据对我们识别因果关系的干扰。例如有研究以遗传标记为工具变量，剔除吸烟行为的内生性，研究孕期吸烟对婴儿健康的影响。[2] 还有一个办法是进行随机对照试验 (randomized controlled trial, RCT)。比如有学者把一些吸烟者随机分配到不同强度的戒烟计划中，观察他们健康指标变化上的差异。[3] 开展随机对照试验往往需要较

---

[1] Sargent, Richard P., Robert M. Shepard, and Stanton A. Glantz. 2004. "Reduced Incidence of Admissions for Myocardial Infarction Associated with Public Smoking Ban: Before and After Study." *BMJ* 328(7446): 977-80.

[2] Wehby, George L., Jason M. Fletcher, Steven F. Lehrer, Lina M. Moreno, Jeffrey C. Murray, Allen Wilcox, and Rolv T. Lie. 2011. "A Genetic Instrumental Variables Analysis of the Effects of Prenatal Smoking on Birth Weight: Evidence from Two Samples." *Biodemography and Social Biology* 57(1): 3-32.

[3] Piper, Megan E., Jessica W. Cook, Tanya R. Schlam, Douglas E. Jorenby, Stevens S. Smith, Linda M. Collins, Robin Mermelstein, David Fraser, Michael C. Fiore, and Timothy B. Baker. 2018. "A Randomized Controlled Trial of an Optimized Smoking Treatment Delivered in Primary Care." *Annals of Behavioral Medicine* 52(10): 854-64.

大的人力、资金投入，可以处理的问题有限，也会受到严格的科学伦理审查。

有些数据因其保密性而难以获得。比如未上市公司的财务信息、企业的用户信息或政府部门的敏感数据。在少数情况下，经过相关单位负责人的同意，研究者可在隐藏与个体身份有关的信息（如个人的姓名、住址、电话号码等）的情况下使用部分数据。有些变量虽然不涉密，但是很难量化表示。比如宏观经济学中的一个核心概念——劳动者的人力资本存量。它如何用数字表示呢？在现实中没有一个指标能够直接对应这个理论概念。遇到这类情况，我们可以退而求其次，看看我们的理想数据有没有替代品。例如，对公司规模和股权结构不敏感的问题，我们可以用上市公司的公开数据做研究，并认为结果对非上市公司也有一定的代表性（前面提到的阿吉翁与合作者的论文用的就是上市公司数据）。又比如，我们可以用受教育年限或最高学历来近似地代表"人力资本存量"这个难以直接观测的变量。

当下，数据逐渐成为一种生产资料。若拥有比他人更丰富、详细、准确的数据，往往能在商业、学术、军事甚至政治等领域获得可观的优势。于是，搜集并出售数据成了一门生意。对于研究者来说，这意味着获取数据的渠道更多样。但这些作为商品的数据仍然无法满足一些特质化的研究需要。这时，我们就可以主动搜集数据，传统的办法主要包括问卷调查、设计实验。现在，随着海量的数据被上传到网络上，越来越多的研究者在使用编程工具，批量化地抓取、整理那些散布在网络上的数据。这样的技术手段叫作"爬虫"，可以通过 Python、R 等编程语言实现。

说到调查问卷，它常常被误用和滥用。首先，搜集上来的问卷是不是真的由不同的受访者认真填写这个最根本的问题就很难说清。其次，即使每份问卷确实是由真实的受访者认真填写的，代表性也是一个大问题。很多学生发放问卷的方式是在社交媒体上宣传，或私下请熟人填写。这样一来，参与调查的人往往具有某一共同特质，不能像随机抽样那样代表整个目标人群。我们还需要注意：不能用受访者的主观判断代替统计模型。如果我们想研究学历和收入之间的关系，完全可以针对受教育程度、工资收入和其他控制变量进行随机抽样调查，再将取得的数据输入合适的统计、计量模型进行分析。但是，我们不能直接问受访者"你觉得学历和收入之间有什么关系？"，而后直接采用他们的回答对这一问题下结论。因为受个人经历和所处环境的影响，人们的主观判断往往会偏离客观规律，比如我们在经济萧条时期做这个调查，受访者想到近来刚刚经历了降薪甚至失业，就容易在悲观情绪下低估学历对收入的影响。如果人们对社会经济现象的判断都那么客观准确，我们也就无须设计复杂的统计学和计量经济学方法，而是让大家一起对要研究的问题进行投票就可以了。

以上这两个例子说明，在设计、发放、整理和使用问卷时，需要格外注意它的代表性和客观性。这两个条件中的任何一个得不到满足，都会导致数据不能代表我们关心的总体特征——即便使用了正确的实证方法，结果也会具有偏误。在这种情况下，我们就不能像用一个随机试验得出的数据那样，把来自样本的发现推广到总体上去。

怎样获取数据

获取数据的方式有多种，最普遍的是用公开、现成的数据。公开的数据来源有很多，各个学科也有自己常用的数据库。以经济学为例，宏观经济数据库有：国家统计局、中国人民银行、世界银行的 World Bank Open Data、国际货币基金组织的 IMF Data、美联储的 Federal Reserve Economic Data (FRED)、美国经济研究局的 BEA Data 等。微观经济数据库在个人层面有中国家庭追踪调查 (CFPS)、中国健康与养老追踪调查 (CHARLS)、收入动态面板调查 (PSID) 等，在企业层面有中国工业企业数据库、国泰安 CSMAR、Compustat 等。社会学、人口学和公共卫生等学科常用的数据库还包括中国综合社会调查、中国人口普查、中国健康与营养调查等。

以上由政府部门、中央银行或影响力强的国际组织提供的数据，可靠性很强。在文献中常用的，由高校、研究机构或营利组织编制、维护的数据库，也具有较高的可信度。

有时我们关注的变量没有公开的数据可用，那就需要通过问卷调查、实验或爬虫程序来搜集数据。如果数据来自问卷调查，就要说明调查的时间、地点、范围、问题、应答率等关键指标。如果数据来自实验，则要详细描述实验是如何设计的；对于由人参与的社会学、心理学或经济学实验，还要说明受试者的特征以及他们是怎样决定是否参与实验的。针对爬虫程序得来的数据，需要说明内容来自哪些网页，爬取的时间范围，是全部爬取还是部分爬取。只有明确了数据的来源或取得方式，实证研究才具有可复现的性质，其结论才具有说服力。因此，实证研究在介绍计量方法之前，都要详细介绍所用的数据来源、范围和变量的定义，这部分内容在实证研究中往往被单独列为一节。在论文中，数据来源应注明，通常列在图表的下方。

无论是使用现成的数据，还是自己搜集数据，我们都要首先关注样本范围，因为它决定了数据的代表性。比如：一个基于调查的数据库？访问对象涵盖哪些地域？包括哪些年龄段？社会经济和人口学特征分布情况如何？有些数据库专门针对特定个体搜集信息，比如全部人口中的中老年人，或全部企业中的上市公司。我们当然可以使用这些数据库，只是要注意样本特征和我们的研究问题是否契合——我们要研究青年人的问题，就不能用有关中老年人的数据库。此外，在使用宏观经济数据等涉及时间序列的数据时，还要注意在我们选取的时间区间内是否发生过能影响研究结论的重大事件。比如我们想研究经济在长期中的性质，那么就不能仅仅用经济危机或者萧条阶段的短期数据，因为它无法代表经济在长期或自然状态下的表现。

那么，万一我们找遍了可得的数据来源，也尝试了不同的变量，还是搜集不到足以回答研究问题的数据，此时该怎么办？难道要放弃这项研究吗？当然不必。我们可以根据自己能够获得的数据，对研究问题做出调整，使两者相适应。举个例子：我们原本是研究某项政策对某国对外贸易的影响，但我们只有出口数据，没有进口数据。此时可以看看是否能找到该国主要贸易对家的出口数据，这能近似地代表该国的进口行为。如果间接找数据这条路走不通，便无法进行预定的研究。但是，我们从已有的数据出发，可以尝试把问题聚焦到分析该政策对该国出口行为有何影响，这也是值得研究的。所以，就算拿不到理想的数据，也不要灰心；想一想有没有其他间接获得数据的渠道，或者能从已有的数据引出什么问题。

描述数据

在确定了研究问题和与之匹配的数据以后，在正式开始实证研究之前，我们要对即将用到的主要变量做一个描述性统计，并且以表格的形式放在论文中。这样的表格通常包括以下几个要素：

（1）变量的名称：让读者知道每个变量的具体含义是什么。

（2）观察值的数量：使读者对样本的代表性有大致的了解。

（3）均值：体现变量的平均水平，借此可以粗略判断样本是否合理。

（4）方差：体现样本的波动性，过小则说明样本可能有代表性差的问题。

（5）最大值和最小值：可以让读者直观地认识变量的取值范围，也可以帮助我们发现进而排除异常值。

如果我们的研究问题涉及宏观变量的时间序列，通常还要报告时间序列变量的自相关性，以体现变量当期与其上一期的关系，以及与某些关键变量（比如总产出）的相关性，来呈现变量的周期性。

以本章开头提到的阿吉翁与合作者的研究为例，他们提供的描述性统计如表 9-1 所示。

表 9-1　描述性统计（Aghion et al. 2015）

	均值（标准差）	中位数	最小值	最大值
专利数	6.59 (8.52)	3.5	0	54
引用加权专利数	6.65 (8.43)	3.35	0	45
1-勒纳指数	0.95 (0.023)	0.95	0.87	0.99
技术差距	0.49 (0.155)	0.51	0.080	0.81

注：样本是包含 354 个年度观察值的非平衡面板数据，来自 1973 年至 1994 年的 17 个产业。

展示描述性统计量，是为了让读者对我们所用数据的性质和分布有一个大致的了解，也能在研究的初期帮我们判断数据是否有潜在的问题。比如年龄、员工人数的最小值如果是负数，就可能是部分观察值有误。再如在研究有关贫困人员的问题时，如果个人收入的均值或最大值过高，那么样本的选取就可能有问题。

设计实证研究

确定了研究问题，选定了数据，我们下一步就要思考怎么利用数据。换句话说，我们要选择一个实证模型，把数据输入这个模型，输出的结果能帮我们回答研究问题。设计实证研究实际上就是确定一个统计方法来输入数据、输出一定的规律。对于同一数据，我们能发现什么样的规律取决于我们运用什么样的方法。对于非实验数据，使用普通最小二乘法通常就不能发现因果关系。

选择实证研究方法的思路无外乎两种：在前人相近的模型基础上进行改动，从实证模型的"工具箱"里选几样。

借鉴前人的做法

借鉴参考文献中的实证方法论，这个办法比较稳妥，不易出错。因为在文献中出现的方法、模型一般是经过同行评议和时间检验的，有严重错误的可能性比较小。那么，我们怎么把前人的方法用到自己的问题上呢？举例来说，如果已经有人研究接入普速铁路网对地方经济的影响，我们就可以借用他们的方法分析开通高铁对地方经济有什么影响。不过，要小心新的研究问题会伴随着新的挑战。继续我们的例子：有些地方只通高铁，不通普铁。那么，开通高铁对一个地方经济的影响可能取决于当地是否开通了普铁。前人在研究普铁的影响时很可能还没有出现高铁这个新生事物。我们要是套用他们的方法，直接将普铁数据替换成高铁数据，得到的结果就是"已有普铁"和"没有普铁"两类地区开通高铁效果的平均，而不是单纯开通高铁带来的无条件效应。如果我们忽略了这个区别，就很可能导致研究结果出现错误。这个例子说明：在借鉴前人的实证模型时，不可以只做"搬运工"。一定要注意所参考的文献与我们的论文在研究问题、时代背景和所处环境上的差异，并且做出相应的调整。

我们抱着借鉴前人的想法去检索文献，也许会发现可参考的研究寥寥无几。这也是一件好事，意味着我们提出的问题尚未得到充分讨论，有充足的空间待我们做出贡献。

选择自己的工具

如果文献中缺乏可供参考的模型,我们可以自主从实证研究的"工具箱"里选出一件或几件最相称的工具。选择的原则是适应数据的特征和研究问题的需要。以经济学常用的一些工具为例,常用的实证工具有:

(1)普通最小二乘(ordinary least squares, OLS)。这种方法一般作为基准回归模型,可以展示核心解释变量和被解释变量之间的相关性。它的优点是适用于广泛的数据类型,但由于前提假设很强(随机性、同方差等),通常不足以解决我们关心的识别问题。因此,普通最小二乘法常用于初步呈现核心变量之间的相关关系,作为之后更严格分析的基础。如果把城市的人均收入水平作为被解释变量,把"是否开通高铁"的虚拟变量当作解释变量,那么用普通最小二乘法可能会得到正向显著的回归结果。但是,把被解释变量和解释变量调换位置,结果依然会是正向显著的。因此,我们无法分辨是高铁的开通促进了城市经济发展,还是经济越发达的城市越有可能开通高铁。普通最小二乘法的显著结果只能说明两个变量间或正或负的相关关系,无法说明是哪一方的变化影响、导致了另一方的变化。

(2)双重差分(difference in differences, DID)。这种方法将样本区分为控制组和受试组,受试组中的样本会受到我们所研究事件的影响,控制组中的样本则不受影响。通过比较被解释变量在事件前后的差异(第一重差分)在两个组间的不同(第二重差分),我们可以识别这一事件对被解释变量的影响。双重差分法可以用来评估政策的成效或事件的后果。假设我们随机给一些家庭发放消费券,并分别记录拿到消费券和没拿到消费券的家庭当年消费量相对于上一年的增量(第一重差分),再计算这两类人群的消费增量的差距(第二重差分),就可以估计消费券对代表性家庭消费行为的影响。

(3) **断点回归**(regression discontinuity, RD)。对于由某个临界值决定其是否发生的事件(比如考试分数超过某个值即可接受大学教育,或者收入超过某个起征点即被征税),我们可以认为在这个临界值附近很小的区间内的样本,除了是否受到事件的影响外,其他特征服从相同的分布。这样一来,如果我们关心的变量在这个临界值(也称断点)两侧呈现出显著的差别,这个差别就可以被视为断点所对应的事件的影响。断点回归法通常用来识别那些由临界值决定的政策(如税收起征点、低保认定标准)或事件(如由考试分数决定的受教育机会)的影响。

(4) **工具变量**(instrumental variables, IV)。这是一类处理内生性问题的常见方法,它以不受样本中个体控制的外生变量为工具,对疑似有内生性的核心解释变量进行回归。回归得出的预测值就是核心解释变量的变动当中由外生因素导致的部分,我们将这组预测值作为剔除了内生性的核心解释变量,再对被解释变量进行回归,即可得到剔除内生性影响的估计值。工具变量法广泛用于核心解释变量由样本中的个体自主决定(如受教育年限),或与被解释变量有双向因果关系(如企业研发投入和技术领先地位)的情形。

(5) **向量自回归**(vector autoregression, VAR)。这种方法通常用于宏观实证分析:我们选择一些宏观经济变量构成一个向量,考察施加于其中一个变量的冲击如何影响这个向量中的各个变量，以及这种影响怎样随时间演化。例如，使用向量自回归法我们可以看到，让名义利率下降一个基点，消费、投资和人均收入会怎样相应地变化，这些变化又如何随时间的推移增强或减弱。

（6）自回归条件异方差（autoregressive conditional heteroskedasticity, ARCH）。它是一个金融计量模型，用于研究某个变量的波动性如何随时间的推移而变化。我们既可以用它来考察某一资产收益或市场波动率的周期性，又可以用它来研究某个外生冲击对资产收益或市场波动性的影响。利用自回归条件异方差法，我们可以发现：股票市场收益率在每天开市时波动最大。我们也可以用它来考察面对某些突发事件（比如熔断机制的触发）时，市场的波动性有何变化。

以上模型只是一些常用的实证工具，它们在不同的领域处理不同类型的问题，各自还有很多变体，也能组合使用。为了能选出最适合研究问题和数据特点的实证工具，我们需要详细了解这些常见工具的原理、适用范围和优缺点，而这样的了解来自持续的学习和实践。如同我们在第三章所说的，研究方法要依问题而定；能不能选对计量模型在很大程度上决定了一篇实证论文是否成功——就算问题再有意义，数据再丰富，要是选错了模型，也无法发掘出它们的潜力、做出应有的贡献。

定性研究

实证研究可以分成定性和定量两部分：前者关心"是或否"，后者回答"程度有多大"。实证研究中的定性部分和定量部分很难明确区分开来。一方面，定性问题往往是以定量方式回答的。比如统计学中的假设检验，根据统计量是否大于某个临界值这个定量方法回答是否拒绝原假设这个定性问题。另一方面，定量结果只有依附于定性判断才具有意义。比如我们说"多接受一年的教育平均能使人的收入提升10%"，这个定量结果就蕴含"多接受教育能提高收入"这个定性判断。①

那么，哪些定性问题能用实证方法回答呢？首先，可以用现实观察（经验）来检验的问题。这就意味着"人性是不是本善的"或"圆周率是不是有理数"这类针对抽象概念的性质的定性问题，不适合用实证方法来回答。而像"吸烟有害健康"这个说法就可以拿来与经验对照——每个人吸烟以后要么健康因此受损，要么没有；无论如何，都是能被观察到的。

我们在做定性分析的时候，需要留意前文提到过的抽样的随机性和样本的代表性。以吸烟与健康的关系为例，如果我们在吸烟的人群中，人为地只选择那些身体健康的人作为样本，就违反了抽样的随机性原则，如此得到的"吸烟无害健康"的结论就可能是有偏误的。代表性是指样本的各项特征的分布应该与我们关心的总体一致。如果我们在一个空气污染极其严重的地区随机抽样，很可能发现在吸烟和不吸烟的人群中呼吸系统疾病的发病率都很高，且二者之间的差异不显著。这样得到的"吸烟无害健康"的结论只是源于当地空气污染严重的特殊情况，无法隔离出吸烟对健康的影响。

其次，实证上的定性问题是具有或然性的，即我们并不要求

---

① 为了方便讨论，我们假设已经识别出教育对收入的因果关系。我们在写实证论文的时候应时刻警惕，不能在仅仅发现相关关系的情况下宣称存在因果关系。

实证研究的定性结论对所有个例都成立，只要它对绝大多数个例成立（或者成立的概率足够大）就可以了。

比如，在 100 个所有特征都相同的吸烟者中，只有两三个人吸烟后健康情况并未变差，甚至或许还变好了，但这不能使我们否定"吸烟有害健康"这个判断。但要是在这 100 个人中，只有两三个人的健康状况在吸烟后变差了，那么，"吸烟有害健康"这个判断就会站不住脚。这就是统计学中假设检验的方法论：它不要求所有的观察对象都符合或不符合某个命题（也就是说，它不做逻辑学上的"全称判断"），而只是依据观察对象符合或者违背命题的频率来决定是接受还是拒绝命题。我们在第二章曾提到怀特海对归纳法"从特殊到特殊"的描述，说明归纳法的结论只能是概率事件。因此，对实证研究来说，"不做全称判断"是一个基本原则。不管是做实验还是搞调研，难免有与总体趋势不符的例外出现。这有可能是因为测量误差，也有可能是因为影响因素错综复杂，没能被全部考虑到。（人们也不可能穷举式地考虑全部影响因素。）不过，这并不意味着实证研究的意义打了折扣——依概率成立的发现仍然可以帮助我们捕捉趋势性特征，并可以用来指导实践。

定量研究

除了研究对象的定性性质，这些性质的程度也至关重要。举例来说，就算知道了"吸烟有害健康"这个定性结论，大多数吸烟者还是不能下定决心戒烟。而影响他们戒烟动力的是"有害健康"的程度——如果吸烟仅仅减少几个月的预期寿命，那么戒烟的人也许不会很多；但是如果吸烟会减少十年左右的预期寿命，恐怕就会有很多人选择戒烟。定量研究把我们关心的性质或影响以数值表达出来。成本与收益的比较对我们做出决策具有不可替代的参考意义。公司在某地建一个分厂能带来多大利润？攻读一个研究生学位能使收入提升多少？实行某项交通安全政策能使事故发生率降低多少？这些全都是定量研究关心的问题。

对定量研究结果的解读取决于我们选择的统计、计量工具。这里以普通最小二乘法为例，记核心解释变量为 X，被解释变量为 Y，除 X 以外的解释变量为向量 Z，误差项为 e。那么，回归方程就可以写成[1]：

$$Y = \beta X + \gamma Z + e$$

假设样本符合普通最小二乘法的所有前提假设，我们关注的量化指标是核心解释变量的系数 β。如果它的估计值 $\hat{\beta}$ 在统计上显著，我们就把它解释为：平均而言，X 增长一个单位，Y 相应变化 $\hat{\beta}$ 个单位。需要注意的是，即使数据满足统计、计量工具要求的数学性质，我们也不能直接把估计结果解释为因果联系。因果分析是一门复杂的学问，需要专门的知识和经验。例如，在上面的回归方程中，用 Y 代表儿童年龄，X 是儿童识字量。那么这个回归会给出显著为正的 $\hat{\beta}$——但是它仅仅代表"儿童年龄"和"儿童识字量"之间的正相关关系，不能做出"识字导致了年龄增长"这样的因果解释。在我们面对定量分析的结果，试图从数字中提取因果关系的时候，一定要结合现实、常识和理

---

[1] 我们在这里忽略了变量的下标。下标用来表示观察值在什么层面变动（如国家、城市、年份等），随研究的具体问题而定。

论。

我们在上面提到了"在统计上显著"这个概念。在报告回归结果的时候,人们经常说一个系数"显著"或"不显著"。在回归方程里,核心解释变量 X 的系数 β "显著",是指在假设检验的意义上,原假设"$\beta = 0$"成立的概率充分小。[①] 而假设检验的原则就是"小概率事件在一次试验中不会发生"。如果以"$\beta = 0$"这个假设为前提观察到回归结果的概率非常小,我们就认为是这个原假设出了问题,从而拒绝它,认为 β 不等于 0。比如原假设成立的概率小于 0.05,我们就说"β 在显著性水平 0.05 上显著",或者"β 在置信水平 95% 上显著"。

我们为什么要关心显著性呢?通常我们运行一个回归方程,得到的估计值是一个数字,也就是实数轴上的一个点,因此叫作"点估计"(point estimation)。我们知道,一个实数在实数轴上的测度为 0;我们得到的估计值恰好等于真实值的概率也是 0。此时,虽然我们不知道参数的真实值,但是结合参数服从的概率分布,我们能计算出来它的一个"置信区间"。还以上面的线性回归为例,如果 β 的 95% 置信区间不包含数值 0,我们就认为它所对应的解释变量 X 与被解释变量 Y 之间没有相关关系的概率小于 5%。换句话说,X 与 Y 之间很可能相关。

需要注意的是,很多学生在解释置信区间时习惯说"真实值有一定的概率在置信区间内"。这个说法是不严谨的。真实值是一个常数:我们不知道它的值,但不意味着它就是一个随机变量。具有随机性、随着样本而改变的不是待估计参数的真实值,

---

[①] 在统计学上,"原假设成立的概率"叫作 p 值(p value),是指在原假设成立的前提下,从总体中抽样得到的目标统计量等于当前值或更极端的值的概率。

而是置信区间。所以，严谨的说法是"置信区间有一定的概率覆盖了真实值"。

定性与定量的联系

在实证研究中，定性分析和定量分析常常是一体两面、密不可分。我们运用统计学方法回答定性问题，就要定量地将某个统计量与一个临界值做对比。如果要研究"开设分厂是否能增加利润"这个定性问题，就要先估计建立分厂会带来的利润变动。如果这个变动的值在统计上显著大于零，那么对定性问题的回答就是肯定的。大家可能已经发现：定性问题是通过定量手段来回答的。反过来，如果我们关心的是"开设分厂会让利润增加多少"这个定量问题，也不可避免地会得出一个定性结论。因此，定性分析和定量分析经常作为彼此的副产品同时出现。

我们在论文中怎么报告定性、定量的结果呢？首先，在明确阐述了研究问题、描述了数据来源和特征、介绍了实证方法之后，我们要用图表来报告我们的统计、计量工具输出的结果。这样的结果还不是结论，我们要从定性和定量两个方面来把图表呈现的结果"翻译"成和研究问题直接相关的结论。在这个环节，我们要明确地告诉读者：图中的什么特征或者表中哪个位置的数字代表了什么，在定性上说明了什么、在定量上程度有多大，这些定性、定量性质又是如何回答研究问题的。以前面开头提到的阿吉翁与合作者的研究为例，他们在论文中展示了一幅拟合样本的图形（见图9-1）。

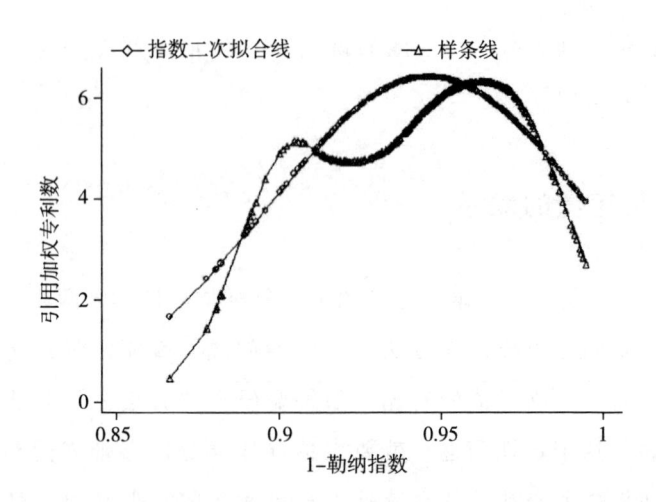

图 9-1　竞争强度与研发产出的倒 U 形关系（Aghion et al. 2005）

在原图中，横轴表示产业竞争强度，纵轴表示研发产出，以菱形标记的拟合曲线是一条先升后降的倒 U 形曲线。光放这张图是不够的，还得告诉读者它说明了什么：当竞争强度低时，竞争的加剧会使企业的研发力度提高；当竞争强度已经很高时，它进一步增强却会让企业的研发力度减弱。这是定性的结论。在定量方面，我们还可以分析：使研发力度达到最大的竞争强度是多少，有多少产业在这个临界点以下，又有多少在它之上。像这样用平易、直白的语言，把几何的、数字的结果变成大家都能明白的，才算完成了定性或定量分析的工作。

如果工具用对了，图表和数字是不会说谎的，但对客观结果的解释是人为的、主观的，容易走偏犯错。所以在对客观结果做出解释时需要加以注意。我们在后面讨论了一些常见的误区，供学生们分辨。

稳健性检验

在实证研究中,如果对一些因素稍加改变(比如增删一两个控制变量、改变样本范围),之前得到的结果就不再成立,那么这样的结果就过于脆弱,不适合用来解释现实和指导实践。我们希望的是,一些因素的变化所造成的干扰不能从性质上改变我们的主要结果,且在定量上变化不大——这样的特征就叫作稳健性。也就是说,我们不希望自己得到的结果严重依赖于特定的计量模型、样本选择或变量定义。

进行稳健性检验的第一个方法是调整计量模型。对计量模型的小幅调整包括保留计量方程的形式,仅改变用于回归的解释变量。比如增删控制变量、加入或移除固定效应、使用不同的固定效应等。程度较大的调整则涉及变更计量模型。比如主回归使用参数估计、稳健性检验使用非参数估计。第二个方法是更改样本范围。比如选取不同时期的数据,或者在随机对照试验的框架下采用不同的控制组。第三个方法是更换含义相近的变量,作为对核心解释变量或被解释变量的代理变量。布鲁姆与合作者研究了中国加入世界贸易组织后,向欧洲国家出口增加对当地同业厂商技术进步率的影响。[1] 他们使用了多个被解释变量来反映技术进步这个概念,包括专利数量的变化率、信息技术密集度(IT intensity,平均每名员工的计算机数量)的变化

---

[1] Bloom, Nicholas, Mirko Draca, and John van Reenen. 2016. "Trade Induced Technical Change? The Impact of Chinese Imports on Innovation, IT and Productivity." *The Review of Economic Studies* 83(1): 87-117.

率以及全要素生产率(total factor productivity, TFP)的增量。像这样用多个含义相近的变量去做同样的回归，如果能得到定性一致、定量相近的结果，通常会比仅用其中一个变量更令人信服。

机制分析

在确定了核心解释变量对被解释变量的影响以后，我们经常需要更进一步，讨论前者对后者产生影响的具体渠道是什么。这是因为只有知"其所以然"，才有望通过有针对性的做法在现实中趋利避害、达到我们的目的。像这样"已知影响，判断影响发生的机理"的工作，就叫机制分析。

虽然机制分析是实证研究的一部分，但在它的背后一定有理论。在用实证方法探讨机制之前，我们首先要想象一下从 X 到 Y 的可能渠道——这种渠道通常有很多，甚至如果我们自己不适时停下的话，我们能一直想出各种千奇百怪的影响方式。这就是理论应该发挥作用的时候了：我们需要借助理论，想出至少一个，多则两三个最可能的机制，再逐个对它们设计假设检验，来看看数据是否支撑这些备择机制。这就是为什么机制分析也经常被称为机制检验——每一个机制都是一种理论，虽然不见得有理论模型；而我们要做的是检验以某种理论成立为前提的原假设。当然，机制分析会受到可用数据的约束——如果我们找不到检验某个机制所必需的数据或它的替代品，那么就只能对其避而不谈。

进行机制分析的方法千差万别，但核心是一样的，那就是说明核心解释变量 X 通过渠道 Z 对被解释变量 Y 起作用。X 和 Y 都是我们实证研究主体部分已经明确的，关键是如何把关于渠道 Z 的理论转化为可操作的检验。

首先，如果渠道 Z 具有分组的特征，即仅具备某些特质的个体才会受影响，那么我们就可以用分组回归的方式，将整个样本按照相关特质（如年龄段、性别、受教育程度等）进行分组，在每组内分别进行同样的回归，再比较各组核心解释变量 X 的系数值及其显著性。如果有明显差异，则说明 X 对 Y 的作用因我们选取的特质而不同，这就显示出了所选特质有渠道作用。除了直接把样本分成若干子样本以外，我们还可以构建基于特质的虚拟变量，并让核心解释变量与其相乘（这样做时需保留各自的独立项），交乘项的回归系数则说明了核心解释变量的影响如何依分组而不同。这实际上是用异质性分析的方法来进行机制分析，也被称为调节变量法。Li（2021）探讨了如下问题：出口品中的性别特异技能产品结构是否能解释与工作相关的性别规范？[①] 换句话说，如果在一国出口的商品中，女性导向技能的产品比例更高，那么这个国家是否会有更加平等的性别规范？这项研究给出了肯定的回答。在进行机制分析时，作者大量使用了分组回归的方法，例如将样本按照性别和婚姻状态等进行分组。

其次，如果渠道 Z 可以用一个连续型变量来描述，那么我们可以直接考察核心解释变量 X 对 Z 的影响——如果影响是显著的，那么这就能作为对渠道 Z 的支持性证据。Baron（2022）研究了美国公立学校增加支出对学生表现的影响，其机制分析分别

[①] Li, Jie. 2021. "Women Hold Up Half the Sky? Trade Specialization Patterns and Work-Related Gender Norms." *Journal of International Economics* 128: 103407.

探讨了支出增加对师生比、教师经验等连续型变量的作用。①在很多研究的机制分析中，只需阐明 X 对 Z 的影响，无须说明 Z 对 Y 的影响。这是因为后者要么作为常识十分显然（如师生比高、教师经验丰富对学生而言是好还是坏），要么有前人的研究可作为佐证。

如果我们在分析核心解释变量 X 对渠道 Z 的影响的基础上，进一步研究渠道 Z 对被解释变量 Y 的影响，就接近中介效应模型。即如果 X 通过 Z 对 Y 有影响，那么当 X 和 Z 分别作为解释变量对 Y 进行回归时，其系数都应该是显著的。中介效应模型的第三步是把 X 和 Z 同时作为解释变量加入对 Y 的回归方程中，此时理想的结果是 Z 的系数显著，但 X 的系数不显著。然而，中介效应模型在经济学研究中的应用范围存在着争议——如果数据来自随机受控试验，那么该模型的确是一种良好的机制分析方法。但是，很多研究中的数据并非来自随机受控试验，这时就需要谨慎处理中介变量 Z 的内生性问题——它作为中介变量能够被核心解释变量 X 影响本身就说明它是内生的。何况在已经假设中介效应存在的前提下仅用 X 对 Y 回归又容易产生遗漏变量问题。2022 年发表在《经济学期刊》上的一篇文章使用了工具变量法来处理中介变量的内生性问题，值得借鉴。②

进行机制分析的方法有很多，具体怎样设计取决于研究问题、理论和可用的数据。即使我们的机制分析对某个机制提供

---

① Baron, E. Jason. 2022. "School Spending and Student Outcomes: Evidence from Revenue Limit Elections in Wisconsin." *American Economic Journal: Economic Policy* 14(1): 1-39.

② Dippel, Christian, Robert Gold, Stephan Heblich, and Rodrigo Pinto. 2022. "The Effect of Trade on Workers and Voters." *The Economic Journal* 132(641): 199-217.

了支持性的证据，也不能因此否定其他机制存在的可能性。我们关注的核心解释变量对被解释变量的影响，可能如同百川入海，有不可胜数的渠道。我们只能选取其中较为可能的、主要的一两个来呈现，无法亦无须穷尽所有的可能性。

异质性分析

实证研究归根结底是在探索核心解释变量 X 对被解释变量 Y 的影响。在很多情况下，这样的影响并不是均匀的，而是根据受影响者的特质，呈现出程度上甚至方向上的差异。比如让人每天拿出一小时来慢跑，这对青少年的健康或有裨益，但对六七十岁的老人而言则可能于健康有损。又如当市场规模扩大时，行业中生产率最高的企业的研发动机增强，而生产率最低的企业的研发动机减弱。[①] 如果把这些具有不同特质的个体一视同仁地放在一个样本里进行回归，它们受核心解释变量的不同影响可能相互抵消，最后展现出来的是一个被平均了的、无法反映真实机制的结果。为了避免这种现象，我们需要进行异质性分析。

首先需要明确，并不是所有的实证问题都需要进行异质性分析。并非任何个体可能存在特异性的维度都需要进行异质性分析。这样的面向数不胜数，如年龄、性别、受教育程度、收入水平、所处地域……不可能也不应该逐一去考察它们是否存在

---

① Aghion, Philippe, Antonin Bergeaud, Matthieu Lequien, and Marc J. Melitz. 2022. "The Heterogeneous Impact of Market Size on Innovation: Evidence from French Firm-Level Exports." *The Review of Economics and Statistics*: 1-56. https://doi.org/10.1162/rest_a_01199.

我们所说的异质性。我们尤其不提倡为了凑够论文字数、为了做异质性分析而去做这类分析；只有当我们面临的具体问题确有此必要时，我们才应该做此分析。

那么，我们什么时候需要进行异质性分析呢？和机制分析类似，异质性分析背后虽然可以没有理论模型，但一定要有理论的指导。只有当我们能够回答"为什么 X 对 Y 的影响有可能取决于 Z"时，才应该去检验基于 Z 的异质性。而不是先对任意选取的某些变量 Z_1、Z_2、Z_3……逐一做异质性分析，偶然发现其中某一个确实存在异质性，再回过头来加以解释。像这样碰巧发现的异质性很可能不是真正值得关注的，或者会掩盖真正造成异质性影响的因素。沿用上文的例子，如果在研究扩大市场规模对企业研发动机的影响时，考察企业研发投入的异质性，那么可能会发现：研发投入高的企业，其研发动机受到了正向影响；研发投入低的企业，其研发动机受到了负向影响。但是，之所以出现这样的结果，很可能只是因为企业平时的研发投入与其在业内的技术领先程度呈正相关关系，而最终决定我们所关心的影响方向的还是技术领先与否，而非研发投入高低。因此，要不要做、基于什么去做异质性分析，背后都要有理论的指导。

异质性分析的具体做法不一而足。最为简单直接的是把样本分组，在各个组内分别使用同一个计量模型，观察结果在组间是否有差别。我们可以直接把样本按分类变量（如性别、学历等）直接分组，也可以把连续型变量按照大小逐段分组（比如按收入分为高、中、低三组，每组内样本数量相等）。这种做法的缺陷是：尽管参数的估计值在各组可能不同，却难以分辨这样的不同是否在统计上显著。为了解决这个问题，我们还可以尝试在不对样本分组的情况下，加入异质性变量 Z 与核心解释变量 X 的交乘项。[①] 如果我们想检验的异质性表现为分类变量，那么 Z 就是一个或一组虚拟变量；如果它表现为连续型变量，那么可以让 Z 直接与 X 相乘。对于后者，交乘项的系数方向、大小和显著性就体现为对于不同的 Z，核心解释变量 X 对 Y 的影响有何差别，这就是我们所说的异质性。还有一种异质性体现在核心解释变量 X 的取值范围上，比如常见的 Y 关于 X 呈现先降后升的 U 形关系或者先升后降的倒 U 形关系（我们可以再次参考前面提到的阿吉翁与合作者的研究，见图 9-1）。换句话说，X 取值的大小，决定了它的变化如何影响 Y。为了检验这种异质性，我们可以在线性回归方程中额外加入 X 的二次项，根据二次项系数正负及其是否显著来判断。此时，如果 X 对 Y 的散点图或者 binscatter 图能显示与二次项系数一致的趋势，就更好了，应一并在论文中报告。

从结果到结论

无论采用什么样的计量方法，实证研究的结果都表现为数值。数字本身不会说话，必须由我们加以解释才能联系具体的问题。对研究结果的解释，要像对待研究方法一样谨慎，避免曲解以致从正确的结果引出错误的结论。在实证论文中，对研究结果常见的曲解可以分成以下几类：

[①] 应当注意的是，如果我们在回归方程中加入了这样的交乘项，那么交乘的两个变量也应各自作为解释变量。

（1）超出样本的代表性谈问题。其一是在横向上将研究一个特殊群体得出的结果推广到一般范围，比如在发达国家发现修机场对地方经济有益，就主张靠修机场实现落后地区脱贫。其二是在纵向上将一个时期的实证结果照搬到另一个时期，比如发现特定时期靠补贴外资实现了落后产业的快速发展，就主张对外资进行补贴，尽管本土企业已经拥有国际竞争力。这类错误本质上是忽视了核心解释变量作用于被解释变量的机制，导致把某个机制引起的结果应用到那个机制不再存在的时空中去。

（2）样本设计问题。这是指取得数据的方式不满足研究问题的需要，包括样本规模太小或者有选择性偏误。比如要调查本科生考研的意向，但是只在考研自习室发放问卷，导致得出所有本科生都想考研的结论。

（3）误判因果联系。这包括把相关性当成因果性、反向因果和共因谬误。普通最小二乘回归指示的只是变量之间的相关性，并不代表因果联系。比如我们用个人财富作为解释变量对年龄做回归，控制其他因素的影响后，可能发现回归系数是显著为正的。但这不能解释为财富增加是年龄增长的原因。反向因果的例子是看到公鸡打鸣伴随着日出就认为公鸡打鸣是日出的原因，搞反了原因和结果。共因谬误的典型例子是：一年当中冰激凌销量高的时候，森林火灾的发生率高。但冰激凌畅销和森林火灾高发二者之间不存在因果关系，它们的共因是夏季高温。此外，经济学中常用的"格兰杰因果关系检验"（Granger causality test）虽然名称里带"因果"二字，但实际上只是用于判断先后发生的事物是否有统计意义上的关联。我们不能脱离实际问题、一概把在格兰杰因果关系检验中显著的自变量解释为因变量的原因,否则就会闹出"公鸡打鸣是太阳升起的原因"这种笑话。就连这个检验的开创者克莱夫·格兰杰(Clive W. J. Granger)本人也在2003年诺贝尔经济学奖获奖演说中提示了这一检验的局限性,还说到在对他的研究的引用中"出现了很多荒谬的论文"。①

在阐释实证结果时,我们尤其要注意涉及因果关系的语言表述:不能仅仅因为变量之间有统计上显著的关系就说其中一个是另一个的原因或结果。想要从数据中识别出变量间的因果关系,除了要针对实际问题设计专门的检验,也不能忽视问题的理论背景。对比以下两个例子:

> 我的主要研究结果显示,小学考试成绩提高5% (大约一个标准差)会导致居民的边际支付意愿提高约2.1%,或以平均房价为18.8万美元计算的3 948美元。②

> 我们在第(4)栏中的首选结果表明,在其他变量不变的情况下,房价每上涨10%,慢性病的对数发生率

---

① Granger, Clive W. J. 2004. "Time Series Analysis, Cointegration, and Applications." *American Economic Review* 94(3): 421-25.

② "My main finding reveals that a 5 percent increase in elementary school test scores (approximately one standard deviation) leads to an increase in the marginal resident's willingness to pay of approximately 2.1 percent, or $3,948 at the mean house price of $188,000." Black, Sandra E. 1999. "Do Better Schools Matter? Parental Valuation of Elementary Education." *The Quarterly Journal of Economics* 114(2): 577-99.

就会上升0.32。①

其中，第一个例子明显比第二个例子更肯定地宣称了因果联系。我们除非做了充分的因果识别工作，否则不宜使用这么强的语气，可以参考第二个例子。

（4）误解变量含义。我们要严格按照变量的定义方式去解读实证研究的结果。比如一家企业平均每台机器对应的工人数量下降并不能解释为自动化导致失业，因为有可能是机器数量和工人数量都上升了，只是前者涨幅更大。再如空气污染的恶化能缩小吸烟者和不吸烟者呼吸系统发病率的差异，但不能解释为空气污染使吸烟的危害降低。

（5）以偏概全。在评价事件或政策的影响时只关注某一机制，忽视其他重要的尤其是方向相反的机制。比如评估在中小学划分重点班的作用时只看到它能提高成绩较好的学生的升学表现，却忽视了它会导致成绩普通或落后的学生获得更少的教育资源，不利于他们的成长和进步。

以上列出的只是一些在解读实证研究结果时常见的误区。在写论文的时候，面对的具体问题千差万别，可能犯的错无法一一穷尽。要避免这类错误，最好的办法是站在一个批判者的角度，以严格甚至苛刻的要求对自己的结论挑挑毛病，看看有什么不严谨的地方。论文总要经过审稿人一丝不苟的审阅，在被

---

① "Our preferred results in column(4) suggest that a 10% increase in housing prices is linked to a 0.32 rise in log-odds of chronic diseases holding other variables constant." Xu, Yuanwei, and Feicheng Wang. 2022. "The Health Consequence of Rising Housing Prices in China." *Journal of Economic Behavior & Organization* 200: 114-37.

他们挑出毛病之前，如果能自己发现问题，就能少走很多弯路。

英国哲学家弗朗西斯·培根在 1620 年出版了《新工具》，其中第二卷讨论了归纳法，对后来的自然科学发展做出了重大的方法论贡献。培根主张用基于观察得到的经验来检验理论，尤其重视用特定的事例来分辨看起来都对的两种理论（这恰好是我们在本章开头引以为例的阿吉翁及合作者的工作性质）。[①] 培根的目标在于确立一种整理观察资料以资科学研究的方法，他并未也无意于试图建立一种包罗万象的理论。[②]

在当下，依赖归纳法的实证研究有被滥用的倾向，尤其是研究问题的过分细化和结论推广的任意泛化。前者的体现是提出的问题越来越琐碎，甚至只是照搬他人的研究，换换数据重新回归。比如前人研究了上网对学习成绩的影响，自己就原样照搬研究玩手机对成绩的影响。这样的研究往往没有带来什么新的发现，只是用一个新样本，把前人的研究从方法到结论重复一遍。后者的体现则是过于轻易地从局部观察上升到一般规律，在另一个极端上犯错。比如发现未成年人上网对成绩有负面影响，就认为让成年人少上网甚至不上网能提高工作效率。这种对实证结论的任意推广，忽视了研究发现依赖的特定机制（上网是用来玩游戏还是学习、工作）和样本的局限性（未成年人和成年人的自制力存在差别），容易导致于实践无益甚至有损的结论或建议。

正如培根对归纳法的提倡伴随着对演绎法的批判，今天我们

[①] 罗素.1976. 西方哲学史：下卷. 马元德，译. 北京：商务印书馆：64.
[②] 梯利.1995. 西方哲学史. 伍德，增补.葛力，译.增补修订版. 北京：商务印书馆：293.

在运用归纳法分析现实问题的时候，也要对它的局限性保持清醒。归纳法和演绎法中的任一方都无法取代对方，二者相互配合和补充才能让我们对世界的认识更加完整。正如罗素（Bertrand Russell）在《西方哲学史》中所说的："当一个假说必须验证时，从这个假说到某个能由观察来验证的结论，往往有一段漫长的演绎程序。"[1] 草率地把一时一地的实证研究推广到不相匹配的范围，就是忽视了这一段演绎程序，用某些观察来检验不应由它们判断的假说。像这样脱离了逻辑演绎的过度归纳，不仅不利于我们写好论文，还有害于我们的思维习惯。而承认研究方法和结论适用的边界，保持对未知问题的敬畏和探索动力，才有助于我们在认识世界、完善实践上走得更远更好。

---

[1] 罗素.1976.西方哲学史：下卷.马元德，译.北京：商务印书馆：65.

第十章　如何呈现实证文章

我们在第八章介绍了理论文章的结构及各部分的写作技巧。整体而言，摘要仍然是引言的微缩版，引言是正文的微缩版、摘要的拓展版。我们谈过的写作逻辑、内容选取原则在实证文章中仍然适用。不同的是，相较于理论文章的数学表达式，实证文章会给人充满图表与数字的感觉。因此，实证文章的写作更侧重如何提取恰当、重要的定量结果并总结出恰当的定性结果。

实证文章的结构除了摘要、引言、模型、主要结果和结论部分，还会包括背景、数据、异质性分析、机制分析与检验等部分。这几个部分在内容上不重复，在逻辑上呈递进关系。比如，我们需要先了解制度背景和数据来源，才能用计量模型进行分析。基于主要的定量结果，我们才能进行异质性分析或机制分析。接下来，我们将逐一讲解各部分的写作技巧。

摘　要

对于实证文章来说，我们仍然建议写完正文之后再写摘要，因为实证研究相对而言更容易得出丰富的结果。我们很难在研究结束之前精准把握论文的主要贡献。但是，文字可以帮我们随时记录、梳理结果，待文章主体完成之后再回过头来写摘要更容易找准主要贡献，一气呵成。

实证文章的摘要一般包括研究动机、研究问题、研究方法、数据、主要结果及主要贡献几部分内容。具体而言：因为实证文章研究的问题更贴近现实，摘要的第一部分通常会包括研究动机。我们可以从现实观察、数据中的发现、文献中的不足等方面出发引出明确的研究问题。第二部分总结研究所用的数据及方法。还可以适当阐述该方法的好处，以及如何弥补了文献中的不足。第三部分总结主要结果，包括主回归结果、异质性分析结果与机制分析结果等。最后，用一句话总结主要贡献。

在总结主要结果时，可以结合具体数字，让表述变得更准确、更直观。比如 Zhang(2022) 的例子，作者用 1.5 年、572 美元和 10% 这三个数字精确地描述了初级保健医生退休对医保受益人的影响，让读者对主要结果有了非常直观的印象：

> 我发现，虽然有一些适度的预期影响，但是在初级保健医生退休后的第一个 1.5 年内，每位医保受益人的医疗保险总费用增加了约 572 美元，并且新发慢性病的

检出率增加了10%以上。①

在第九章我们讨论了从结果到结论常见的错误，除此之外，在摘要中还要避免随便给出政策建议。政策建议需要经得起推敲且在正文中有表述，不要在摘要中随意添加以吸引眼球。我们来看一则学生论文中的反例：

> 依据2019年我国30个省份（除西藏）居民对猪肉和鸡肉的消费支出和价格数据，建立猪肉消费量和鸡肉消费量的联立方程组，通过间接最小二乘法回归了我国居民鸡肉消费对猪肉消费的替代关系。回归结果显示，鸡肉消费量受猪肉消费量、收入、冬季季度、地域影响，因此鸡肉消费对猪肉消费存在一定的替代关系。基于该研究结果，本文认为未来可通过增加鸡肉的生产来缓解猪肉减产带来的消费压力。

原文是一篇研究我国鸡肉消费对猪肉消费的替代效应的论文。作者在摘要中对研究数据、研究方法及结果都做了很好的总结。美中不足的是在摘要的最后，作者给出了"未来可通过增加鸡肉的生产来缓解猪肉减产带来的消费压力"这一政策建议。这会让读者产生类似于"那牛肉呢？"或者"到底应该增产

---

① "I find that, despite moderate anticipatory effects, PCP retirement results in an approximately $572 increase in total Medicare costs per beneficiary in the first 1.5 years post-retirement and an over 10% increase in detection of new chronic conditions." Zhang, Xuan. 2022. "The Effects of Physician Retirement on Patient Outcomes: Anticipation and Disruption." *Journal of Public Economics* 207: 104603.

多少？"这样的疑问。这是因为虽然研究发现鸡肉消费和猪肉消费二者存在一定的替代关系，但并没有检验其他肉类，因此不能排除存在其他肉类是猪肉的更好替代品这种情况，更不可能精确回答在猪肉减产多少时需要增产多少鸡肉这样的问题。因此，上述政策建议就显得经不起推敲，缺乏足够的论据支持。

引　言

我们在第八章理论文章的写作中介绍了引言与正文的关系、引言的结构以及读者对引言内容的期待。虽然实证文章以定量分析为主，但是这部分在写作技巧上与理论文章有相同之处。在此我们着重讲解不同之处。

实证文章与理论文章相比，研究的问题更具体、更贴近现实。因此，一半以上的文章都会以现实观察或经验数据开篇，介绍研究背景或研究动机。之后，再用一两句话从现实过渡到学术研究，这种写作方式可以让读者了解领域内的学者如何看待现实问题。下面，我们以 Black（1999）引言部分的开头为例：

> 家长并不是唯一对学校质量感兴趣的人。经济学家、教育家和政策制定者也早就对更优质学校的价值感兴趣，目的在于评估若干学校改革。许多关于学校质量效果的研究都试图在考试分数和收入等投入和产出之间建立直接的因果关系。然而，这些研究结果并没有达成

一致，反而助长了研究人员之间的大辩论。①

可以看出作者的写作逻辑是开头先指出学校质量是一个受各领域广泛关注的问题，接下来指出既有文献的研究重点，以及现有研究并没有达成一致的结论，这也就暗示了这篇文章将继续探索这个问题。至此，读者已在脑海中建立了研究学校质量这个问题很重要、现有研究重点聚焦于因果推断、研究结果没有定论这三个概念。接下来，作者便可以顺理成章地回顾文献、引出自己的研究问题和研究方法。

作者在引言中重点回顾哪支文献取决于他想要把整篇文章的研究成果和贡献安放到哪一个领域。有时，作者也会用两支到三支文献从不同角度为文章做铺垫，尤其是做跨学科研究时。不过，无论是用几支文献，都要注意文章的整体感，不要东拉西扯把读者的思绪引得太散。要做到"不散"，就要做到选取的文献以及每段切入的角度都与自己的研究问题高度相关，把握好重点，不过分陷入细节。比如研究抑郁症相关问题时，我们可以引用医学文献、心理学文献、社会学文献以及经济学文献从不同角度说明抑郁症是学界广泛关注的议题，从而为公共卫生领域政策的研究做背书。只要引用文献的目的是统一的，在

---

[1] "Parents are not the only ones interested in the quality of schools. Economists, educators, and policy makers, too, have long been interested in the value of better schools in order to assess a number of school reforms. Many studies of the effect of school quality have tried to establish a direct causal link between such inputs and outputs as test scores and earnings. Their inconclusive results, however, have only served to fuel the great debate among researchers." Black, Sandra E. 1999. "Do Better Schools Matter? Parental Valuation of Elementary Education." *The Quarterly Journal of Economics* 114(2): 577-99.

同一逻辑链条上,就不用担心跨领域引用文献会对文章整体结构造成冲击。

引言的第二部分内容主要包括研究问题与研究方法。研究问题最好可以提炼成一句话,同时把握好定量和定性之间的比例。在体现定量研究的基础上给定性结论留有一定的空间。此外,实证研究一般是选取现成的实证工具进行应用。既然只是应用,那么在阐述实证文章的研究方法时只需客观陈述,并且引用经典文献为方法的适用性做背书即可。注意,不可以把在使用经典方法时替换变量当作自己的理论贡献而加以强调。确实有方法上的创新,或者是把某个经典方法应用于全新的领域,才值得强调研究方法。比如,Black(1999)率先将断点回归方法引入评估学校质量对房价影响的研究中,因此作者在讲完研究动机之后立马强调研究方法:

> 为了避免早期研究所面临的问题,我比较了学区边界两边的房子——学区边界是决定一个孩子在学区内上哪所学校的地理界线。①

在原文中,作者紧接着列出了该方法的优点以说明其适用性,有兴趣的同学可以参考。

引言的第三部分内容以总结重要结果及机制为主。相较于理

---

① "To avoid the problems faced by earlier studies, I compare houses on opposite sides of attendance district boundaries—the geographic lines that determine which school a child attends within a school district." Black, Sandra E. 1999. "Do Better Schools Matter? Parental Valuation of Elementary Education." *The Quarterly Journal of Economics* 114(2): 577-99.

论研究，实证研究往往可以得出更丰富的结果。为了聚焦，在引言中我们不要逐一罗列正文中的所有结果，或者复制一大堆数字。我们可以精选一些能够有层次地回答研究问题的结果。比如，用"主要结果"直接给出研究问题的答案，用"异质性分析"或"机制分析"的结果解释背后的运行机制，这样可以提高引言的整体性及逻辑的连贯性。

在总结主要结果的时候，我们还需要注意语言表达的直观性。比如，与其直接摘抄表格中的数字和复制正文中的表达，不如把数字融入更通俗易懂的语言。这样才能让读者不至于在引言部分陷入技术细节，帮助其快速掌握主要结果并保有继续阅读的兴趣。我们继续以 Black(1999) 为例，作者把正文中直觉性不强的结果换算成了读者更熟悉的表述，降低了读者可能产生更多疑问的可能性：

> 我的主要研究结果显示，小学考试成绩提高 5%（大约一个标准差）会导致居民的边际支付意愿提高约 2.1%，或以平均房价为 18.8 万美元计算的 3 948 美元。[1]

引言的最后一个部分是陈述论文的主要贡献。这部分内容需要与领域内的相关文献做对比。从推广自己论文的角度来说，

---

[1] "My main finding reveals that a five percent increase in elementary school test scores (approximately one standard deviation) leads to an increase in the marginal resident's willingness to pay of approximately 2.1 percent, or $3,948 at the mean house price of $188,000." Black, Sandra E. 1999. "Do Better Schools Matter? Parental Valuation of Elementary Education." *The Quarterly Journal of Economics* 114(2): 577-99.

这部分也是作者陈述研究重要性的地方。尤其是对实证文章而言，如果研究具有一定的现实意义，应该在此强调。作者可以逐一强调某个结果对哪个领域的哪支文献进行了何种补充。针对每一个贡献，选取几篇重要论文，通过对比结果和机制来凸显自己论文的创新之处。重要的文献可以拿来做主语。相对不重要的文献可以归类放到括号或脚注中。在总结别人的论文时一定要客观，不要轻易给予负面评价。其他作者的成果受到诸多历史因素、条件的限制，我们应该给予充分的尊重。在写作上我们应该谨记"补充"这个词。我们陈述的每一个贡献都应该是对某个领域的现有成果的有益"补充"。我们与他人的论文一定既有关联又有区别，大方承认相同之处、积极解释不同之处是突出贡献的诀窍。总之，"文章的贡献是什么"这个问题需要反复推敲，这也是我们会反复修改论文的重要原因之一。

背景与数据

背景和数据这部分的主要作用是介绍研究背景及所用数据，是将研究过程具体化的一部分，因此其写作总原则是详细。实证研究前期往往涉及梳理制度背景和政策细节、设计实验、实施问卷调查、搜集及处理数据等。凡此种种，作者需要在正文中详细说明，尽量提供支持复刻研究的必要信息。这部分内容一般放在引言之后，也有放在实证策略之后、主要结果之前的，具体选择可遵从所在领域的规范。

制度背景及政策介绍

背景一般分为制度背景与政策介绍两部分。以政策研究为例，在写作时应注意把政策具体实施细则、实施时间、实施地域、覆盖人群等必要细节都介绍清楚。因为这些细节会影响到后续数据的处理以及实证策略的选取。当然，有些政策条款非常多，我们不需要把大段原文放在论文中，可以总结与研究最相关的条款，或提取一两个核心条款放到正文中。以 Su and Yu（2022）为例，这篇文章利用北京市小学合并事件来估算家长对热门小学入学资格的支付意愿。作者在介绍 2006 年修订的《中华人民共和国义务教育法》时，引用了第二十二条的原文："县级以上人民政府及其教育行政部门应当促进学校均衡发展，缩小学校之间办学条件的差距，不得将学校分为重点学校和非重点学校。学校不得分设重点班和非重点班。"作者还结合《中华人民共和国义务教育法》中的就近入学原则解释家长追捧学区房的原因，由此引出并详细介绍北京市区教委推行的小学并校这一政策：

> 首先，在九年义务教育阶段，官方不再指定重点学校，也不再择优录取。学校不得通过入学考试选拔学生。相反，学校只能按照"就近入学原则"招生。对于小学（1~6年级）而言，每所学校都有一个指定的学区，该学区由多个（不一定毗邻的）社区组成，所有在学区内有合法住所（"户口"）的儿童都可以自由入学。学校也不得向不符合就近入学原则的学生收取任何入学费用。因此，家长影响其子女在某所小学入学资格的唯一途径就是选择相应的社区居住。
>
> 其次，对我们的分析来说最重要的是，北京地方政

府推动学校合并，以此来缩小教育质量的差距。就中小学教育机构而言，区教委直接有权强制要求进行学校合并等结构调整，而市教委则对学校的设置和运营标准拥有广泛的监督权。在做出学校合并决定时，教委会发布一项行政命令，明确规定哪所好学校（历史上的"重点"学校）将合并哪所普通学校（非重点学校），以及合并后两所学校是成为一个法人实体还是保持独立实体。行政命令在宣布的当天或第二天立即生效。①

对于上述例子提到的政策和法规，如果不是在北京且亲身经历过的家长很难了解其中的细节，更别说是不同时代背景和文

---

① "First, at the nine-year compulsory schooling stage, there are no longer official designations of key schools or merit-based admissions. Schools are prohibited from using entrance exams to select students. Instead, they can only enroll students based on the 'proximity principle.' For elementary schools (grades 1-6), each school has a designated catchment area consisting of multiple (not necessarily contiguous) neighborhoods, and all children with legal residence ('hukou') in the catchment area are free to enroll. Schools are also prohibited from charging any enrollment fees to students who are not otherwise eligible under the proximity principle. Thus, the only way parents can influence the enrollment eligibility of their children in a given elementary school is through their choice of residential locations in the corresponding neighborhoods.

Second, and most importantly for our analysis, local governments in Beijing have promoted school acquisitions as a means to reduce disparity in educational quality. Regarding primary and secondary educational institutions, the Board of Education at the district government level ('qu jiao wei') has direct authority to mandate structural changes such as school acquisitions, and the Education Commission at the municipal government level ('shi jiao wei') has broad oversight over the standards for both the setup and operation of schools. For a school acquisition decision, the Board of Education issues an administrative order specifying which good (historically 'key') school is to acquire which regular (non-key) school, and whether the two schools are to become one legal entity or remain separate entities post acquisition. The administrative order takes effect immediately, either on the same day or the next day of the announcement." Su, Xuejuan, and Huayi Yu. 2022. "Valuing Elementary Schools: Evidence from Public School Acquisitions in Beijing." *The Scandinavian Journal of Economics* 124(4): 1117-41.

化背景下的学者了,因此详细的政策介绍就显得很有必要。有时光介绍政策还不够,我们还需要帮读者梳理制度背景或政策发展过程,以提供更广泛的背景知识。例如,Abadie et al. (2010)把合成控制法应用到分析美国"99号提案"上。①这样的表述相信很多读者的第一反应是:99号提案是什么?99号提案实际上是美国加利福尼亚州的控烟提案,具有划时代意义。就是怕读者不了解,因此在背景部分作者详细介绍了99号提案的提出背景、过程以及后续对州内和州外的影响。像写故事梗概一样,作者把关键时间、地点、人物,以及关键事件的起因、经过及结果都为读者梳理清楚。这样的铺垫可以增加读者对后续所用合成控制法的理解。此外,Ebenstein(2010)和Xiao et al. (2017)这两篇文章中有关中国政策的介绍也是很好的例子。②

数 据

现在我们来谈一下如何在论文中介绍数据部分。实证文章离不开数据。数据可能取自多个数据库,也可能是作者自己搜集的。得到的原始数据可能还需要经过作者的一系列处理才能应用于后续的分析。我们需要把从获得原始数据到生成最终数据整条线上的关键环节写清楚。有的领域作者有权不公开原始数

---

① Abadie, Alberto, Alexis Diamond, and Jens Hainmueller. 2010. "Synthetic Control Methods for Comparative Case Studies: Estimating the Effect of California's Tobacco Control Program." *Journal of the American Statistical Association* 105(490): 493-505.

② Ebenstein, Avraham. 2010. "The 'Missing Girls' of China and the Unintended Consequences of the One Child Policy." *Journal of Human Resources* 45(1): 87-115; Xiao, Yun, Li Li, and Liqiu Zhao. 2017. "Education on the Cheap: The Long-Run Effects of a Free Compulsory Education Reform in Rural China." *Journal of Comparative Economics* 45(3): 544-62.

据，或者有些数据本身就是非公开的，但作者有义务尽可能详细地介绍数据的相关情况。

同理，如果研究数据来自实验或问卷调查，那么需要遵循本领域的规范，把细节介绍清楚，方便读者复刻研究过程。比如，针对每一个实验，其中的时间、地点、被试、分组、过程、所用仪器、操作流程、试验次数等都需要介绍清楚；在问卷调查中，发放对象、发放时间、发放地点、发放次数、核心问题、回收情况、有效问卷、代表性等也都需要介绍清楚。

在具体写作上，我们可以按数据库，先分类介绍每个数据库的概况，比如调查对象、调查年份、样本量、如何抽样、是否为追踪调查；再详细介绍样本抽取的依据，如时间、地区、年龄、个人特征等，以及原始数据的处理过程。在此基础之上，最好还能给予充分的理由，以保证逻辑连贯。在介绍完数据之后，作者有必要用表格或文字对所有的变量进行归纳总结，以方便读者查阅。比如，可以按个人、家庭、县、省等层面对变量进行分类。

此外，我们可以在正文中呈现所用问卷中的核心问题，以便读者对核心变量有更直观的了解。如有需要，完整的问卷或量表可以放在附录中。所有用到的数据库都需要逐一进行讲解。Akee et al. (2018)是一个很好的范例。[①] 由于原文过长，我们就不在此展开了。如果数据来自诸如县志、年鉴、史料、网站、自行设计发放的问卷等，那么需介绍清楚数据来源、搜集方式、

---

① Akee, Randall, William Copeland, E. Jane Costello, and Emilia Simeonova. 2018. "How Does Household Income Affect Child Personality Traits and Behaviors?." *American Economic Review* 108(3): 775-827.

应用软件等相关信息,以及后续数据处理的重要细节。

介绍完数据来源与处理方式就好像告诉读者我们已经做好了开始分析的准备,此时,作者可以为读者概括一下数据的基本面貌,比如呈现描述性统计表格、介绍组间差异的表格、描述数据在地图上的分布的图或分析核心解释变量随时间变化的趋势图等。同时,我们可以结合后续研究,从这些概况中选取重点变量进行简单的文字描述,为后面研究做铺垫或提供佐证。但需要注意的是现在还远不到下结论的时候,因为这个阶段所提供的论据往往不足以支撑整个研究的结论。

实证策略

在第九章我们介绍了常用的实证工具,在论文中这部分内容常被称作实证策略(empirical strategy)。实证策略的书写包括提出实证策略的目标、论证方法的适用性以及阐述研究方法本身这三部分。因为研究的问题和内容存在差别,即使应用相同的研究方法,每个作者所建立的实证模型也不会完全相同。因此,作者需要用单独的一章详细介绍自己的实证模型。比如 Zhang(2022)在这部分开头明确表明实证策略的目标是用初级保健医生退休时间的不同来估计该群体的退休对医疗成本以及医疗质量的影响。[①] Akee et al. (2018)在此部分开宗明义地指出他们的目标是识别无条件的现金转移支付对儿童的人格特征、行为障

[①] Zhang, Xuan. 2022. "The Effects of Physician Retirement on Patient Outcomes: Anticipation and Disruption." *Journal of Public Economics* 207: 104603.

碍以及情绪障碍症状的影响。[①]

  提出实证策略的目标之后，需要论证方法的适用性，即提供证据证明所选的研究方法是合适的。这里的"合适"有两层意思：第一层是符合基本假设，第二层是优于其他方法。第一层的重点在于梳理所选方法需要满足的基本假设，以及就自己的实证策略如何符合这些假设提供证据。我们在写这部分的时候可以引用文献，但不要复刻或讲解别人的论文结果，否则会模糊重点。如果存在不符合某个假设的情况，需要说明如何通过调整识别策略来解决此问题。

  阐述第二层"合适"的目的是告诉读者，在众多可行的方法中为什么目前采用的是最优的。最优的方法并不意味着最新的方法，而是处理该问题最合适的方法。这体现了作者对各种方法的认知，需要作者把选中的方法和其他备选方法进行横向比较。如果需要进一步详细展开讨论，可以参考 Akee et al. (2018)。他们在文章中通过详细的对比说明了为什么不选择常用的双重差分而选择三重差分作为研究方法。如果想要略写，这部分也可以再次提及引言中的相关文献，从方法论的角度与其他模型做对比。

  论述完基本假设之后，作者就可以顺理成章地引出具体的实证模型或方法。与理论文章一样，所有的变量及其上下标、取值范围等都需要在正文中给出明确的定义，并为每一个表达式编号。

[①] Akee, Randall, William Copeland, E. Jane Costello, and Emilia Simeonova. 2018. "How Does Household Income Affect Child Personality Traits and Behaviors?." *American Economic Review* 108(3): 775-827.

实证文章所用的模型有时会非常简单，此时不要故意复杂化。比如下面这个例子，对于等式的右边，我们就需要给出充足的理由以说明为什么不简单写成 $\beta_t - \beta_{t-1}$，而是使用复杂的变形。

$$R_t = \ln \frac{\exp(\beta_t)}{\exp(\beta_{t-1})}$$

实证策略的具体写作需要遵循领域内的规范。多参考几篇顶级期刊上的文章即可。最后，想象一下如果这部分到此结束，下一部分将开始介绍主要结果，读者是不是需要回到这部分，仔细琢磨是如何得到这些结果的，以及这些结果是否真正回答了研究问题。为了帮助读者更好地理解实证模型，我们可以告诉读者接下来可以重点关注哪些系数以及它们的含义，这样既与开头提出的策略目标形成了呼应，也可以自然过渡到下一部分。

主要结果

实证文章的结果一般会非常丰富，在下笔前要对结果进行筛选、归类和逻辑梳理，并在正文中用子标题加以区分。比如 Zhang(2022)在研究初级保健医生退休对医疗保健的影响时按内容把主要结果划分为"使用情况和成本"及"质量"两部分。作者先介绍初级保健的使用情况，再研究这类医生退休对医疗成本的影响，之后顺藤摸瓜地探究对医疗质量的影响。具体而言，第一部分包含"初级保健的使用情况"、"其他医疗服务的使用情况"、"医疗保险总费用"和"稳健性检验"四个子节。[1] "其他医疗服务的使用情况"子节又包括"专科护理"、"急诊护理"、"处方药"、"医疗检查"和"住院护理"五个更具体的方面。第二部分包括"死亡率"、"潜在可避免的住院治疗"、"新发慢性病的诊断"、"初级保健医生"以及"稳健性检验"几个子节。这种编排方式具有清晰的逻辑链条,使得内容环环相扣,容易让读者保持阅读兴趣。下面我们将分别进行讲解。

主回归结果

主回归通常基于全样本分析,结果以表格、图形和文字的形式呈现。这部分通常可以直接回答研究问题。在具体写作时,作者可以在开头以回应研究问题的形式用一句话概括将要展示的结果。例如,Zhang(2022)研究的问题是"初级保健医生退休对病人的影响",作者在这部分的第一句话就回应了该研究问题:

> 本节展示了初级保健医生退休对病人的医疗服务利用和医疗成本的影响。公式(1)所示的事件研究法所提供的图形证据以及公式(2)所示的DID模型所提供的回归结果都呈现了出来。[2]

---

[1] Zhang, Xuan. 2022. "The Effects of Physician Retirement on Patient Outcomes: Anticipation and Disruption."*Journal of Public Economics* 207: 104603.

[2] "This section shows the effect of PCP retirement on patients' health care utilization and medical costs. Graphical evidence from the event studies in Eq.(1)and regression outputs from the DID models in Eq.(2)are presented." Zhang, Xuan. 2022. "The Effects of Physician Retirement on Patient Outcomes: Anticipation and Disruption." *Journal of Public Economics* 207: 104603.

接下来，作者可以按相关程度以及整体的逻辑链条决定结果的展示顺序。如果结果对应不同的模型或实验，应该在展示每一部分结果之前先说明目的。展示在表中或图中的结果需要遵从领域内的范式，我们特别强调在行文中出现的每一张图表都要在正文中引用并配以文字解释。反之，还没有想好如何诠释的图表就不要放入正文，我们不能期待读者自己挖掘研究成果。

我们不需要对每个表头中的变量名进行解释，因为所有的变量在数据部分都介绍过了，如果变量起名合理，读者应该可以轻易读懂。但当一张图表包含两个以上的模型、实验或样本，作者就有必要告知读者如何区分不同结果。在讲述结果的时候，作者也不需要解释表中的每一个数字或者图中的每一条线或每一个点的含义；也不是专挑显著的结果说，对不显著的结果避而不谈，而是从中挑选能够回答研究问题的结果进行说明。无论结果显著与否，作者都要思考选取的结果如何帮助回答研究问题。只要按这个思路写，结果自然就会紧紧围绕故事主线呈现。

至于如何用学术语言阐述图表中的结果，可参考领域内的范式。在动笔之前多参考一些文献，定下样本，之后通篇保持统一的风格。最后，需要特别注意的是，在正文中除了直接提及表格中的数字之外，为了方便读者理解，我们有时还需要将它们"换算"一下，变成直觉性更强的百分数、倍数或货币价值等概念。当然，我们不能故弄玄虚，在第一次"换算"的时候就应该做出解释或给出换算公式。下面这个例子取自 Xu and Wang(2022)：

我们在第（4）列中的首选结果表明，在其他变量不变的情况下，房价每上涨10%，慢性病的对数发病率就会上升0.32。对于一个患慢性病的概率为18.7%的普通人来说，这就意味着慢性病的患病率增加了5.54%。①

例子中的第一句是对表格中回归结果的直接描述。而第二句是通过"换算"对结果进行了更直观的诠释。同时，作者将"换算"细节放到了脚注中。

异质性分析

除了全样本分析之外，有时作者还会分子样本进行异质性分析。进行异质性分析的意义在于通过考察子样本的差异性使得我们可以更深入地回答研究问题，回答读者可能感兴趣的异质性问题。正如第九章所讲，可做异质性分析的维度非常多，我们不能为了凑篇幅而做个遍，下笔之前要多思考背后的指导理论和研究意义。

具体到写作上，作者的着眼点应该是"异质性"，并始终围绕异质性展开写作。在开头部分，作者可以阐述进行异质性分析的目的，这包括告诉读者为什么要关心异质性的问题，产生异质性背后的理论，异质性分析如何更好地帮助我们理解研究问题，以及理解这些之后对诸如政策制定、评估、修订有什么

---

① "Our preferred results in column (4) suggest that a ten percent increase in housing prices is linked to a 0.32 rise in log-odds of chronic diseases holding other variables constant. For an average person who has a probability of 18.7 percentage points of having chronic diseases, this translates to a 5.54 percentage point increase in the prevalence of chronic diseases." Xu, Yuanwei, and Feicheng Wang. 2022. "The Health Consequence of Rising Housing Prices in China." *Journal of Economic Behavior & Organization* 200: 114-37.

启示。比如，同一项教育政策对不同收入水平、不同教育水平、农村或城市人口的影响可能存在显著差异，这些都构成我们进行异质性分析的理由，同时这种分析显然对政策评估以及未来的政策修订都极具指导意义。只有明确了研究异质性的目的，读者才会认为接下来的分析是有意义的。

介绍清楚异质性分析的目的之后，作者需要展示重要的技术细节，比如分组依据以及应用的实证策略。如果实证策略有变化，需要把新策略的重点或区别写出来，同时尽量避免重复相同的部分。

在具体写作时，异质性分析可以包含以下三个方面。第一，用表格和文字客观陈述结果。一个分析一张表格，表格要尽量简明，只放重点关注的结果。表头要能让读者很容易看出分组依据。第二，分析组间差异，可以引用文献解释背后的机制。有时，异质性分析结果本身会被用来解释主回归结果背后的机制，具体要如何用这部分结果取决于整篇文章的逻辑链条。第三，说明异质性分析带来的启发。这部分往往是基于结果的推论，不会给予严格的证明，因此注意给出的结论需要经得起逻辑推敲、不能脱离现实。

最后，从异质性分析部分开始可能就涉及政策建议了，需要注意的是政策建议要针对研究问题、切实可行，不要给出不相关的建议。我们回到 Zhang(2022)的例子，这篇文章从"初级保健医生是否属于一个团体"、"退休的初级保健医生所在的州是否要求医生在离职前提前向病人发出通知"以及"联邦医疗保险受益人是否居住在基础医疗短缺的地区"这三个方面进行了异质性分析，并提出了如下政策建议：增加即将退休的初级保健医生、替代的初级保健医生以及病患三方之间的沟通，对降低与护理中断相关的高昂成本非常重要；同时，增加初级保健医生同样可以减少这一成本，虽然这不一定能改善医疗质量。[①]作者给出的政策建议与"初级保健医生退休对医疗成本以及医疗质量的影响"这一核心研究问题形成了很好的呼应。

机制分析

机制分析在理论文章中属于理论结果的一部分，一般无法与主要结果分割开来，而在实证文章中机制分析较为独立，可单独呈现。这部分与异质性分析的先后顺序比较自由，可依照通篇逻辑需要和主次进行调整。

机制分析的目的是从数据中挖掘影响主要结果的渠道。这是一个实证故事最深刻的部分。所谓的影响机制往往不止一个，在写作过程中作者要根据结果是否显著、逻辑链条是否完整、是否有文献支持这些原则进行取舍与安排，果断舍弃逻辑链条不完整、不显著或牵强的分析。

在具体写作上，作者可以先总结将要验证的诸多渠道，之后再逐条展开说明。我们继续以 Xu and Wang（2022）为例：

> 上涨的房价可能通过各种渠道提升慢性病的患病率。我们在这一节表明，根深蒂固的男性为新组建的家庭提供住房的婚姻文化以及未婚男性之间的婚姻市场竞

[①] Zhang, Xuan. 2022. "The Effects of Physician Retirement on Patient Outcomes: Anticipation and Disruption." *Journal of Public Economics* 207: 104603.

争在产生负面的健康结果方面起着重要作用。我们还展示了工作强度的提升、精神压力的增加以及生活方式的改变可能是其他潜在渠道。①

原文主要研究中国快速上涨的房价对人们健康的影响。在主要结果部分,作者已经展示了上涨的房价对健康的显著影响。在此,作者用一段来承上启下,总结了接下来将从婚姻文化、婚姻市场竞争、工作强度、精神压力以及随之改变的生活方式这几个方面展开机制分析。

在阐述机制分析结果时,要注意论证是否充分以及机制之间的内在联系。作者可以首先通过引用文献为提出的机制提供理论指导。比如,Xu and Wang(2022)首先回顾了文献中导致中国性别比例失衡的多种因素,在这个铺垫的基础上提出失衡的性别比例会加剧婚姻市场竞争。而中国又存在男方婚前买房这一文化,因此高房价可能通过婚姻文化这个渠道对未婚男性的健康产生影响:

在中国,由于长期的重男轻女文化、独生子女政策、性别鉴定技术的普及以及农村土地改革等因素造成

---

① "Rising housing prices may cause an increase in the prevalence of chronic diseases through various mechanisms. We show in this section that the deep-rooted marriage culture of men providing a home for newly formed households and the marriage market competition among unmarried males play a significant role in yielding negative health consequences. We also show evidence that increased work intensity, rising mental stress as well as lifestyle changes could be other potential channels." Xu, Yuanwei, and Feicheng Wang. 2022. "The Health Consequence of Rising Housing Prices in China." *Journal of Economic Behavior & Organization* 200: 114-37.

的性别比例失衡,年轻男性之间为获取新娘展开的竞争一直很激烈。①

顺着婚姻文化这条逻辑链,作者又提出这种影响还可能传导给父母,因为中国父母有为儿子买婚房的传统:

> 房价上涨对年轻男性的潜在负面健康影响也可能传导到父母身上,因为中国父母常常觉得有义务为儿子买房提供经济支持,以帮助儿子在婚姻市场上取得成功。这源于一种根深蒂固的文化,即确保家族血统和宗族的延续性。②

至此,作者为检验婚姻市场相关渠道给出了充分的理由。铺垫之后,作者按照逻辑链条逐一讨论工作强度、精神压力以及人们为应对二者随之产生的生活方式的改变等渠道。纵观这部分内容,作者始终围绕房价如何影响健康这一主线进行挖掘,因此即使作者在中间穿插讨论了可能的内生性问题以及异质性

---

① "The competition between young men for a bride in China has been strong due to factors such as the imbalanced sex ratio caused by the long-lasting son preference culture, the one child policy, the spread of gender identification technology, as well as the rural land reform." Xu, Yuanwei, and Feicheng Wang. 2022. "The Health Consequence of Rising Housing Prices in China." *Journal of Economic Behavior & Organization* 200: 114-37.

② "The potential negative health effects of the increasing housing prices on young males could also be dassed to parents, as Chinese parents often feel obliged to provide financial support for house purchasing to improve their son's success in the marriage market. This originates from a strongly rooted culture of ensuring the continuity of the family lineage and clan." Xu, Yuanwei, and Feicheng Wang. 2022. "The Health Consequence of Rising Housing Prices in China." *Journal of Economic Behavior & Organization* 200: 114-37.

分析结果，也没有破坏这部分的整体感。

把握好主线之后，在行文中提到哪个机制自然就会报告相关表格的结果。这样就避免了结果的堆砌，行文也更加流畅。图表展示和文字表述所用范式与主要结果部分保持一致即可。在机制分析的最后，可做简短总结。有些机制分析受篇幅所限被放入了附录中，我们也可以在此总结相关结果。另外，如有需要，还可以讨论机制间相互作用、溢出效应等潜在问题，没有也不用勉强。

检　验

实证文章往往会涉及各种检验，比如稳健性检验（robustness check）、平行趋势检验（parallel trend test）、证伪检验（falsification test）以及各种安慰剂检验（placebo test）等。一般而言，检验按目的可分为验证是否满足研究假设和验证结果是否稳定两大类。因此，在具体的写作过程中，对于每个检验我们都需要交代清楚检验目的，审视其是否与正文的其他部分在同一逻辑链条上。这样才能保证文章整体逻辑通顺，不会因为目的不明的检验破坏了文章的整体感，给读者突兀的感觉。比如，Abadie et al.（2010）在要进行安慰剂检验时写道：

> 为了评估我们的估计结果的显著性，我们提出一个问题，即我们得到这些结果是否纯属偶然，也就是说，如果随机选择一个除加利福尼亚州以外的州进行研究，那么我们还能以什么频次得到这一数量级的结果。我们

将使用安慰剂检验来回答这一问题。①

作者用设问的方式告诉读者为什么要进行安慰剂检验。明确检验目的之后,作者对具体方法进行了描述,并且引用相关文献做背书,有兴趣的同学可以参考原文。最后,作者从如何解读结果的角度,将检验目的与检验结果有机地统一起来:

> 如果安慰剂研究产生的差距与对加利福尼亚州进行估计产生的差距相似,那么我们的解释是,我们的分析没有提供99号提案对加利福尼亚州香烟销售产生负面影响的重要证据。另外,如果安慰剂研究表明,相对于没有实施大规模控烟项目的州的差距,加利福尼亚州的差距异常大,那么我们的解释是,我们的分析提供了99号提案对加利福尼亚州香烟销售产生负面影响的重要证

---

① "To evaluate the significance of our estimates, we pose the question of whether our results could be driven entirely by chance. How often would we obtain results of this magnitude if we had chosen a state at random for the study instead of California? To answer this question, we use placebo tests." Abadie, Alberto, Alexis Diamond, and Jens Hainmueller. 2010. "Synthetic Control Methods for Comparative Case Studies: Estimating the Effect of California's Tobacco Control Program." *Journal of the American Statistical Association* 105(490): 493-505.

据。①

具体结果的展示与主要结果及机制分析部分类似,遵从文献中的范式、与前文风格保持一致即可。注意表格和图形要在正文中引用。文字部分要结合结果给出明确的结论。对于"不漂亮但对回答研究问题很重要的结果"不要避而不谈,应尽量为读者解释原因以及可能产生的影响。如果设计巧妙,可能就此引出后续检验。

结　论

实证文章结论部分的重点在于回顾研究问题、研究方法、主要结果及其机制以及陈述对文献发展的主要贡献。作者在这部分可以按正文中的主线选取结果。较为常用的结构是:首先回顾研究问题、给出研究结论并陈述主要贡献。其次,用具体数字总结主回归结果、异质性分析及机制分析结果。对于定性结论和机制分析也需要总结在此。最后,概括检验结果,以显示分析方法的科学严谨性。

---

① "If the placebo studies create gaps of magnitude similar to the one estimated for California, then our interpretation is that our analysis does not provide significant evidence of a negative effect of Proposition 99 on cigarette sales in California. If, on the other hand, the placebo studies show that the gap estimated for California is unusually large relative to the gaps for the states that did not implement large-scale tobacco control program, then our interpretation is that our analysis provides significant evidence of a negative effect of Proposition 99 on cigarette sales in California." Abadie, Alberto, Alexis Diamond, and Jens Hainmueller. 2010. "Synthetic Control Methods for Comparative Case Studies: Estimating the Effect of California's Tobacco Control Program." *Journal of the American Statistical Association* 105(490): 493-505.

与理论文章相似，实证文章结论部分的内容比摘要丰富具体，但比引言精练得多。结论部分主要是总结全文的结果，以加深读者的记忆。因此，在内容上可以重复摘要或引言中的重要内容。但是，一篇论文几十页下来，我们可以在一定程度上假设读者已经对论文的内容有了大致的了解，因此结论部分不需要从研究动机、背景说起、面面俱到。比如下面这个学生论文中的例子，更像是全文的开头，而不是结论部分的开头：

> 高校扩招政策自1999年实施以来，大幅提升了高等教育录取率，给予了无数人接受高等教育的机会，但同时这一政策在实施过程中也遭受争议。有人认为这一政策挤压了农村学子接受高等教育的机会，扩大了高等教育的城乡差距；有人认为这一政策提高了农村学子接受高等教育的机会，让更多人能在义务教育结束后继续学业。基于此考虑，本文希望研究高校扩招政策对高等教育城乡差距造成怎样的影响、如何造成影响。

最后，虽然结论部分在内容上与正文有诸多重复的地方，但我们不需要因为害怕给读者"词穷"的感觉而在结论部分刻意变换表述方式。当然，这也不意味着要照搬照抄前文的句子。我们可以适当变换说法，但要把握好度，注意专业词汇的统一，保持文章整体风格的统一。

第十一章　如何持续工作

古人云：积思成言，积言成行，积行成习，积习成性，积性成命。一个良好的工作习惯可以让人终身受用。论文的写作就是磨炼这样一个良好工作习惯的过程。

学生在面对论文写作这类必须要做的工作时，往往会考虑怎样尽量降低完成它所要花费的成本。这里所说的成本既包括时间，又包括付出的脑力、体力劳动甚至是引发的焦虑。很多人受习气驱使"找到"的解决方式是拖到最后一刻才开始工作，然后只能草草完工就抛之脑后。其实，把写论文这个长期任务分解成每周甚至每天的小节点并持续工作，才是在保障工作质量的基础上降低成本的最好办法。就好比静摩擦力通常大于滑动摩擦力，一旦我们克服"躺平"的静止状态，进入工作状态，持续工作需要花费的成本就相对变小了。如果我们进一步培养良好的工作习惯，前期付出的心血就会积累起来并成为指引我们进步的经验，使我们在论文写作上越来越得心应手；它也可能在苦尽甘来的时刻引发我们对做研究的兴趣，使兴趣与工作统一起来。本章讲的就是如何在写论文时找到适合自己的步调，做到在持续工作的同时减少心理消耗和焦虑、懈怠等负面情绪，平和而坚定地走完论文写作的全程。

写论文是一场持久战

人们常说"好论文是改出来的"。一篇论文从提出问题，到得出结论，再到写成文章，经常要经历漫长、曲折的过程，其中不免删删改改、数易其稿。在这一点上，无论是初涉论文写作的学生还是以研究为业的学者，都会面临同样的考验。

一篇论文从开始动笔到完成，要面临各种挑战。虽然这些挑战能帮我们改进论文，但接受挑战总归是一个难熬的过程——作者们不得不"动心忍性"，如此才能"曾益其所不能"。①

写作是一种技艺，只能通过反复练习来掌握、提升。若不熟悉论文写作的规律，就会容易陷入追求速成、省事的误区，导致既没写好论文，又误了自己的事，具体有以下几类：

1. 迟迟开始，草草收工。将论文看作烫手山芋，在规划写作周期的时候，目标是把花在论文上的时间压缩到最少，以减轻写论文带来的痛苦。这种情况在写论文的学生中能占六七成，仿佛拖延一天就少受一天的罪。其实，这种做法除了给读者带来糟糕的阅读体验之外，对作者自身来说也不是上策——这样写出来的文章质量可想而知，所以往往会被打回重写，结果还是要花很多的时间和精力返工。企图省时省力的做法到头来只会适得其反。

---

① 《孟子·告子章句下》。

2. 照搬文献，画虎不成。根据选题找到几篇相似的文献，初看似乎只要在前人的基础上稍做修改甚至拼凑一下就可以快速成文交差，但是到真正动笔的时候却发现没有想象中的那么容易——根据自己的题目不能照搬前人的研究。但是题目已定，无论是另起炉灶、换个研究方法还是硬着头皮弥合跟文献的差距，都需要意料之外的大量工作。

3. 理想丰满，现实骨感。研究的初步结果很好，看起来万事俱备，只待动笔，之后就可以一气呵成。于是不继续在论文上多花心思，中断了研究与写作的进程。但是等到截止日期临近，真写起来却发现诸多细节不理想，难以自圆其说。此时轻松写完论文的梦想破灭，现实则是面对重重困难，身处窘境。

写论文是一种千人千面的经历，每个人的情况和体验都有所不同。虽然我们不可能穷尽所有的可能，但在初次写论文的学生中上述三类情况绝非罕见。而它们都是可以通过持续工作来避免的。

人们常戏称："deadline（截止日期）是第一生产力。"我们对截止日期太熟悉了：从小学开始，老师就要求我们按时完成作业。到了大学，我们还要按时写完论文。我们都有过按照作业量来安排生活节奏的经历——要是某一天作业量小，我们的娱乐时间就会多；要是作业量很大，我们就得压缩娱乐时间，甚至需要熬夜。在写论文这件事上，我们依然要根据任务量来合理安排时间。那么它和中小学的作业有什么区别呢？首先，写论文的期限要长得多：不要求我们在一天、一周之内完成，而是通常有一个学期（课程论文）到一两年（毕业论文）的时间。其次，课后作业的工作量比较确定，而论文的工作量却依赖于自己的选择，无论是选题还是研究方法，都决定了完成论文需要投入多少时间和精力。

论文写作的这两个特点对我们的时间规划和执行力提出了更高的要求。在规划方面，我们需要把供我们完成论文的一大段时间大致分成几个阶段，用于选题、研究、写作和修改这几个不可或缺的环节。每个环节的时限不需要过于严格，可以有一定的弹性，但是要知道在其中一个环节花太多时间就意味着在其他环节必须加快步伐。本书的其他章节介绍了论文写作从头至尾各个环节的工作，于此不再赘述。在执行方面，合理的时间分配方案需要强大的执行力来落实，这样才能最终变成产出也就是论文。如果执行力不足，就会出现前期懈怠、后期紧张的局面。的确，在刚开始选题的时候看起来还有很多时间。但我们不知道在研究、写作过程中会遇到什么困难，完成初稿又会面对怎样的修改意见。如果在临近截止日期才开始赶工，就没办法从容应对意料之外的问题，也就无从保障论文的质量。

我们提倡平稳、渐近的论文写作节奏：既不拖延到不得不写才被迫开始，又不追求迅速写完以摆脱任务。不妨试着把写论文当作一场持久战，保持长期活跃的写作状态。就像学外语、背单词：突击则记不住，搁置则会忘掉。最好的办法是每天背一点单词、例句，如此坚持下去。怀着这样的心态开始工作，我们就能日拱一卒，踏实稳定地完成一篇篇对得起我们付出的时间、心血的好论文。

什么时候开始写

做好了打持久战的心理准备，我们面对的第一个实际问题就是：什么时候开始动笔写论文？在研究成形之前就开始写，如同无米之炊，显然太早了。那么，要不要等到研究十分完善再开始呢？如果抱有这样的想法，就会发现一直无法动笔。因为不管研究做得多么充分，也必定有进一步改善的空间。但是越到后面，每次修改的边际贡献就会越小，为了这微小的改进而影响论文写作的进度会得不偿失。所以，我们理想的动笔时间是研究已经有了一些初步结果，看起来就算再修改也不会有颠覆性的改动的时候。

那么，具体来说，我们的研究达到什么程度就可以开始写论文呢？人们做研究的习惯不同，开始写作的时机也因此各异。但是，最早也要等研究问题确定了才能开始写，这时能写的是引言和文献综述部分。[①] 最迟则不宜晚于研究主要成果确定的时候，这时根据个人习惯可以跳过引言和文献综述部分，直接写研究方法和结果部分。[②] 也就是说，不必按部就班地从引言甚至摘要开始，一节一节地按顺序来写。也可以先把论文的主干内容写好，再量体裁衣地写结论和引言部分，最后再确定摘要和标题。这样做的好处是：我们可以随着研究的进展，及时调整论文的主干内容。等主干内容确定了，再写引言、结论等。这样一来就不会出现在研究每一次推进、改动时都要从头到尾修改整篇论文的情况。当然，这只是诸多写作习惯中的一种，最好是在写论文的过程中尝试多种顺序、节奏，找到适合自己的办法。

[①] 关于确定选题的建议，见本书第六章。关于引言和文献综述的写法，见本书第五章。

[②] 关于研究方法和研究结果的写法，见本书第七章至第十章。

一旦我们开始动笔写论文，最重要的是确保围绕研究问题这根主线，有逻辑地说服读者。这要求我们的内容具有连续性和逻辑性，而且要不偏不倚地论述理论或实证结果。不过，在写第一稿的时候不必追求表达上的一步到位。要是在写作的同时总是斟酌如何遣词造句，就可能会经常停下来，导致思路的中断。我们不妨想到什么就写什么，顺畅地把脑中的想法落在纸上，过后再调整。如此一来，连续写作对我们来说就会更加轻松，不会因为频繁停顿、重启而感到疲惫、厌倦。有一些人能够做到下笔成篇，第一稿就能写出流畅、精准的字句，但这大多是反复训练的成果。若对写论文尚不熟悉，不应追求一步到位，不妨从重复打磨中积累写作经验。不要因为害怕修改而不敢动笔，因为无论第一稿写得多么好，修改都是必然的。

每天写一写，至少想一想

下定决心开始写论文不是一件容易的事情；一旦过了这一关，就最好保持连续工作的状态——最好每天，至少也要每周写上一段。不然，停滞一久，要想再次进入工作状态又得下不少功夫。我们在前面提到过"静摩擦力"，如果总是三天打鱼，两天晒网，那么就必须反复克服"静摩擦力"，消耗比持续工作更多的精力。所以，经常处在工作状态才能让写论文的时间成本、心理成本最小化。这里介绍一个小秘诀，那就是每天定时写一点，或者抽空想一点。

我们可以试着每天定一个精神饱满的时间，坐在电脑前写上一两页，无论什么想法、思路都可以。这里关键的不是"写"

本身,"写"实际上是一种思考的过程。通过写,迫使自己更加有条理地进行思考,而不是像闲暇时那样,容易出现思路跳跃。既然要写,自然要循着一个思路,把整个逻辑链条都思考清楚。同时,写下来也有助于整理和记录思维,记录下自己迸发的灵感火花,而不至于转头就忘。而且灵感也是要思考才会出现的。当然,在写的时候可以让自己的思路自然流动,不要为语法、格式、错别字等问题发愁,不要让这些问题打断思路。

如果我们停笔的时间太长,再次提笔要克服的"静摩擦力"就会很大。这就好像是健身:如果每天都拿出一些时间来锻炼,就能将锻炼作为一种习惯保持下去;如果停了一段时间,再想恢复之前的状态,就要付出很多的努力。很多研究者都有过这样的经验:论文搁置太久,等到再次动手的时候,自己已记不清之前做了什么、为什么那样做,就好像是看一篇陌生的文章。每天写一点就能避免这种情况,还能帮我们培养自律的习惯。

杂事太多或者实在写不出来的时候,也不必勉强自己。如果做不到每天写一点,至少也应该想一想。在写论文的工作周期里,本来就有大部分时间是用来思考的。当面对完成论文的任务,肯定时不时就会产生和论文有关的想法。与其常常因为要做而未做的工作感到焦虑,不如每天专门拿出一些时间来想一想和论文有关的事情:怎么调整文章结构?怎么解释研究结果?应该引用哪些文献?还有哪些研究要做?我们在做饭、干家务的时候,或者在通勤、锻炼的时候,可以沿着各种思路想一下,有时解决问题的路径就会在不经意间冒出来,这时应该坐到电脑前或者打开手机的录音或备忘录程序记下思路。这样做不仅能让自己一直熟悉论文的内容,不至于时间一长忘记自己干了什么、要干什么,还能产生有益的点子、淘汰次优的想法。对碎片化时间的高效利用推进了工作进程,也会让自己感到安心。

动力从哪里来

我们提到让写论文的成本最小化的方法是持续工作,至少保持思考。但是,尽管持续工作的"滑动摩擦力"小于进入工作状态的"静摩擦力",仍需要我们主动、自觉地付出努力。有时候我们明白了道理,但一想到写论文还是头大,最后还是被拖延的坏习惯战胜了。那么,支撑我们持续工作的动力从哪里来呢?

兴趣是动力最好的来源。如果我们对一件事感兴趣,那么无需任何外在的提醒或自我的鞭策,我们就会为之投入大量时间、精力。那么怎么知道自己对一件事是否感兴趣呢?至少有两个判断原则。首先,如果可以自由支配时间,我们会不会主动去做这件事?其次,如果这件事并不会给我们带来实际的回报,我们是否还愿意去做?如果对两个问题的回答都是肯定的,那么我们无疑找到了自己的兴趣所在。

遗憾的是,对多数人来说写论文不在令人感兴趣的事情之列。甚至在很多学生眼里,之所以要写论文,是因为受到了完成课程或者毕业拿学位的"逼迫"。如果把写论文看作是被逼的,那么当然要花很大的力气才能勉强自己去完成它,这么强的动力也就不好找了。

既然兴趣能降低写论文的心理成本,有没有可能培养出对它的兴趣?很多学生的第一反应也许是:"怎么可能?"但我们还是可以试一试的：不要单纯把写论文看作一个交差了事的任务，而是回归本质，把它当作探索的过程。这个过程中的每一小步，比如标题怎么确定，示意图怎么画，表格怎么列，内容怎么安排，等等，就好像一个个谜题在等我们去解开。完成了每个阶段性的小任务，写好了每一页、每一段，都值得为自己的进步感到欣慰。甚至可以为自己安排一些小小的激励，比如写完一节或者解决了一个难题就吃点美食，送自己一个小礼物，或者给自己放一个短假。

以上提到了产生正面反馈的情形，我们也可以尽量降低对负面反馈的感知。很多学生难以对写论文产生兴趣的原因在于论文写好了还得改。明明自己已经付出很大的努力，写出来的论文也称得上是心血，但交到老师或审稿人手里还是免不了被批评挑错、要求修改。这样一来，仿佛自己的努力都被否定了，能硬着头皮去改就不错了，哪里还谈得上兴趣？其实，即使是那些影响深远的经典论文，也大多有过被质疑、批评和要求修改的命运。2001 年诺贝尔经济学奖得主阿克洛夫（George A. Akerlof）1970 年的论文《柠檬市场：质量的不确定性和市场机制》（The Market for "Lemons": Quality Uncertainty and the Market Mechanism）是信息经济学领域最为重要的研究之一。但这篇论文在发表之前，曾被经济学顶级期刊《美国经济评论》以"意义微小"拒稿。[1]

若打算读博或者以科研为业，未来的"看家本领"就是写

---

[1] 有关此例以及更多类似轶事，可见 Gans, Joshua S., and George B. Shepherd. 1994. "How Are the Mighty Fallen: Rejected Classic Articles by Leading Economists." *Journal of Economic Perspectives* 8(1): 165-79.

作，于是有更大的动力把论文打磨好。本章前面提到过，写作这门技艺要靠反复练习来掌握、提升。趁早多下功夫来练好写论文的基本功，能为以后的整个职业生涯带来长期的回报。若无心从事研究工作，也应该把写论文看作一次磨炼毅力和能力的机会。即便以后所从事的工作不需要写论文，要想在任何事业上取得成就，毅力和表达能力也是必不可少的品质。

除了锻炼毅力之外，写论文还有益于培养我们的创造力。创造可能是人的一种本能，也是我们借以取得事业成功、实现人生价值的途径。当然了，创造的方式有很多：体力劳动也是一种创造，写小说、写诗也是一种创造。那么为什么非要写论文呢？从本书的第一章可知，论文是一种向他人报告自己创造成果的标准方式。这种方式注重按照特定领域的知识框架、范式有逻辑地说服（参见第三章）。所以，写论文可以帮我们塑造一种思维方式，基于理性地说服别人接受我们创造的成果。这种思维方式在许多种类的工作当中都有重要的意义，值得我们付出时间、精力去掌握它。

边思考，边写作

写论文和做研究是同步进行的——研究的进展会被写进论文里，而在写论文的时候也会经常涌现新的研究思路。思考和写作的作用是相互的，并非单向的决定与被决定的关系。

俗话说，好记性不如烂笔头。当我们的研究有了新成果，或者有了新想法，最好及时把它记录下来。有时我们手上的工作比较多，就会觉得"反正结果已经出来，只剩写了还不简单吗？"，转而去处理其他事情。于是，再抽身出来写论文就不知道是什么时候了。时间久了，很容易忘记当时的结果是怎么做出来的。更有甚者，就只是吃顿饭、洗个澡的工夫都能让我们灵光一现的新想法变得模糊不清、难以再现。所以，我们不能只重思考而忽视写作。

写作的意义远远大于及时记录研究结果，它能决定一项研究是否能获得与贡献相匹配的关注。同样的一项研究，在善写论文的老手和初写论文的新手笔下，呈现出的是完全不同的面貌。前者往往能快速吸引读者的注意，清晰、合理地介绍研究工作。而糟糕的写作会让人如坠云雾，读一两句话就得停下来琢磨几遍才能大概猜出意思。这使得读者恨不得把论文扔到一边。所以，提升写作的技巧，让读者读我们的文章时觉得轻松顺畅，才不至于埋没我们研究、思考的成果。

研究做到哪儿，文章就写到哪儿。有些学生在写论文的时候习惯顺着看似合理的思路，把还没做出来的结果先写下来。如果之后真能得到预期中的结果，倒也无妨。然而，研究结果是不以人的意志为转移的（它本也不应受到人的意志的干扰）。在很多情况下，我们得不出来预期中的结果，于是不得不把相应的段落删掉重写。更加严重的是，有的学生为了能暂时交差，就先在论文里写一些自己都没有把握的内容。后来发现研究不支持这些内容，只好推翻原有论述、进行大改，甚至试图造假来圆上之前凭空想象出来的结论。这两种情况中的任何一种都将对写作者造成严重的甚至是无法挽回的损失。

研究没有显示的，我们都不该写，那是不是只要研究一朝没有进展，我们的论文就只能搁置呢？也不尽然。在做研究的过程中总会遇到意外的挑战，有些问题比它初看上去更难解决。如果在研究中遇到困难，我们可以试着用一个更加简化的问题取而代之，或是寻找其他的逻辑线路、研究工具。攻克难题也好，另寻他路也好，都是持续工作的一部分。在进行研究的同时，我们不妨拿出一点时间来修改已经写好的部分，检查错漏、优化表达。这样一来，不仅能完成迟早要做的修改，为接下来的工作预留更多的时间，也能让我们保持对论文的熟悉，更能缓解研究暂时没能推进带来的压力。

做研究需要我们时刻对自己的理论和方法进行审视，甚至站在批判者的角度提出质疑，看看在论证上有没有什么弱点，好加以弥补、修正。写论文则与此不同。尤其是写第一稿的时候，最重要的是把话讲清楚流畅。不宜像做研究一样，动不动就停下来，对自己的遣词造句挑刺，这样会打断写作的思路，写出来的东西便会生硬别扭。词句的修改、润色当然要做，但不是一边写一边改，而是先待写完再拿出专门的时间来改。在多数情况下，论文初稿在写作上总是有很多瑕疵，其中有些能由作者自己发现并修改；有些则受作者的知识、习惯等因素所限，需要请老师、同学、合作者甚至专业的编辑来帮忙改。

遇到困难怎么办

研究难以推进导致论文写作停滞是再常见不过的事了。实证研究的结果可能与预期相反；理论研究的模型也许解不出或产生反常识的结果。研究本身就是凭借毅力和灵感在面对未知时、在突破困难中完成的。它不像登山，经过了艰苦的攀爬，就能尽览山顶的风光。做研究更像是挖隧道：我们不知道隧道挖通之前还有多少坚硬的岩体在等着我们；一旦碰到这样的岩体，我们就要暂时停下工作，好好想一想究竟是奋力突破还是绕道而行更有效率。在什么情况下要尝试突破，又该在什么情况下选择绕道而行呢？当我们在一个问题上花了很多时间，而且与刚开始时相比并未取得多少进展，以至对未来的攻关方向仍然感到迷茫的时候，就应该考虑换个问题进行研究。在确保能做出来的前提下，新问题与原有问题越接近越好。

我们在第六章提到有了关于选题的想法时，最好去和导师聊一聊。而当写论文碰到困难时，首选的办法也是向导师或相关课程的老师请教一下。也许解决这些问题对他们来说已经是轻车熟路。但在去找老师之前，最好自己先尝试解决，告诉老师自己试过哪些办法，得到了什么结果，对理解问题有哪些帮助。这样做既可方便老师快速、准确地给出方案，也能使自己对照老师的方案和自己的尝试，从解决问题中学到更多。老师即便无法给出明确的方案，通常也能告诉我们继续工作的方向，或者帮我们评估问题的难度、为是否更换研究问题提供参考。

我们在写论文时碰到的问题很可能也曾困扰许多研究者。他们的解决方案对我们来说就有很大的借鉴意义。比如，经济学类学生在写实证论文时，经常会碰到"内生性"这个常规问题：被解释变量和解释变量可能存在互为因果的关系，或者二者共同受到第三方因素的影响。而不管是中文还是外文的应用微观经济学文献，涉及处理内生性问题的可谓浩如烟海。我们可以通过多读文献，学习、借鉴前人克服类似困难的方法，比如怎样用工具变量法来处理内生性问题。

有时看文献并不能直接帮我们解决问题，但却可以启发我们找到新的方向，例如怎样调整研究方法，把自己手上的问题转换成文献中处理过的形式。但需要注意的是，我们看的文献越多，写出来的论文就越容易受到他人的影响，从而越有可能损失原创性。所以，在广泛查阅文献以求解决难题的同时，也要留意把握自己论文的创新点。在学习、借鉴他人的做法时，不能丢掉这些创新点。这样，在解决问题的同时才能保证我们研究的原创性和贡献，而不至于让他人觉得是对前人工作的简单重复。

隔行如隔山，有时困扰我们很久的问题可能只是其他学科或领域的日常，或者在某个领域的专家看来，我们遇到的瓶颈能够转化为他们所熟悉的、有望解决的问题。所以，当写论文遇到困难时，我们可以试试邀请熟悉特定领域、特定问题的人来合作完成研究。不仅是同学有各自的专长，即使是职业的研究者，找其他领域的专家合写论文也很常见。比如，进行经济学研究越来越多地用到计算机算法和人工智能，以求解复杂模型或从网络上爬取数据。于是就有很多熟悉计算机科学的经济学家，甚至是计算机科学领域的学者，成为经济学论文的合著者。即使是爱因斯坦这样伟大的学者，也是得到了格罗斯曼、希尔伯特等数学家的帮助，才完成了广义相对论。如果对专家来说只是举手之劳，可能凭与他们的一席谈话就能解决困扰我们已久的问题，而他们未必会要求被列为合作者。

那么，该怎样向别人介绍我们的工作呢？展示是最常见的手段。主讲人通常会借助幻灯片向听众介绍自己已经完成或正在进行的研究，并跟他们现场互动，回答问题。有的人以为只有研究做到无可挑剔才应该拿出来跟别人讨论。但实际上并非研究完善了才能展示，而是展示让研究变得完善。所以，不要怕被人问到答不出来的问题，也不要担心被听众批评。这些质疑和批评正是我们借以解决问题、改善论文的线索。这种展示的方法在大学院校、研究机构中十分流行；学生、老师时常会把自己正在进行的研究做小范围的展示，以听取意见。还有些地方会不时举行"海报展示"活动，研究者用一张包含文字、图表的海报介绍自己的新研究。这些海报会被放在一起展览，作者则站在自己的海报旁边，随时向感兴趣的观众介绍自己的研究，并回答问题、记录意见。这种形式允许在研究的初始阶段、在还没有写成论文的时候，就与老师、同学深入交流。无论是幻灯片展示还是海报展示，都是获取意见、突破瓶颈的好机会，也是在写作之外保持持续工作状态的好办法。

论文写作者不是工作机器，也要注意工作节奏和生活节奏的平衡。有时集中精力连续工作太久头脑会转不动。被一个难题困太久心情也容易郁闷。这时候可以放下手中的工作，去做一些能让自己放松的事情，比如做做运动、看看喜欢的书、听听音乐、亲近大自然等。保持身心健康才能持续工作。工作从来都不该是生活的对立面，而应是生活的一部分。如果突击式地工作到让自己反胃的程度，不仅牺牲了生活质量，也会让接下来的工作难以为继。

论文写完，工作还要继续

当我们克服重重困难，终于写出一篇完整的论文时，自然会长舒一口气，带着愉快的心情欣赏自己的作品。想象一下这时有人告诉我们这篇论文这里不对、那里不好，需要修改，我们的感受可想而知。但面对批评、经历修改是论文写作的常态。初稿在论文的生命周期里只相当于少年，我们需要投入更多的工作来让它成长。

前面提到好论文是改出来的。课程论文、毕业论文如此，发表在学术期刊上的论文更是如此。许多很有影响力的论文，其初稿和终稿有着巨大的差别，如果我们追踪它们的每一版工作论文，就会看到它们成长、演进的全部过程。如果能充分认识到论文的生命周期本身就包括修改这一必要阶段，就不会对反复修改的要求心怀怨念。

论文之所以都要经历修改，是因为每个人都存在局限性。即使论文的选题意义重大、研究技术精湛，也做不到完美无缺。毕竟，正如同我们在第三章讲到的，论文是方法（范式）和观点的结合。只要涉及观点，就总有可商榷、可批评之处。虽然这个标准因时因地，或宽或严，但因为个人局限性而产生的不足终究只能通过他人的意见来弥补，所以，就像修改是论文不可避免的命运，接受批评意见也是作者需要承担的责任。我们需要在这一点上放宽心态，把批评意见看作是针对论文而不是针对个人。这进而需要我们把自己的角色从论文上抽离，不以论文的境遇而悲喜。写论文时不投入热情就难以继续，写完后不保持冷静则难以承受批评。这么严苛的要求在一种情况下是能达到的，那就是我们真正把写论文当作求索真理的事业。这个境界相当高，不容易达到，但让我们共勉。

第十二章　中文文献引用的格式

文献引用的必要性

知识积累发展到今天，做到完全原创，即完全不依赖前人的知识，开辟出完全崭新的科学领域几乎不可能。我们所有的发现和认识，几乎都需要建立在已有的研究之上。因此引用前人的研究成果就很重要，这种重要性体现在学术论文写作的各个部分。在文献综述中，我们需要把自己的研究方向和立意与现有的文献区分开来；在方法论上，我们要阐述自己的方法论与前人方法论的不同，同时我们需要避免前人研究中的问题；在结果分析上，更要与现有的研究相比较。在论文写作的各个部分都离不开引用他人的研究。由于文献引用的必要性和重要性，又由于文献资料的广泛性，我们必须在论文写作中遵循一定的规则，制定引用文献的规范，方便读者查阅相关的信息。写作时经常会有这样的经历：发现好主意时惊喜万分，但是深入文献却发现好主意已被人论证时失望、沮丧。

要注意区分"文献"与"论文"的含义。"文献"（reference）可以指各种专著书籍、期刊论文、学位论文、政府工作报告等信息来源，"文献"所指的范围包含论文。而"论文"仅仅指期刊论文和学位论文。本章的叙述方式参考了《芝加哥手册》（*The Chicago Manual of Style*）。①

著者-出版年制文献引用格式

我们以《信息与文献　参考文献著录规则》（GB/T 7714—2015）为范本来讨论中文文献的引用格式。②根据这套规则，我们提出一套适用于今天电子文档写作的文献引用规则。各大期刊对文献引用有自己的规范，我们仅提出一套一般化的、易于遵守的规则。如果向特定的期刊投稿，当然要遵守所投稿期刊的规定。对于 GB/T 7714—2015，很多具体的细节可阅读官方文件，我们在这里仅进行初步的阐释和讨论。

著者-出版年制文献引用示例

我们要善于从例子当中总结规则，这可能是在高等教育和论文写作当中学生比较欠缺的一种能力。我们常常夸赞一本书的内容很丰富，举了很多理论联系实际的案例，但不知道如何把案例应用于自己的研究和写作。学生可以尝试通过以下例子总结各种不同类型文献的引用规则，而不是每时每刻都要去查阅

---

① University of Chicago Press. 2017. *The Chicago Manual of Style*, 17th ed. Chicago: University of Chicago Press.

② 中国国家标准化管理委员会. 2015. 信息与文献　参考文献著录规则：GB/T 7714—2015. 北京：中国标准出版社.

规则。

忽必烈于1260年在开平即大汗位，纪年为中统元年。当年，他发行了蒙古政权自己的纸币——中统宝钞，同时禁止黄金、白银和铜钱作为货币流通。"于是，中统宝钞成为忽必烈统治地区唯一合法流通的货币，元朝从此建立了单一纸币制度（石俊志，2015）。"事实上，中统宝钞用今天的词汇来说还是银本位制，银子虽然不能直接流通，但是政府承诺中统宝钞可以兑换白银（杨德华和杨永平，2001）。传奇的冒险家马可·波罗在他的著作《马可波罗行纪》里生动地描述了元帝国的纸币制造和流通，将纸币的本质揭示得一目了然（波罗，2003）。

参考文献

波罗，马可.2004.马可波罗行纪.沙海昂，注.冯承钧，译.北京：中华书局：382.

石俊志，2015.脱脱与钱钞兼行：元朝晚期的货币改制与货币危机.当代金融家，(3)：141-143.

杨德华和杨永平.2001.元朝的货币政策和通货膨胀.云南民族学院学报（哲学社会科学版），(5)：117-121.①

著者-出版年制，顾名思义就是在这种规则下一条文献的第一个元素是著者，即文献创作者，在 GB/T 7714—2015 中被称

---

① 金菁.2020.钱的千年兴衰史：稀释和保卫财富之战.北京：中国人民大学出版社：29.

为责任者。第二个元素是文献发表的年份。著者-出版年制以及绝大多数的引用规则,都是由两部分组成,即文中引用和参考文献引用,我们先叙述参考文献的引用方式。引用的文献需要放到文章的最后,构成一个文献列表。每一个元素之间都以全角字符"。"隔开。特别需要注意的是,全角字符"。"不是英文中的句号".",从外观上看两者的差别并不明显,但是在空间占用上有显著的区别。

文献类型标识代码

根据 GB/T 7714—2015,在文献标题部分,紧挨着标题(标题后面没有空格),应输入中括号"[ ]",区别于方头括号"【】",内部填入文献类型标识代码(见表 12-1)。

表 12-1 文献类型标识代码

文献类型	文献类型标识代码	英文名称
专著	M	Monograph
会议录	C	Conference
汇编	G	General
报纸	N	Newspaper
期刊	J	Journal
学位论文	D	Dissertation
报告	R	Report
标准	S	Standard
专利	P	Patent
数据库	DB	Database

续表

文献类型	文献类型标识代码	英文名称
计算机程序	CP	Computer Program
电子公告	EB	Electronic Bulletin Board
档案	A	Archive
舆图	CM	Cartographic Material
数据集	DS	Dataset
其他	Z	

我们不建议标出文献类型标识代码。第一，文献引用应该以最经济和最清晰的方式让读者找到引文的出处，并不是信息越多越好。GB/T 7714—2015 规定的文献类型标识代码在一些资料库当中和引文规则中未见频繁使用，因此对查找文献的意义不大。第二，在英文中期刊论文和专著在格式上区分得很清楚，无须再用一种额外的符号做进一步的区分。对于中文文献，虽然期刊论文和专著的格式区分没有在英文中明显，但根据相关信息做出区分并不困难。第三，现在大多数图书馆所配备的电子终端和网络的学术搜索引擎功能都非常强大，可以根据作者、标题等信息较轻松地搜索到文献。另外，一些不容易在网上搜索到的文献大多珍藏于图书馆，它们在图书馆的电子资料库当中并不是统一按照表 12-1 的分类来进行检索，其实大多数图书馆是按照中国图书馆分类法来进行分类。第四，在中文文献中添加以英文词汇进行分类而产生的字母，凭空创造了一个符号系统，若不是熟悉文献格式的业内人士也不容易明白，平添疑惑。比如表 12-1 中的电子公告 (Electronic Bulletin Board) 和档案 (Archive) 都可以指一些被存进电子档案库的文件，如何区分它

们并没有明确的标准。数据库（Database）和数据集（Dataset）是全集和子集的关系，引用时一般不应再做区分（除非是某些特别需要这样做以提高识别效率的专业领域）。如果仅以不同字母做区分，其实也混淆了全、子集关系，反而给读者识别和寻找文献带来额外的负担。综合以上几个原因，我们认为在文献引用中标出文献类型标识代码并无必要。

文献排序

在采用著者-出版年制的情况下，文献以第一作者姓名的汉语拼音按字母排列顺序排序。如果姓名第一个字的汉语拼音相同，以第二个字的汉语拼音按字母排列顺序继续排序。若两条文献的第一作者的汉语拼音完全一致，则以第二作者姓名的汉语拼音按字母排列顺序排序，以此类推。如果同时引用外文文献，则先按语言分类，中文在前英文（或其他语言的文献）在后，再按照对应的文献排序规则进行排序。根据这样的排序规则，没有必要另在每一条文献前端加上序号，采用顺序编码制[①]时才需要加上序号。

文中引用

文中引用是指在行文叙述过程中引用文献，一般分为两种形式：一种为括号式（parenthetical style），另一种为叙述式（narrative style）。

括号式引用把著者和出版年份都放在括号内，例如：

[①] 中国国家标准化管理委员会.2015.信息与文献 参考文献著录规则：GB/T 7714—2015.北京：中国标准出版社：14.

但是政府承诺中统宝钞可以兑换白银（杨德华和杨永平，2001）。

叙述式引用是把著者和出版年份整体作为一个语法结构，或作为主语，或作为宾语，出现在一句话里，例如：

李煜（2011）的研究表明教育比职业、收入、声望等因素更加稳定，是更能表现社会分层的指标。

特别需要注意的是，在文中引用的文献要与文末列出的文献相对应。既不能出现文中引用的文献未出现在文献列表中的现象，又不能出现在文献列表中的文献未在文中被提及的现象。

两种文中引用的方式各有特点，在写作过程中可以结合使用，但实际情况往往是只使用其中一种。选择哪一种方式取决于著者选用的句子结构：如果希望整体叙述所引用文献的观点，则使用括号式引用；如果希望以引用的文献作为主语，则选择叙述式引用。由于括号式引用并不作为一句话的主语或者宾语，可以在一个括号里列出多篇文献，特别适合已有很多研究，并且这些研究达成了一些共识的情形。在一个括号里列出的多篇文献用中文的分号分隔，例如：

从微观层面看，经济政策不确定性还对投资决策（Bloom et al. 2007；贾倩等，2013；饶品贵等，2017）、研发创新（Atanassov et al. 2015；郭平，2016；孟庆斌和师倩，2017）、现金持有（Almeida et al. 2004；申慧慧等，2012；Demir et al. 2017）等企业活动产生不同冲击。

与括号式引用相比，叙述式引用强调著者和文献的作用，很多学术理论也是用提出者的名字命名，如经济学中的格雷欣法则（即劣币驱逐良币）。这导致很多学生形成一种误区，认为叙述式引用是在引用著者在某一年所说的话。从文献引用的功能来说，这种认识似乎没有问题，但是请看下面这个例子：

> 比较有代表性的是潘敏等（2012）在文章中指出……

本章讨论的是"文献引用的格式"，而不是"著者引用的格式"，换句话说，"潘敏等（2012）"表明是在引用一篇已经发表的学术文章，而不是在引用2012年这个时点上的"潘敏等"几位学者。所以上述表达就构成了重复，即引用等同一篇文章，没有必要再加上"在文章中"这样的表述。

多个著者的文献："和"字与"等"字的用法

当著者数量为两个的时候，在文中引用时我们使用"和"字连接两个著者，相应地，在文献列表中也需要用"和"字连接两个著者。例如：

文中引用：

> 但是政府承诺中统宝钞可以兑换白银（杨德华和杨

永平，2001）。

参考文献引用：

杨德华和杨永平．2001．元朝的货币政策和通货膨胀．云南民族学院学报（哲学社会科学版），(5): 117-121.

当著者数量为 3 个到 10 个的时候，在文中引用时我们可以使用"等"字来省略除了第一著者的其他著者，但是在文献列表中我们要将所有著者都列出来，最后两个著者以"和"字连接。例如：

文中引用：

郝威亚等（2016）基于中国的数据论证了这一观点。

参考文献引用：

郝威亚，魏玮和温军．2016．经济政策不确定性如何影响企业创新？——实物期权理论作用机制的视角．经济管理，38(10): 40-54.

当著者数量为 11 个或者更多的时候，在文中引用时仍然用"等"字省略，在文献列表中只列出前七个著者，最后两个著者用"和"字连接，其他著者用"等"字省略。例如：

文中引用：

郑达理等（2012）发现小鼠的脑部结构……

参考文献引用：

郑达理，钱志远，李如军，王爱东，崔宝乾，陈延明和费喜峰等．2012．荧光镜下界定绿色荧光裸小鼠脑结构部位．中华神经医学杂志，11（8）：757-761．

这样的规定也符合中文写作的习惯。有一点需要明确，文献引用是一种把文字和符号规则化的记录方式，换句话说要遵循一定的规则，不能随意。以下是几个反例。

反例1：

文中引用：

王炼与栗建民（2014）建立了一个联系了网络搜索和票房的模型……

参考文献引用：

王炼，栗建民．2014．基于网络搜索的票房预测模型——来自中国电影市场的证据．系统工程理论与实践，34（12）：3079-3090．

反例 2：

文中引用：

何晓雪等人（2018）探究了豆瓣评分、微博想看人数……

参考文献引用：

何晓雪，毕圆梦，姜绳. 2018. 基于网络数据预测电影票房的多元线性回归方程构建. 新媒体研究，4（5）：41-48.

反例 3：

文中引用：

Jones 和 Manuelli(2001)基于政治经济学模型，推导出环境税或管制会导致 EKC 曲线的形成。

参考文献引用：

Jones, Larry E., and Rodolfo E. Manuelli. 2001. "Endogenous Policy Choice: The Case of Pollution and Growth." *Review of Economic Dynamics* 4(2): 369-405.

在反例 1 中，用"与"字来连接两个著者，在文献列表中没有用任何字来连接著者。在反例2中，用"等人"来省略，在文献列表中没有用"和"字来连接最后两个著者。在反例3中，在文中引用时使用中文的"和"字来连接两个著者，未按照英文文献的引用规则（见第十三章）。

直接引用与间接引用

在行文过程中，我们可以将具体引用的内容分为直接引用与间接引用。如果是使用自己的语言来重新总结前人的研究，便是间接引用；如果是不加修改地直接使用前人研究的表述，则是直接引用。当直接引用的时候，要加上引号，如果是叙述式引用，则将其作为主语，之后直接引用文字；如果是括号式引用，则将其放在引号内，置于直接引用的文字之后，注意，标示文中引用的括号放在了最后一句话的句号之前。例如：

文中引用（括号式引用）：

所谓贬值的一切好处都是暂时性的。而且，它还必须具备一个条件，即只有一个国家的货币贬值，而其他所有国家都不这样做。如果其他国家的货币也同比例贬值，则对外贸易就不会有任何变动发生。如果别国贬值的幅度更大，则所有暂时性的好处只有它们自己才能享受。因此，如果弹性（浮动）汇率原则被普遍接受，其结果必将是国家间争先恐后地贬值。竞争最终导致所有国家的货币制度完全崩溃（米塞斯，2013）。

参考文献引用：

米塞斯，路德维西·冯．2013．人的行动：关于经济学的论文：下册．余晖，译．上海：上海人民出版社：809-810．

著者-出版年制文献引用规则分类

著者-出版年制将常见的中文文献分为了以下六类，我们针对这六类文献分别讨论详细的引用规则。

专　著

这类文献即我们在一般意义上理解的书籍，我们可以轻易地把专著和论文区分开，从篇幅来说，专著比论文要长得多，学术论文一般最多需要几十页，只是就一个非常具体的问题展开一个有限的讨论，而专著是围绕一个相对完整（而非局部）的问题，从多个角度来进行比较全面和深刻的讨论。从出版时长来讲，有些专著从写作到出版前后甚至需要数十年之久，从而成为专业领域的经典之作。

责任者

有些专著的创作者并不明确（如《诗经》），有时责任者不是创作者而是整理者或翻译者。在这种情况下，此时责任者的著录格式为"姓名，编"或"姓名，译"。例如：

扫叶山房, 辑. 2013. 百子全书. 杭州：浙江人民出版社.

题名项

在著者和年份之后，我们会列出标题。有些书籍会有副标题，这时我们需要用中文冒号把副标题与主标题分隔开。例如：

罗斯巴德, 默里. 2011. 银行的秘密：揭开美联储的神秘面纱. 李文浩和钟帅等, 译. 杨农, 审校. 第2版. 北京：清华大学出版社.

分卷或分册的图书，如果卷册的序号出现在封面，需要作为标题的一部分出现，如"第1卷"，将其加在冒号之后，作为副标题对待。特别注意，不管原书的卷册使用何种数字格式标明序号，一律转成阿拉伯数字。如原书为"第一卷"，在列出参考文献时转成"第1卷"。例如：

陈登原. 2000. 国史旧闻：第1册. 北京：中华书局：29.

其他责任者

如果其他人在专著创作出版过程中有所贡献，那么应一并列出，放在题名项之后。最常见的情形是一本专著的翻译人员。如果一本专著的作者是明确的，则译者应当为其他责任者。另外，当编者与译者同时出现时，先著录编者后著录译者。例如：

罗杰斯，佩里．M. 2011. 西方文明史：问题与源头．潘惠霞，魏婧，杨艳和汤玲，译．第 6 版．大连：东北财经大学出版社．

版本项

我们应该将所引专著的版本信息列在标题之后。不论原书的版次是以何种数字格式标注，一律将其转为阿拉伯数字。例如：

许渊冲．2010．中诗英韵探胜．第 2 版．北京：北京大学出版社．

当然，版本并不局限于以数字标出，也有"修订版"或"明刻版"等多种不同的情况，这时我们只需按照版本信息如实标出。我们注意到 GB/T 7714—2015 对用阿拉伯数字标出版次有一个非常细节的要求，即"第 2 版"的"第"字应当去掉。[①]这样的规则与一般写作习惯不一致，并且其他含有"第"字的信息，比如"第 1 卷"并没有去掉"第"字，去掉的做法对信息的准确性并无影响，所以"第"字在这里保留。

出版地

关于出版信息，首先应标出出版地，一般为大城市，如北京、上海，出版地信息可以在版权页找到。如果在版权页没有列出出版地，或者出版地不明确，我们需要著录"［出版地不

---

① 中国国家标准化管理委员会．2015．信息与文献　参考文献著录规则：GB/T 7714—2015．北京：中国标准出版社：10．

详]"。在 1912 年中华民国成立前出版的书籍可以略去出版信息。确定为已出版的资料文献，但是出版地未知，则著录为"[出版地不详]"，例如：

冯玉祥. 1934（民国三十三年）. 我的生活：第二本. [出版地不详]：三户图书社.

在处理没有出版地的规则当中有一类例外情况，即不划归任何出版地的电子资源。这类资源一般没有以印刷品的形式出现，只是以电子传播媒介为载体，如蓝光光盘或者网络存储。这时出版地信息可以省略。

有时一个规模较大的出版社在很多地方设有分社，并且一本书也没有记载单一的出版地信息，这时我们只对一系列地点的第一个进行著录，比如出版地为"北京，上海，阿姆斯特丹，伦敦，纽约"，我们只需标出出版地为"北京"。

出版者

在录入出版地（包括出版地不详的情形）之后，我们需要输入中文冒号"："，接着著录出版者信息。在多数情况下一本书是由一个出版社负责，例如：

牛志明，Lan R. Swingland 和雷光春. 2012. 综合湿地管理：综合湿地管理国际研讨会论文集. 北京：海洋出版社.

确定为已出版的资料文献，但是出版者未知，则在出版地之后著录为"［出版者不详］"，例如：

丁文楷，林鸿英，张志让，温涛，千家驹，查云卿和曹伯韩等，编. 1940. 抗战建国实用百科辞典. 南宁：［出版者不详］.

引文页码

如果是引用一本书的具体某一部分内容，在出版社之后继续输入中文冒号"："，而后写上引文页码。而引文页码分为三种情形：单页，连续的多页，不连续的页码。最后一种情形在 GB/T 7714—2015 中没有体现，例如我们希望引用一本书的第 5、7、23 和 24 页，则有：

辜鸿铭，译. 2017. The Discourses and Sayings of Confucius. 王京涛，评. 北京：中华书局：5,7,23-24.

网址或者数字对象唯一标识符

对于从网络获得的资源，我们应该记录对应的来源网址。digital object identifier(DOI)，意为数字对象唯一标识符，对于一本专著来说是一个唯一不变的识别码，例如"10.1038/nature23655"。有时 DOI 以网络链接的形式出现，如"https://doi.org/10.1038/nature23655"，这时可以直接在浏览器里打开一个含有该文献信息的网页。注意网址的标点符号构成，如"https://doi.org"所含的冒号、双斜杠、点号等，不需要转换成中文的全角标点符号，著录时直接复制粘贴即可。

专著中的析出文献

"析出"是化学当中用来描述溶质从溶液中分离出来或固体物质从气体中分离出来的现象。当我们需要引用专著内部独立的章节时，它们就像是从专著"溶液"里析出的。这样就会涉及两种著者，即章节著者与专著著者。一些学术专著是由一群作者创作各个章节，再由编者组合而成。一般来说，这样的专著我们可以把它类比为一本学术期刊，析出文献相当于其中某一期。对于这种类型的专著，它的编者一般会对章节内容施加一定的影响以保证整本专著的一致性。

我们首先要著录章节著者，这与著录多著者文献的规则相同。将章节著者与出版年份以中文点号"."隔开，之后著录章节标题。在章节信息与整本专著信息之间，我们需要加上双斜杠"//"。对于整本专著的信息，著录顺序依次为著者、标题和出版信息，最后以引用的具体页码结尾。例如：

程根伟.1999.1998年长江洪水的成因与减灾对策//许厚泽和赵其国，主编.长江流域洪涝灾害与科技对策.北京：科学出版社：32-36.

马克思.2013.政治经济学批判//马克思和恩格斯.马克思恩格斯全集：第35卷.北京：人民出版社：302.

期刊论文

在论文写作当中，最常引用的就是期刊论文，在 GB/T 7714—

2015 中期刊论文属于连续出版物的析出文献。标准同样使用了"析出"这个词，这意味着期刊论文与专著中的析出文献有类似的结构。按照著者－出版年制的一般规则，著者与发表年份放在最前面，之后著录题名项。如果有副标题则以冒号与主标题分隔。期刊名称之后加上逗号，接着著录期刊的卷和期。如果没有卷的信息，在中文括号内标出期的序号即可。如果没有期的信息，则中文括号和期的序号省略。若是卷和期的信息同时缺失，则期刊名称之后的逗号也须省略。在冒号之后，我们需要著录所引期刊论文的页码区间。现在绝大多数学术论文采用电子版 PDF 格式，所以很多时候我们可以著录论文所对应的网址。由于网址可能会变但 DOI 保持不变，所以著录论文的 DOI 也是应当鼓励的。注意以下例子，其中网址以全角状态下的点号结束：

李琛，王延杰和梁梦媞. 2019. 结合 CS－LBP 和 DBN 的非受控人脸识别．计算机工程与设计，40（5）：1430-1434＋1439．http:∥doi.org/10.16208/j.issn1000－7024.2019.05.042．

电子资源

对于专著和期刊论文的电子版，我们只需要按照前面介绍的规则进行著录即可，但有一些电子资源既不是出版物的电子版又不是期刊论文的电子版，例如权威网站发布的报告，或者是政府发布的电子公告，此时需要另一套规则来指导对它们的著录。

按照著者－出版年制，一般具有权威性的电子资源的著者是某个机构，而对于政府机关"一个机构两块牌子"的现象，我们只拣选一个机构名称进行著录即可。在著者和出版年份之后，我们需要著录文件的标题，如果有副标题则加在冒号之后。对于此类文献，我们应该著录两个日期：一个是发布的具体日期，放在中文圆括号内；另一个是引用的具体日期，放在英文方括号内。注意，日期遵循 YYYY‐MM‐DD 这样的格式，不可随意变更为其他格式。最后，我们必须著录相应的网址。如果可以通过网络链接直接下载，并且下载不需要进行登录，则应当著录可直接下载的网址，否则著录含有该文件的网址或者含有电子文档下载链接的网址。例如：

中国互联网信息中心．2022．第 49 次中国互联网络发展状况统计报告．(2022‐02‐25)[2022‐08‐26]. https://www.cnnic.net.cn/hlwfzyj/hlwxzbg/hlwtjbg/202202/P020220721404263787858.pdf.

北京市人民政府办公厅．2022．北京市人民政府办公厅关于印发《北京市助企纾困优化营商环境若干措施》的通知：京政办发〔2022〕22 号．(2022‐08‐06)[2022‐08‐26]. http://www.beijing.gov.cn/zhengce/zfxwj/sj/202208/t20220817_2794059.html.

在第一个例子中，可以通过复制粘贴该网络链接直接下载电子文档，而第二个例子当中包含的是含有北京市人民政府办公厅通告本身的网址。需要注意的是，随着网络时代的发展，很多人会查询如百度百科、百度文库一类的通用性电子资源来积累知识，这在日常生活和学习当中无可厚非，但是其权威性和正确性得不到保证，在很多时候会有错漏，所以在严肃的论文写作当中应该避免引用。

学位论文

学位论文的著录规则类似于专著,但出版社信息改为学位授予单位信息,在冒号之前著录学位授予单位所在地,在冒号之后著录授予单位名称。我们需要在半角状态下的中括号里标示引用日期。如果浏览的是论文电子版,则应著录网址。由于从知网直接下载需要用户登录,所以著录含有学位论文信息的知网网址即可。例如:

马欢. 2011. 人类活动影响下海河流域典型区水循环变化分析. 北京:清华大学:27. [2013-10-14]. http: /cdmd. cnki. com. cn/Article/CDMD-10003-1012035905. htm.

黄为勇. 2009. 基于支持向量机数据融合的矿井瓦斯预警技术研究. 徐州:中国矿业大学. [2013-10-14]. http: //cdmd. cnki. com. cn/Article/CDMD-10290-2010280079. htm.

国家和行业标准

对于行业标准,在著者部分应该著录该标准的主管部门,有些标准的制定者是专业的协会组织,不应将著者统一著录为中国国家标准化管理委员会,相应信息都可以在国家标准全文公开系统(https://openstd. samr. gov. cn/bzgk/gb/)上找到。一般国家标准都是由中国标准出版社出版,纸质出版物为此类标准的最终版本。与纸质资源相比,网络资源查找起来更为方便,只是缺少了出版信息。我们注意到含有"GB"的国家标准号是作为副标题出现，如果标准号里出现了英文点号，不需要将它转换成中文点号。我们应著录两个日期，一个是圆括号内的发布日期，一个是方括号内的引用日期，不著录标准的实施日期。关于网址，我们著录含有某个标准信息的网址即可，无须著录该标准的在线预览网址。例如：

中国钢铁工业协会．2021．金属材料　拉伸试验　第1部分：室温试验方法：GB/T 228.1—2021.（2021-12-31）[2022-08-26]．北京：中国标准出版社：4.

中国国家标准化管理委员会．2021．信息与文献　资源描述：GB/T 3792—2021.（2021-03-09）[2022-08-26]．https://openstd.samr.gov.cn/bzgk/gb/newGbInfo?hcno=51D5E5D05A9BA5EEC32605CD4C8B6938.

一些特殊情况的处理

作者姓名

首先，通过几个例子来感受一下作者姓名特殊情况的处理，见表12-2。

表12-2　作者姓名特殊情况的处理方式

封面	文中引用	参考文献
（清）王船山	王船山（2016）	王船山．2016．船山遗书．北京：中国书店．

续表

封面	文中引用	参考文献
（美）默里·罗斯巴德	罗斯巴德（2013）	罗斯巴德，默里.2011.银行的秘密：揭开美联储的神秘面纱.李文浩和钟帅等，译.杨农，审校.第2版.北京：清华大学出版社.
（奥）弗里德里希·奥古斯特·冯·哈耶克	哈耶克（1997）	哈耶克，弗里德里希·奥古斯特·冯.1997.通往奴役之路.王明毅和冯兴元等，译.冯兴元，毛寿龙和王明毅，统校.修订版.北京：中国社会科学出版社.
南希·L.斯托基，小罗伯特·E.卢卡斯，爱德华·C.普雷斯科特	斯托基等（2019）	斯托基，南希·L.和小罗伯特·E.卢卡斯.2019.经济动态的递归方法.爱德华·C.普雷斯科特，协助.王明舰，译.北京：中国人民大学出版社.
Г.涅高兹	涅高兹（1963）	涅高兹，Г.1963.论钢琴表演艺术.汪启璋和吴佩华，译.北京：音乐出版社.

一些文献的作者姓名可能带有朝代或国籍，在列出参考文献时需要去掉。在列出参考文献时，欧美著者的中译名应当完全著录，规则是将第一作者的姓氏著录在前，名字著录在后，两者以逗号隔开，其他作者的姓名保持名字在前、姓氏在后的顺序。在版权页作者的姓名如果包含缩写，如表 12-2 中的第三个例子，在文中引用时只使用作者的姓氏，在列出参考文献时完全著录。这与 GB/T 7714—2015 不同，如果按照 GB/T 7714—2015，则表 12-2 中的第二个例子"（美）默里·罗斯巴德"在文中引用和列出参考文献时均应省略为"罗斯巴德"，即 GB/T

7714—2015 只要求著录欧美著者中译名的姓氏，略去中译名的名字（中国国家标准化管理委员会，2015）。① 这样做会导致下面的结果：

文中引用：

> 根据波罗（2003）的记述……

参考文献引用：

> 波罗. 2004. 马可波罗行纪. 沙海昂，注. 冯承钧，译. 北京：中华书局：382.

马可·波罗的姓氏为波罗，名字为马可，如果按照 GB/T 7714—2015，应去掉名字马可。但是这样做违背了一般人的常识，一般人们都称这位著名的旅行家为马可·波罗，去掉名字反而不知道是谁了。另外，同姓不同名的人很多，即便是在同一个领域，同姓的学者也很多。这样的例子比比皆是，在艺术领域有很多家族的贡献很大，比如塞巴斯蒂安·巴赫和他的儿子约翰·克里斯蒂安·巴赫。只保留姓氏无疑会给人们查找文献带来很多疑惑并且浪费时间。制定规则应该是为了方便读者快速有效地查阅资料，准绳应该是规范、常识和经验，此处细致问题的简单处理往往不能达到预想的效果。此外，关于保留

---

① 中国国家标准化管理委员会. 2015. 信息与文献　参考文献著录规则：GB/T 7714—2015. 北京：中国标准出版社：9。GB/T 7714—2015 没有具体规定在文中引用和列出参考文献时在处理中译名上的差别，只是简单标注了应该去掉名字，只保留姓氏。

英文作者完整的中译名,我们也应该考虑到一些特殊的情况。比如李约瑟,他的英文名是 Joseph Needham,可以说他的中文名是对他的英文名的创造性的、中西合璧式的转化。虽然我们不能说"李"是 Needham 的中文翻译[①],但"李约瑟"显然不是 Needham 的翻译。根据GB/T 7714—2015 的要求,只保留中译名的姓氏,去掉名字,那么李约瑟这样的名字又该如何处理呢?这样的例子还有很多,比如 Matteo Ricci 在中文世界里称为利玛窦。所以我们建议,如果文献的作者有完整的中译名,应完全著录。

作者不明

在没有作者或者作者匿名的情况下,应著录为"无责任者"。

机关团体作为作者

机关团体作为作者时应由上级至下级,分级著录。例如:

中国科学院物理研究所,贵州省土壤普查办公室……

在社会科学当中最常引用的一类文献为统计年鉴,例如:

国家统计局.2020.中国统计年鉴2020.北京:中

[①] 李可能是根据姓氏的谐音在中文姓氏中对应的音译。

国统计出版社.

出版年份

若遇到多篇文献的作者和出版年份相同的情况,使用出版年份后加"a,b,c,d…"的形式加以区分。文献按照标题的汉语拼音以字母排列顺序进行排序,如果标题第一个字的汉语拼音完全相同,则按第二个字的汉语拼音以字母排列顺序排序,依次类推。例如:

文中引用:

(哈耶克,2000a)……(哈耶克,2000b)……(哈耶克,2000c)。

参考文献引用:

哈耶克,弗里德利希·冯.2000a.法律、立法与自由:第1卷.邓正来等,译.北京:中国大百科全书出版社.

哈耶克,F. A.2000b.通往奴役之路.谭爽,译.北京:京华出版社.

哈耶克,弗里德里希·奥古斯特·冯.2000c.致命的自负.冯克利和胡晋华等,译.冯克利,统校.北京:中国社会科学出版社.

注意到在三条文献中作者的姓氏翻译一致,但是名字翻译有所差别，但由于在文中引用时我们只使用外国著者中译名的姓氏，可以视这些文献为同一作者在相同年份出版的。

出版年份应采用以阿拉伯数字表示的公元纪年，若有其他纪年形式，在参考文献列表里，在出版年份之后括注其他纪年形式的年份，但在文中引用时只使用以阿拉伯数字表示的公元纪年。例如：

文中引用：

……（杨树达，1937）。

参考文献引用：

杨树达.1937（民国二十六年）.积微居小学金石论丛.上海：商务印书馆.

文中引用：

……（张玉书和陈廷敬，1716）。

参考文献引用：

张玉书和陈廷敬，编.1716（康熙五十五年）.康熙字典.

若出版年份无法确定，可依次选取印刷年份、估计的出版年份来代替。

示例 1：年份为印刷年份。

文中引用：

……（郭沫若，1947 印刷）。

参考文献引用：

郭沫若.1947 印刷（民国三十六年）.十批判书.上海：群益出版社.

示例 2：年份为估计的出版年份，估计的出版年份置于方括号内。

文中引用：

……（郭廷以，[1936]）。

参考文献引用：

郭廷以.［1936（民国二十五年）］.太平天国历法考订.上海：商务印书馆.

序言页码

序言页码一般与正文页码分开计数。如果序言页码也是用阿拉伯数字标示，则引用序言内容时对页码的著录是在页码前加上"序"字。在其他情况下引用序言内容时页码如实著录即可。

钱学森. 2001. 创建系统学. 太原：山西科学技术出版社：序2-3.

许渊冲, 编译. 2021. 许渊冲译李白诗选. 北京：中国出版集团, 中译出版社：XII.

如果序言的作者与专著的作者不同，则著录规则同专著中的析出文献。

李约瑟. 1991. 题词//苏克福, 管成学和邓明鲁, 主编. 苏颂与《本草图经》研究. 长春：长春出版社：扉页.

期刊合并发行

若期刊有合并发行的情况，期的序号以单斜杠"/"连接。

夏鼐. 1962. "和阗马钱"考. 文物，(7/8)：60-63.

使用学术搜索引擎和文献管理软件

为了方便快捷地正确列出所引用的文献，一些学术网站和公司设计了不少自动生成工具。在仔细比较各个工具的生成结果后，我们发现没有哪一个工具可以严格地按照前述规则生成文献。在这里我们以百度学术和路透公司旗下公司Clarivate开发的

EndNote 为例来说明问题，同时以此提醒读者有关文献引用的各个细节。在现阶段没有哪一款软件能够一以贯之地严格按照一套合理的标准引用文献的情况下，我们鼓励读者按照本章给出的规则，自己手动输入所引用的文献，这样做虽然没有使用软件时的便利性①，却大大提高了文章的规范性和格式的延续性。

百度学术

我们在打开百度学术（见图 12‑1）后可以按照文章标题进行搜索，找到所需的文章之后点击就可以进入文章页面（见图 12‑2）。点击"引用"，即出现如图 12‑3 所示的文献。我们可以选择按照 GB/T 7714—2015 生成的文献，单击右侧的"复制"，再粘贴到 Word 文档中。也可以点击"批量引用"，访问百度学术的批量引用页面（https：//xueshu.baidu.com/usercenter/paper/cited），这样就会得到一个文献列表，然后整体复制粘贴到 Word 文档中。下面我们结合示例来阐述其中的几个问题。示例如下：

［1］何锐. 基层党支部书记做好党务工作的对策及建议［J］. 管理观察，2019(33)：2.

［2］乐意，金荣疆，阳杨，等. 从下肢生物力学来解析膝骨关节炎［J］. 中国康复理论与实践，2013(6)：505‑509.

第一，不是按照著者‑出版年制列出引用的文献。为了符合

---

① 在后面我们会看到软件能提供的便利性并没有读者所希望的那么大。

著者－出版年制，我们需要移动出版年份的位置。示例与 GB/T 7714—2015 规定的顺序编码制比较接近，但也并不完全符合顺序编码制。第二，文献编序号了，而从前面的讨论中可以看出，采用著者－出版年制时不需要对文献编序号，文献是以著者姓名的汉语拼音按字母排列顺序进行排序。如果给文献编序号，很容易出现若添加一篇引用的文章，需要修改大部分序号的情形，费时费力。第三，百度学术生成的文献，标点符号全部为英文标点符号加上空格。这样做很容易出错，我们可以看到，在著录"乐意，金荣疆，阳杨，等．（2013）"这篇文献时，最后的英文逗号与"等"字之间缺少了空格。我们需要把大部分标点符号转成中文标点符号，并且要检查是否有遗漏，与按照规则自行输入相比，便捷性和准确性大大降低了。第四，在著者数量介于 3 和 10 之间时，在生成文献时使用了"等"来省略著者。

图 12－1　百度学术首页

图 12-2　百度学术上的文章页面

图 12-3　文献生成链接

EndNote

EndNote 是路透公司旗下公司 Clarivate 开发的一款文献管理软件。我们可以把这类软件看作一个数据库，内部的数据是一篇篇文献，当我们需要引用其中一篇文献时，这类软件可以按照需要变换不同的文献格式。在图 12-3 中可以看到，除了 GB/T 7714—2015，还有 MLA（Modern Language Association）和 APA（American Psychology Association）规则，生成的文献格式各不相同，但包含的元素大致相同。我们也一直强调文献引用是一套基于明确规则的格式化的语言使用方式,那么当然可以使用计算机程序来实现,但是由于中英文混合排版的问题,EndNote 对中文文献引用的支持有不少问题。下面我们先大致介绍 EndNote 的使用方式,再讨论以这种方式生成文献存在的问题。

在安装好 EndNote 以后,第一次打开会出现如图 12-4 所示的界面①,我们需要新建一个本地数据库文件——EndNote 称之为 library,点击 "Create a new library" 即可完成这项操作。新建的 library 会保存在一个文件夹里,这个 library 包含引用的所有参考文献,但不包含文献的电子文档。我们可以看到图 12-3 下方有一排链接,其中就有"EndNote",点击该链接则会下载一个文件到本地硬盘上,这个文件包含当前文献。在建立好 EndNote library 之后,打开之前下载的文件,当前文献的信息将被添加到 EndNote library 当中。当我们不断重复这个过程,EndNote library 就会包含更多的文献。

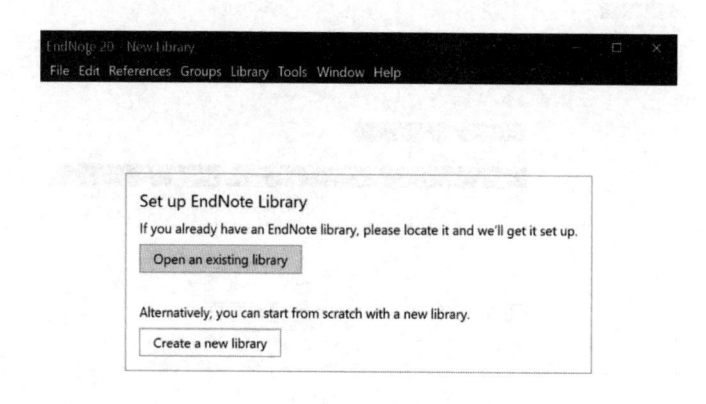

图 12-4 新建 EndNote library

---

① 在这里 EndNote 的版本号为 20。

当我们需要在 Word 当中引用文献时，我们先要为 EndNote 下载和安装 GB/T 7714—2015 的著者 – 出版年制引用规则。在浏览器的地址栏输入 https://endnote.com/downloads/styles/，在所打开网页的 Keyword 输入框里搜索"GBT7714"，我们即可下载两个文件到本地硬盘（见图 12 – 5）。其中第二个文件为著者 – 出版年制规则，打开该文件①，则会弹出如图 12 – 6 所示的对话框。点击左上角的"File"，会出现如图 12 – 6 所示的下拉菜单，这时我们点击"Save As"会出现一个新的对话框（见图 12 – 7），EndNote 将著者 – 出版年制规则文件命名为"Chinese Std GBT7714(author-year) Copy"，我们可以去掉最后的"Copy"，然后点击对话框右侧的"Save"。

图 12 – 5　EndNote Style 页面

---

① 如果直接下载未改变文件名，则该文件名为"Chinese Std GBT7714(author-year).ens"。

图 12-6　Endnote Style Manager

图 12-7　EndNote Style 保存对话框

EndNote 的安装程序内置了 Word 插件，在安装 EndNote 时 Word 插件会自动安装，在我们启动 Word 之后会出现一个 EndNote 选项卡（见图 12-8）。这个插件可以理解为一个 Word 与 EndNote 交互的界面，用来实现 EndNote 插入引用和生成参考文献列表的功能。我们可以在如图 12-8 所示的界面找到 Style 的下拉菜单，如果看不到之前保存的 Style 名称，点击"Style:"右侧的下拉箭头，选择"Select Another Style…"，在弹出的列表当中选择我们之前保存的 Style 即可。当我们想引用一篇文献时，点击 EndNote 选项卡的"Insert Citation"按钮，在弹出的对话框里（见图 12-9）我们需要搜索这篇文献作者的姓名[1]，选中我们想引用的文献。在如图 12-9 所示界面的右下角，如果我们直接点击"Insert"按钮，则会生成括号式文中引用；如果点击"Insert"右侧的下拉箭头，则会出现一个下拉菜单，选择"Insert & Display as：Author（Year）"会生成叙述式文中引用。无论是哪种方式，都会生成对应的文献，已有的参考文献列表会更新。使用文献管理软件的好处是可以随时保持文中引用与参考文献列表对应，不会出现文中引用与参考文献列表不对应的情形。这也是文献管理软件与百度学术在生成文献方面的最大区别：百度学术只能生成参考文献列表，而 EndNote 既可以生成文中引用，也能对应地生成参考文献列表。另一个并不明显的区别是，百度学术生成的参考文献列表只能通过直接添加或删除文献来进行修改，而文献管理软件真正实现了文献管理与文档编辑的分开，在文档中添加或删除对一篇文章的引用时，不会改变 EndNote library 里的数据，保持了数据库的完整性。下面我们用两个例子来指出 EndNote 在生成文献方面存在的问题。

图 12-8　EndNote 选项卡

---

[1] 弹出的对话框的初始状态是空白的，看不到 EndNote library 里已经有的任何一篇文献。

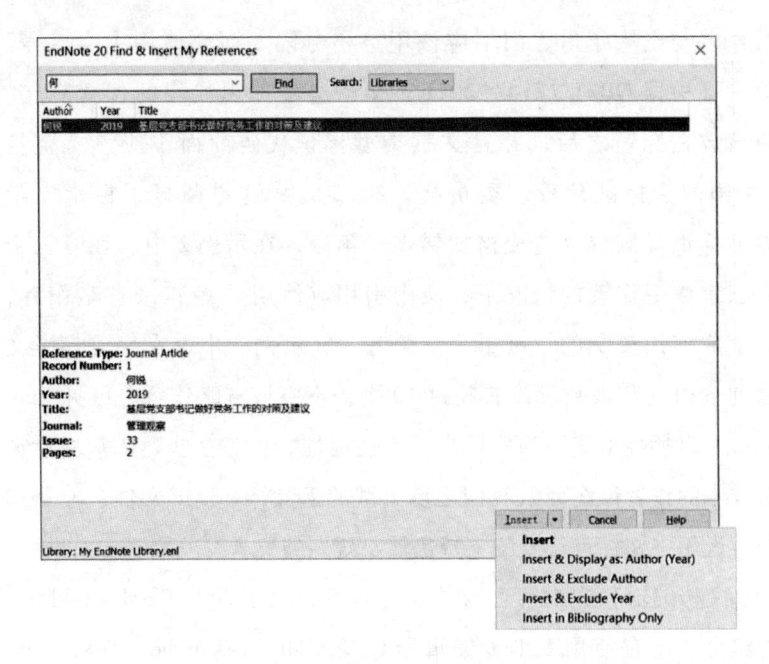

图 12 - 9 点击"Insert Citation"打开的界面

示例 1：

……（何锐, 2019）。

何锐 2019. 基层党支部书记做好党务工作的对策及建议. 管理观察 [J]: 2.

示例 2：

……（乐意 et al., 2013）。

乐意, 金荣疆, 阳杨, et al. 2013. 从下肢生物力学来解析膝骨关节炎. 中国康复理论与实践 [J]: 505 -509.

第一，不管是文中引用还是生成参考文献列表，标点符号都使用了英文标点符号。第二，在示例 1 中，在生成参考文献列表时作者与出版年份之间不应该用空格分隔,而应使用中文点号。第三,根据 GB/T 7714—2015,文献类型标识代码的位置有错,应该放在标题之后,并且文献类型标识代码前面不应该有空格(中国国家标准化管理委员会,2015)。① 这更凸显了标示文献类型标识代码容易造成格式错误。第四,在示例 2 中,在有三个或三个以上作者的情况下,文中引用应使用"等"来省略作者,而不应使用英文的"et al."。第五,在示例 2 中,在生成参考文献列表时,作者数量没有超过 10 个,不应该省略作者。可见 EndNote 是以牺牲准确性为代价来实现便捷性。也有一些熟练掌握计算机技术的作者试图修改我们之前下载的 EndNote Style 文件,但是迄今对运用中文标点符号的支持仍然与规则的要求有差距。

  文档编辑和文献管理软件还有很多,除了以上 Word + EndNote 的组合,还有使用 LaTeX 编辑器如 WinEdt、TeXstudio、TeXmaker、Vim、Sublime Text,结合 JabRef、Zotero、Mendeley 等。这些软件的工作原理大同小异,对中文文献引用的支持度与 Word + EndNote 的组合大致相当,都难以完美地解决各种各样的问题,所以我们建议学生认真学习规则,并按照规则做,虽然这样做便捷性有所降低,但是能够系统地解决文献引用中的各种问题。

---

 ① 中国国家标准化管理委员会.2015. 信息与文献 参考文献著录规则:GB/T 7714—2015. 北京:中国标准出版社:21.

第十三章　英文文献引用的格式

在写作学术论文时不可避免地要引用一些外国文献，其中主要是英文文献。主要的英文文献引用风格有 APA Style、Chicago Style、Harvard Style 和 MLA Style。在这些主要风格中芝加哥大学出版社维护的芝加哥风格（Chicago Style）较为完善，影响较为广泛。我们以此为例，通过对比一些中英文文献引用的差别来介绍引用英文文献的方法。

芝加哥风格的著者-出版年制

芝加哥风格的引用格式分为两种：一种是原始的芝加哥风格，体现为注释（脚注或尾注）和参考文献列表相结合。这种方式十分灵活，可以处理大量与现代出版体系不一致的古代文献引用，适用于艺术类、文学类、历史类的研究。另一种是著者-出版年制，广泛应用于社会科学和部分自然科学研究。本章主要关注著者-出版年制，这能够很好地与中文语境的著者-出版年制对应和结合起来，保证一篇文章文献引用格式的一致性。

按照芝加哥风格的著者-出版年制，完整的一个文献条目应该是这样的：第一项是著者，第一个著者的姓名，姓氏在前，名字在后，以逗号隔开，第二个及以后的著者姓名是姓氏在后、名字在前。在英文文献中出现的中文名的汉语拼音，也是按照英文习惯。第二项是出版年份。所有的元素，姓名、年份、标题等，以英文点号隔开。专著标题和期刊名称使用斜体，期刊论文或专著当中的独立章节，标题要用引号标示。标题应遵循首字母大写的规则，介词和冠词只有在主标题和副标题的开头时首字母才大写，在其他位置上无须大写。①当文献的著者是译者或者编者的时候，在著者姓名之后加上 tran.（多个译者为 trans.）或者 ed.（多个编者为 eds.），其他如 volume、edition 这样的词要缩写。但是如果需要著录为 edited by 或者 translated by，则应拼写完全。如果是专著当中的析出文献，需要在析出文献标题之后加上"In"，之后以斜体著录专著标题，接着加上"，edited by"和专著编者的姓名。出版信息先著录出版地，冒号之后著录出版社，出版社的名称当中带有 Ltd. 时应当省略。下面是一个完整包含文中引用和参考文献列表的范例。

事实上，同时期欧洲的情况有诸多不同。在整个欧洲和十字军所到的地区，黄金是当时国际贸易和批发业务中使用的钱币，而白银主要用于境内的交易和零售（Bloch 1967）。也就是说，当时欧洲地区实行的是金、

---

① 具体的首字母大写规则见 University of Chicago Press (2017, 526)。University of Chicago Press. 2017. *The Chicago Manual of Style*, 17th ed. Chicago: University of Chicago Press.

银本位制。货币的兑换主要是在金与银之间，以及各个王国不同成色的铸币之间。在金、银本位下，货币供给的增加以金、银的产量为基础。如果金、银的产量增长比较稳定，货币供给的增加就相对稳定。事实上，黄金和白银的供给在西欧本身非常有限：到1200年，全英格兰的白银都加起来也就300吨（Metcalf 1963）。法王路易九世在1250年率领十字军第七次东征攻打埃及时被俘，埃及的马穆鲁克人索要的赎金就相当于240吨白银，这对于整个法国来说损失惨重（Strayer 1962, 2: 504）。到12世纪末，欧洲的物价开始上涨。Postan (1973)估算1225—1345年间欧洲的物价水平以平均每年低于0.5%的速度上涨。

Reference

Bloch, Marc. 1967. *Land and Work in Medieval Europe*: *Selected Papers by Marc Bloch*, translated by J. E. Anderson. Berkeley and Los Angeles: University of California Press.

Metcalf, D. M. 1963. "English Monetary History in the Time of Offa: A Reply." *Numismatic Circular*, no. 71, 1651.

Strayer, J. R. 1962. "The Crusades of Louis IX." In *A History of the Crusades*, edited by Kenneth M. Stton. 6 vols. Madison: University of Wisconsin Press. Quoted in Fischer, David H. 1996. *The Great Wave*: *Price Revolutions and the Rhythm of History*. Oxford: Oxford University Press.

Postan, M. M. 1973. "The Economic Foundations of Medieval Economy." In *Essays on Medieval Agriculture and General Problems of the Medieval Economy*, 3-27. Cambridge: Cambridge University Press.

文中引用和参考文献引用

以下例子大部分来自《芝加哥手册》的第15章①，以专著和期刊论文为主要例子，给出多著者文献的著录规则。虽然《芝加哥手册》并未进行明确说明，但参考文献列表应该是使用悬挂缩进的方式，即每一条参考文献首行不缩进，其他行缩进两个字符。为了与中文文献引用格式一致，我们建议统一不进行任何缩进，保持每一行的开头平齐。

单一著者

文中引用的格式见表13-1，只需写明著者姓氏、年份与页码（如果是整体引用则无须标出页码），其中年份和页码用逗号隔开。

表13-1　芝加哥风格的著者-出版年制文中引用格式

括号式引用	叙述式引用
（Strayed 2012, 87-88）	Strayed（2012, 87-88）
（Strayed 2012, 120-23）	Strayed（2012, 120-23）
（Strayed 2012, 261, 265）	Strayed（2012, 261, 265）

---

① University of Chicago Press. 2017. *The Chicago Manual of Style*, 17th ed. Chicago: University of Chicago Press.

对应的参考文献引用为：

Strayed, Cheryl. 2012. *Wild: From Lost to Found on the Pacific Crest Trail*. New York: Alfred A. Knopf.

在行文过程中，我们建议文中引用与前后内容以空格隔开，但若前后紧挨着的是标点符号则无须空格。例如：

而白银主要用于境内的交易和零售（Bloch 1967）。

当需要著录具体的引文页码时，《芝加哥手册》规定，只需在文中引用时著录，在参考文献列表中著录整体章节的页码范围，单独的页码不再列出。注意，英文参考文献页码范围的著录方式与中文参考文献不同，起始页码应著录完全，根据起始页码的不同，终止页码需要做相应的调整，表 13-2 给出了具体规则和例子。

表 13-2　芝加哥风格的页码范围著录方式

起始页码	终止页码	例子
小于 100	著录完全的页码数字	3–10 71–72 96–117
100 或是 100 的倍数	著录完全的页码数字	100–104 1100–1113

续表

起始页码	终止页码	例子
101 到 109、201 到 209、301 到 309……当中的任意页码	只著录终止页码数字与起始页码不同的部分	101 - 8（指第 101 页至第 108 页） 808 - 33（指第 808 页至第 833 页） 1103 - 4（指第 1103 页至第 1104 页）
110 到 199、210 到 299、310 到 399……当中的任意页码	著录个位和十位数字，如果其他位数的数字与起始页码相比有变化，则著录更多位数字	321 - 28（指第 321 页至第 328 页） 498 - 532（指第 498 页至第 532 页） 1087 - 89（指第 1087 页至第 1089 页） 1496 - 500（指第 1496 页至第 1500 页） 11564 - 615（指第 11564 页至第 11615 页） 12991 - 3001（指第 12991 页至第 13001 页）

编者作为著者

与中文文献类似，书籍封面上的著者不一定是内容的创作者，而是编者，此时《芝加哥手册》规定在参考文献列表中应在所有著者的姓名之后加上 ed.（如果是多个编者加上 eds.）。例如：

……（Daum 2015, 32）。

Daum, Meghan, ed. 2015. *Selfish, Shallow, and Self-Ab-*

sorbed: *Sixteen Writers on the Decision Not to Have Kids*. New York: Picador.

两个著者

第一个著者的姓名仍遵循姓氏在前、名字在后的规则，第二个著者保持名字在前、姓氏在后，两个著者以"and"相连，and 之前有逗号。但在文中引用时直接用 and 把两个著者的姓氏连接起来，and 之前无逗号。例如：

……（Grazer and Fishman 2015, 188）。

Grazer, Brian, and Charles Fishman. 2015. *A Curious Mind: The Secret to a Bigger Life*. New York: Simon & Schuster.

三个著者

在文中引用有三个著者的文献时，以逗号把著者的姓氏隔开，在最后一个著者姓氏前面加上"and"。例如：

……（Berkman, Bauer, and Nold 2011, 7-10）。

Berkman, Alexander, Henry Bauer, and Carl Nold. 2011. *Prison Blossoms: Anarchist Voices from the American Past*. Cambridge: Harvard University Press.

4个到10个著者

对于有4个到10个著者的文献，在文中引用时用"et al."省略除了第一个著者以外的其他著者的姓氏，在列出参考文献时要著录所有著者的姓名。例如：

……（Andersen et al. 2006）。

Andersen, Torben G. , Tim Bollerslev, Peter F. Christoffersen, and Francis X. Diebold. 2006. "Volatility and Correlation Forecasting." In *Handbook of Economic Forecasting*, edited by Graham Elliot, Clive W. J. Granger, and Allan Timmermann, vol. 1, 777 - 878. Amsterdam: North-Holland.

超过10个著者

如果一篇文献的著者超过10个，在文中引用该文献时依旧用"et al."省略其他著者，在列出参考文献时著录前七个著者，之后使用"et al."省略其他著者。例如：

……（Peng et al. 2022）。

Peng, Shushi, Xin Lin, Rona L. Thompson, Yi Xi, Gang Liu, Didier Hauglustaine, Xin Lan et al. 2022. "Wetland Emission and Atmospheric Sink Changes Explain Methane Growth in 2020." *Nature* 612（7940）: 477 -82.

专著中的析出文献

在列出参考文献时,依次著录章节著者的姓名,出版年份,章节标题(放在引号内,注意右引号应该在英文点号之后),接着是 In 与专著标题,专著著者的姓名。专著著者若为编者,在姓名前加上 edited by,姓名的顺序是名字在前、姓氏在后,不要对编者的姓名进行缩写,这里的顺序与著录析出文献第一著者的顺序不同。另外两个编者姓名之间用"and"连接,不需要加逗号。三个或三个以上的编者姓名之间用逗号隔开,最后两个编者姓名之间用", and"隔开。注意在编者姓名之后加上章节整体的页码范围。最后以出版地和出版社信息结尾。例如:

……(Gould 1984, 310)。

Gould, Glenn. 1984. "Streisand as Schwarzkopf." In *The Glenn Gould Reader*, edited by Tim Page, 308-11. New York: Vintage Books.

期刊论文

对期刊论文的引用在列出参考文献时需要著录卷号和期号。卷号跟在期刊名称(斜体)之后,中间没有标点符号。期号和文章整体的页码范围以冒号隔开;在文中引用时可以只列出所引内容的页码范围。如果期刊发行信息包含月份或者季节,在列出参考文献时应该著录完整。例如:

……(Bagley 2015, 484-85)。

Bagley, Benjamin. 2015. "Loving Someone in Particular." *Ethics* 125, no. 2（January）: 477-507.

以上例子表明期刊 *Ethics* 第 125 卷第 2 期发表于 2015 年 1 月，论文的页码范围是第 477 页至第 507 页。在文中具体引用了这篇论文第 484 页至第 485 页的内容。由于 *Ethics* 的发行信息当中还包含了月份——以上论文是 1 月份发表的，将月份列在期号之后的括号内（University of Chicago Press 2017, 897）。[①] 如果是按季发行，发行信息则包含季节，也是将季节列在期号之后的括号内。

记录 DOI

《芝加哥手册》鼓励著录文章的网址或 DOI。由于网址可能会发生变化，而 DOI 一般不变，所以著录 DOI 更好，而且 DOI 往往包含在网址里，往浏览器地址栏输入网址就可以直接打开文章所在页面。例如：

……（Liu 2015, 312）。
Liu, Jui-Ch'i. 2015. "Beholding the Feminine Sublime: Lee Miller's War Photography." *Signs* 40, no. 2（Winter）: 308-19. https: /doi. org/10. 1086/678242.

[①] University of Chicago Press. 2017. *The Chicago Manual of Style*, 17th ed. Chicago: University of Chicago Press.

著者和出版年份都相同

University of Chicago Press(2017, 901)规定,若多篇文献的著者和出版年份完全相同,则在出版年份之后加上"a, b, c, d…"加以区分。文献的排列顺序首先由文献标题的首个非冠词的单词的字母排列顺序决定,如果第一个单词相同,则依照第二个单词的字母排列顺序,依次类推。例如:

……(Fogel 2004b, 218)。

……(Fogel 2004a, 45-46)。

Fogel, Robert William. 2004a. *The Escape from Hunger and Premature Death, 1700-2100: Europe, America, and the Third World*. New York: Cambridge University Press.

Fogel, Robert William. 2004b. "Technophysio Evolution and the Measurement of Economic Growth." *Journal of Evolutionary Economics* 14, no. 2(June): 217-21. https://doi.org/10.1007/s00191-004-0188-x.

关于抄袭

在本书的最后,我们讨论一下有关抄袭的问题。之所以在这里讨论抄袭的问题是因为其与文献引用联系紧密,一个常见的被认为抄袭的原因是未列出在文中引用的文献。当然,抄袭在现今 AI 盛行的时代,其一般意义和伦理意义可能远超过去,尤其是以大型语言模型为基础的生成式 AI,如 ChatGPT 的大规模普及,使得定义什么是原创性内容、什么是抄袭受到了极大的挑战。我们试图从论文作者的视角来讨论抄袭的定义、形式以及如何避免被认为抄袭。

以下内容主要源于 Neville(2010, chap. 4)对抄袭的讨论。[1]在当今学术界建立了一套非常严格的判定抄袭的标准之后,尤其是各种反抄袭系统的建立,使得学生们普遍认识到抄袭问题的严重性。很多大学在规章制度上对抄袭都有非常严厉的惩罚措施。对被认为抄袭的恐惧和焦虑迫使很多人甚至对表达自己

---

[1] Neville, Colin. 2010. *The Complete Guide to Referencing and Avoiding Plagiarism*, 2nd ed. Maidenhead, UK: Open University Press.

的观点感到恐惧（Neville 2010）。毕竟在现在的学术体系下表达一个完全新颖的、与前人的研究在逻辑上相距甚远的、开天辟地式的观点，几乎是一件不可能的事情，对于绝大多数学生来说更是天方夜谭。也许有些学生可以发出惊天之语，但是却没有足够严密的逻辑和分析来作为支撑。被认为抄袭的原因多种多样，例如不认真对待自己的写作，不知道什么算是抄袭，没有良好的引用习惯……（Neville 2010）。当一个人面对一个反抄袭系统给出超过50%的重复率的时候，他往往感到困惑、不解或者有一种负罪感。

建立在他人研究基础上的研究应当是被鼓励的，如何避免被认为抄袭是一个老生常谈的话题。一个惯常的认识抄袭、避免被认为抄袭的第一步，就是认识抄袭的形式。Neville（2010）总结了三种形式的抄袭：

（1）直接复制粘贴他人作品的内容，并且没有声明原作者的贡献，这种行为是把他人作品的内容当作自己的原创。他人的作品包括公开出版物、不具名的网络资源、未发表的文章。

（2）把自己的观点与复制粘贴的他人观点混合，其中他人的观点占了大部分，超过50%，并且没有声明引用了他人的观点。

（3）用自己的语言总结了他人的观点，但是没有使用任何形式的引用，达到了客观上掩盖他人原创内容并将其据为己有的效果。

当然，抄袭的形式远比上面列出的范围要大得多。Dougherty（2020）对各种隐秘的抄袭形式做了详细的论述[①]，其中一些与

[①] Dougherty, M. V. 2020. *Disguised Academic Plagiarism: A Typology and Case Studies for Researchers and Editors.* Cham: Springer.

中文写作比较相关的抄袭形式有①：

（1）翻译式抄袭（translation plagiarism）：把一个研究结论转换成另一种语言，有意地掩盖用原始语言书写的结论，将用新语言书写的结论据为己有。

（2）压缩式抄袭（compression plagiarism）：把一段他人比较长的叙述总结、压缩成一个比较简练的观点。抄袭者将这个观点据为己有，并未提及原作者。

（3）分散式抄袭（dispersal plagiarism）：把一个比较长的完整作品分割成一些小的片段，单独形成作品，并未提及原作者的贡献。一个常见的现象是把一本书的各个章节单独作为论文发表在期刊上。

（4）模版式抄袭（template plagiarism）：更换已有研究的研究对象，按照新的研究对象变换专有名词，重新组织语言，将前人的结论应用在新的研究对象上，并未提及原来的结论。一个最简单的例子就是通过更换国家的名字，使针对一个国家的一项研究结论，看起来是一个适用于其他国家的全新结论。

当这些不易察觉的抄袭形式变得越来越复杂时，即便是基于自然语言处理的反抄袭系统也很难判定是否抄袭。可见，抄袭与反抄袭变成了一个犹如"魔高一尺，道高一丈"的过程。反抄袭系统越是精密、越是强大，反而有很大的可能性使抄袭变得更隐秘和更复杂。诚然，抄袭应该受到应有的惩罚，但是一味地处罚、更新迭代检测技术，似乎并没有让抄袭行为销声匿迹，反而让抄袭行为变得更不易察觉。为了欺骗计算机系统，人们所发明的各

---

① 以下论述完全是对 Dougherty（2020）各个章节概述（abstract）的一个不完全的简略翻译。

种奇技淫巧更是层出不穷。我们希望每个人都能反思自己的行为，意识到自己思考的过程和倾向性，避免抄袭的发生。

Comas-Forgas and Sureda-Negre(2010)以一所西班牙大学的学生为调查对象，以定量分析和定性分析相结合的方法总结了学生抄袭的主要原因。[①]

（1）客观上老师留给学生的作业完成时间不够。有58%的学生认为这是一个重要的抄袭原因。

（2）个人时间管理问题。53.4%的学生认为不临近截止日期不行动这样的习惯是导致他们抄袭的重要原因。

（3）在同一个时段内需要提交很多作业。53.1%的学生认为这是一个重要的原因。

（4）互联网获取信息的便利性使抄袭变得更容易。

（5）抄袭使得完成论文写作比不抄袭更容易，不需要为难自己。

我们从中可以看出，前三个原因都跟时间有关。就在现代社会一些人变得更为功利而言，可能还有一个重要的原因，那就是从投入产出的角度来看，抄袭所花的时间最少，即成本最小化，而所获得的收益有可能是巨大的，同时伴随的风险在一些人看来是可控的。在英美等将高等教育作为一个产业的国家当中，这样的抄袭原因较为普遍（Dordoy 2002）。[②] 大学的收费高

[①] Comas-Forgas, Rubén, and Jaume Sureda-Negre. 2010. "Academic Plagiarism: Explanatory Factors from Students' Perspective." *Journal of Academic Ethics* 8: 217-32.

[②] Dordoy, Alan. 2002. "Cheating and Plagiarism: Staff and Student Perceptions at Northumbria." In *Proceedings of the Northumbria Conference*. Quoted in Neville, Colin. 2010. *The Complete Guide to Referencing and Avoiding Plagiarism*, 2nd ed. Maidenhead, UK: Open University Press.

昂，Dordoy(2002)援引了一位学生的评价："如果大学继续把教育当成一项生意来推销，而人们上大学只是为了获得那一纸证书的话，那么抄袭永远会是一个问题。"这样一种有关高等教育的观点体现了大学商业化促进了学生的异化。可见把教育看成一种商业行为对教育的伤害是多么巨大！

那么如何避免被认为抄袭呢？在论文写作过程中，一定要按照规则引用文献，使用自己的语言重新叙述(paraphrase)和总结(summarize)前人的研究结果(Neville 2010)。有时彻底避免使用已经被使用的词汇是不可能的，尤其是专有名词，这时则要避免复制粘贴完整的表达。Neville(2010,38)的建议是小心选择词汇，使得表达效果能够体现原作者的真实意图和想法。

最后，让我们回到引用文献的目的和意义上来。University of Chicago Press(2017,743)指出，不管规则、传统还是学科的特殊要求如何，我们引用文献都要给出足够多的信息，以方便读者快捷地找到文献来源和原始内容。不管是发表的还是未发表的，我们都要遵循这样的精神和意图。[①] 我们也意识到中国的情况有所不同，有大量的古代作品是以古圣先贤的名义发表自己的观点，做法与抄袭相反，这样做的危害是偷运私货、混淆视听。在中国，学术出版以及文章发表对文献引用的要求是相对宽松的，这还有待在塑造学术传统的过程中形成符合道德伦理并且能够促进学术成果的规范。在这个过程中，我们每一个人的行为操守都是至关重要的。

[①] University of Chicago Press. 2017. *The Chicago Manual of Style*, 17th ed. Chicago: University of Chicago Press.

图书在版编目（CIP）数据

如何写出一篇论文/金菁等著. --北京：中国人民大学出版社，2025.1. -- ISBN 978-7-300-32929-1

Ⅰ. H152.3

中国国家版本馆 CIP 数据核字第 2024BS4284 号

如何写出一篇论文
金菁　等　著
Ruhe Xiechu Yipian Lunwen

出版发行	中国人民大学出版社		
社　　址	北京中关村大街 31 号	邮政编码	100080
电　　话	010-62511242（总编室）	010-62511770（质管部）	
	010-82501766（邮购部）	010-62514148（门市部）	
	010-62515195（发行公司）	010-62515275（盗版举报）	
网　　址	http://www.crup.com.cn		
经　　销	新华书店		
印　　刷	天津中印联印务有限公司		
开　　本	890 mm×1240 mm　1/32	版　次	2025 年 1 月第 1 版
印　　张	11.5　插页 3	印　次	2025 年 1 月第 1 次印刷
字　　数	244 000	定　价	69.00 元

版权所有　侵权必究　印装差错　负责调换